Empathy Brand Building

한 그루의 나무가 모여 푸른 숲을 이루듯이
청림의 책들은 삶을 풍요롭게 합니다.

대전환의 시대를 살아남는 브랜딩 제1원칙을 찾아서

다시 브랜딩을 생각하다

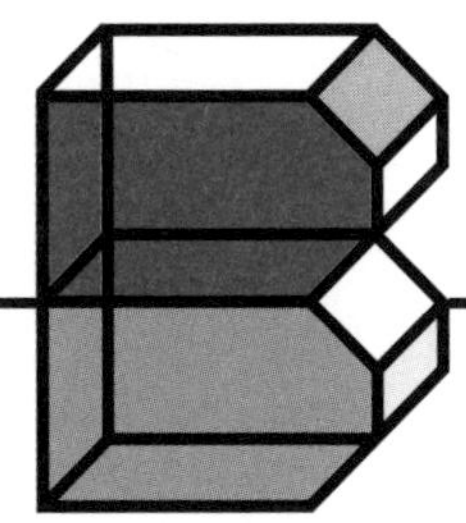

스티븐 고 지음 | 신현승 옮김

청림출판

고개를 끄덕이는 순간 브랜드의 고객이 된다

제조회사의 CEO로서 급변하는 기후 문제와 환경에 대해 많은 생각을 하고 있는 요즘, 《다시 브랜딩을 생각하다》는 나에게 많은 생각을 갖게 해주었다. 특히 진정성 있는 ESG 실천이 기업의 브랜드 인식을 개선하고 기업가치를 제고할 수 있다는 내용을 통해 플라스틱 폐기물이 초래하는 다양한 문제들을 책임감 있는 태도로 해결할 때, SK종합화학의 브랜드가치도 제고될 것이라는 확신까지 가질 수 있었다. 급변하는 시대에 적합한 마케팅 전략을 실행하고 최적화된 브랜드를 구축하기 위한 상세 방안을 다양한 사례와 함께 생생하게 전달해준 저자의 노고에 감사를 표하는 바이다.

"사람들이 고개를 끄덕이는 순간 내가 만든 브랜드의 고객이 된다"는 말처럼 보편적 가치인 '공감'을 토대로 소비자의 마음과 신뢰를 얻을 수 있도록 도와주는 데 좋은 지침서가 되어주는 이 책을 강력 추천한다.

나경수 SK종합화학 대표이사

브랜드의 새로운 미래, 공감에 답이 있다

나는 오래전부터 이 책의 저자인 스티븐 고와 잘 알고 지냈다. 글로벌 커뮤니케이션 전문가이자 경영자인 스티븐은 세계적 명문인 미국 노스웨스턴대학교의 메딜 스쿨에서 정식으로 통합 마케팅 커뮤니케이션Integrated Marketing Communication, IMC을 배우고 세계적인 광고대행사 본사 임원으로 활약했으며 삼성그룹의 제일기획에서 경력을 쌓았다. 또한 제일기획에서 근무할 때 고故 이건희 회장의 국제연설 통역을 맡을 정도로 뛰어난 영어를 구사하여 회사의 대표적인 국제통으로 확고한 이미지를 구축한 바 있다. 제일기획을 다닐 때에는 가장 중요하고 핵심 업무인 글로벌 브랜드 전략을 맡았으며. 제일기획을 떠난 후에는 세계 굴지의 여러 광고 대행사에서 일하며 한국, 일본, 미국에서 귀중한 노하우를 익히고 멋진 경력을 쌓았다. 이후에는 이러한 자신의 깊고

넓은 경험을 바탕으로 브랜드 컨설팅 회사를 창업하였고, 그 직후에 콜게이트Colgate라는 어마어마한 다국적 기업을 고객으로 영입하여 업계를 놀라게 했다. 콜게이트가 발주한 프로젝트는 매우 힘들고 복잡한 것이었는데, 그는 이 도전을 잘 극복하여 콜게이트의 극찬을 듣기도 했다.

이 책은 저자가 자신의 경륜을 바탕으로 온 힘을 기울여 저술한 작품이다. 이 책의 핵심 용어는 말할 것도 없이 'empathy'이다. 나는 이 단어를 '감정이입' 또는 '공감'으로 번역하고 싶은데, 한마디로 말해 기업이 브랜드 관리를 하는 데 있어서 공감이 엄청난 경쟁우위가 될 수 있다는 것이다. 저자는 공감이 브랜드 가치의 창출, 브랜드의 활성화, 브랜드의 차별화, 커뮤니케이션 효과의 제고 등에 이바지할 수 있다는 명제를 많은 사례와 자신의 경험을 바탕으로 제시한다. 그리고 이러한 내용을 흥미진진하게 전개하며 이와 관련된 글로벌 광고 회사 이야기도 풀어놓는다.

끝으로 저자는 그 방대한 내용을 책의 끄트머리에서 통합모델을 제시하면서 마무리한다. 업계를 꿰뚫어보는 빼어난 커뮤니케이션 실무자이자 전문가만이 내놓을 수 있는 차별화된 내용을 담은 이 책을 부디 마케팅 실무자, 그리고 더 나아가 자신만의 브랜드를 갖고 싶은 많은 사람이 일독하기를 바란다.

유필화 전 성균관대학교 국제경영대학원 학장
전 한국마케팅협회 회장

공감이 고객을 만든다

예전에 근무했던 글로벌 광고사의 고객 담당 임원이었던 옛 동료로부터 전화 한 통을 받았다. 그는 지금 세계에서 손꼽히는 글로벌 컨설팅 회사의 한국 법인에서 데이터 분석 툴 활용과 마케팅 전략 성과에 관한 컨설팅 업무를 담당하고 있다. 통상적인 안부 전화로 시작했지만 우리는 빠르게 변하는 세상, 광고업계, 컨설팅 조직들, 고객 패러다임, 데이터 활용의 진화 및 역할, 브랜드 마케팅의 미래가 기업과 사회에 시사하는 어려움과 기회 등에 관해 유익한 대화를 나누었다.

요즈음 우리 주변에는 브랜드와 고객의 변화뿐 아니라 4차 산업혁명, 5G 시대, 전기 자동차, 인공지능AI, 그리고 공상과학 영화 같은 현실 세계에 관한 이야기가 넘쳐 흐르고 있다. 데이터 그 자체와 빅데이터를 화두로 소비자 행동에 대한 깊은 이해, 기업 비즈니스 모델들과 연계하는 것의 중요성에 관한 기사도 자주 접할 수 있다. 다가올 디지털 시대에 우리는 기술 융합과 미디어, 콘텐츠, 고객 여정을 기반으로 일해야 하므로 이런 이야기들을 외면할 수 없으며 실제로 여러 분야에서 구체적으로 실현하고 있다.

"선배님은 글로벌 브랜드 마케팅 1세대이신데, 왜 책을 쓰지 않으세요?" 그가 갑자기 질문을 던졌을 때, 내게 전화한 의도가 드러났다. 나도 오래전부터 책을 쓰고 싶었다. 시간이 없다거나 책으로 쓸 주제를 찾지 못했다거나 일이 먼저라는 등, 책을 쓰지 않는 이유로 둘러댄 수많은 말도 나름 일리는 있었다. 잠시 머뭇거리다 나는 다음과 같이 말했다. "나는 이제 책 쓸 능력이 없어요. 초대형 글로벌 광고사에서 은퇴하고 나니 이제 자신이 거의 쓸모없다고 생각되는데, 아무리 글로벌 브랜드 마케팅 1세대라고 해도 내가 책으로 쓸 내용이 있을까요?"

그는 기다렸다는 듯이 즉시 이렇게 응답했다. "선배님은 브랜드 마케팅, 특히 대한민국 글로벌 마케팅 광고의 1세대시죠. 당연히 책을 쓸 자격이 충분하시죠. 무엇보다도 선배님은 광고 수단으로 TV만 이용하던 시대부터 미디어가 역동적으로 발전하는 지금의 시장도 경험하셨잖아요. 아시다시피 요즘에는 고객을 유치하기 위해 맞춤형 접근 방식이 필요해요. 그렇게 하려면 브랜드 마케팅을 매출 투자 수익과 연결하는 데이터와 이에 따라 급격히 진화하는 AI의 기반인 알고리즘이 무엇보다 필요한데 선배님은 그 분야도 잘 알고 계시잖아요."

나는 '1세대'라는 말을 듣는 순간 나 자신이 멸종된 공룡처럼 느껴졌다. 또한 그의 말에 몇 가지 진실이 담겨 있다는 사실도 깨달았다. 나는 20대부터 50대가 된 지금까지 약 30년 동안 브랜드 커뮤니케이션 회사와 고객사를 위하여 전 세계를 누비며 일했다. 어쩌면 다양한 고객사와 브랜드 구축 작업을 하는 동안 고객 담당 임원에서 CEO에 이르는 다양한 사람들을 상대하며 얻은 나의 경험과 그동안 극복했던 온갖 어려움을 책을 통해 많은 사람과 공유할 수 있을지 모른다. 나는 운 좋게도 적성에 맞는 일을 열정적으로 할 수 있던 환경이 조성된 브랜드 커뮤니케이션 에이전시에서 근무했고, 고객사에서의 경험을 통해 마케팅 담당자의 시각도 갖출 수 있었다. 나는 십여 년 동안 33개국의 고객사 및 광고사들 사이에서 브랜드 커뮤니케이션의 다리를 놓는 역할을 수행하기도 했다. 내가 배우고, 느끼고, 열중하고, 믿었던 것을 종합적인 관점에서 말할 수 있는 나름의 시야를 가지고 있다고 자신한다.

이 책은 기존의 마케팅이나 비즈니스 관련 책들처럼 페이스북 마케팅, 콘텐츠 마케팅, 데이터 중심 전략, 구체적인 브랜딩 전술 등을 자세하게 분석하지 않는다. 오히려 내가 평소에 생각했던 브랜드, 고객사, 전략적 원칙, 핵심 기술, 에이전시 등 생태계적인 차원에서 필요한 역량, 신념, 기능적 역동성 등을 정리해 담았다. 나는 이러한 개념이 브랜딩에서 가장 먼저 정립되어야 한다고 생각한다. 치열한 글로벌 경쟁시대에서 고객사들이 주도적이지만 빈약한 대응을 취할 때 디지털 캠페인, 가상현실 플랫폼, 데이터 기반 투자 수익

모델 등이 주로 기반으로 사용된다. 기술 혁신이 또 다른 마케팅 출구 전략이 되는 시대에 최적화된 브랜드를 구축하고, 그것과 연계되는 전략 마케팅을 실행하기 전에 검토해야 할 사항들에 대한 원칙들을 다시 한 번 정립해야 했다. 브랜딩에서 변하는 것과 변하지 않는 것, 초심을 유지해야 하는 것과 변해야만 되는 것, 또한 갖추어야만 되는 것들 말이다.

가장 중요한 것은 이 책에서 계속 언급하는 '공감Empathy'이다. 사람들이 고개를 끄덕이는 순간, 내가 만든 브랜딩의 고객이 된다. 나는 지금부터 브랜드 가치를 창출하고 브랜드를 활성화하는 것을 넘어서 차별화하는 데 가장 큰 조건이 되는 브랜딩의 기본 원리에 대해 설명할 것이다. 이 책은 그 무엇보다 내 경험을 바탕으로 쓰였다. 부디 이 글을 읽는 여러분이 내 글에 '공감'해주길 바라는 마음이다.

브랜드 마케팅에서 성공하기 위해 이 책을 펼쳐든 여러분이 얻을 수 있는 것은 몇 가지 통찰력이다. 그 전에 갖춰야 할 것이 있다면 바로 '열정'이다. 열정이 없는 자에게는 엄청난 고통과 용기가 필요한 일, 그것이 바로 브랜드 마케팅이다. 지금부터 어떤 상황에서라도 흔들리지 않을 브랜딩 제1원칙, '공감'을 찾아서 떠나보자.

차례

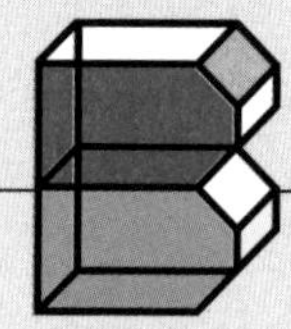

1부 브랜딩은 공감이다

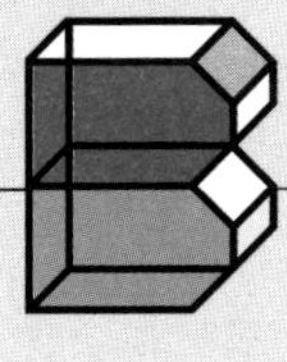

2부
글로벌 브랜드의 공감 마케팅 전략은 무엇인가

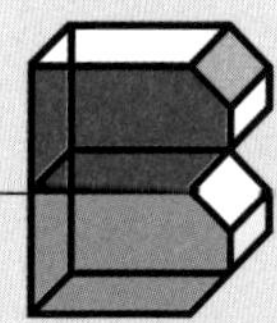

3부
대전환의 시대, 마케터의 일

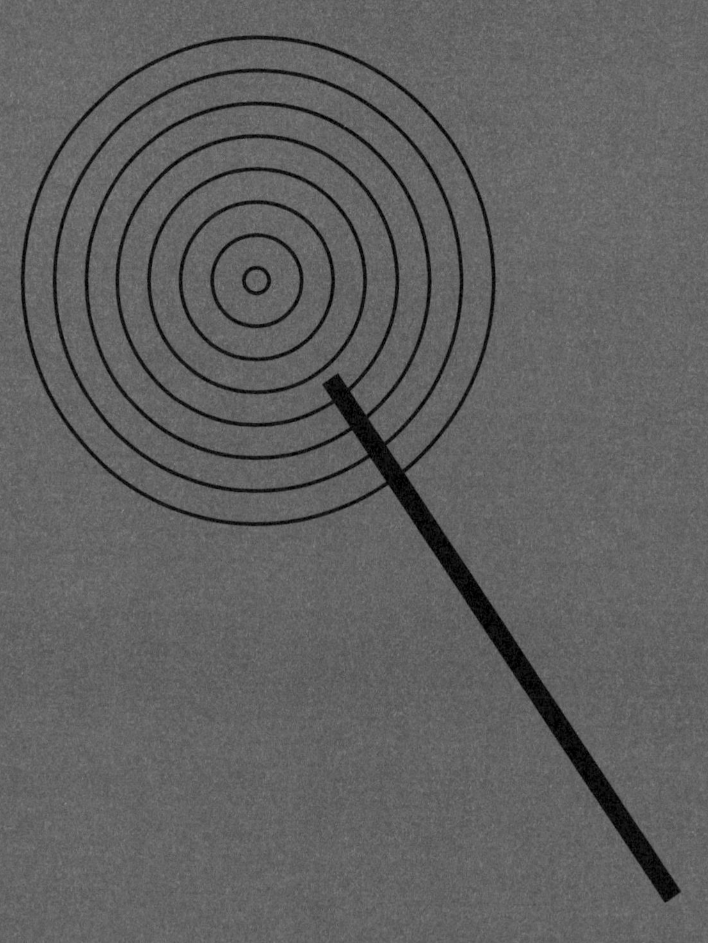

Empathy Brand Building

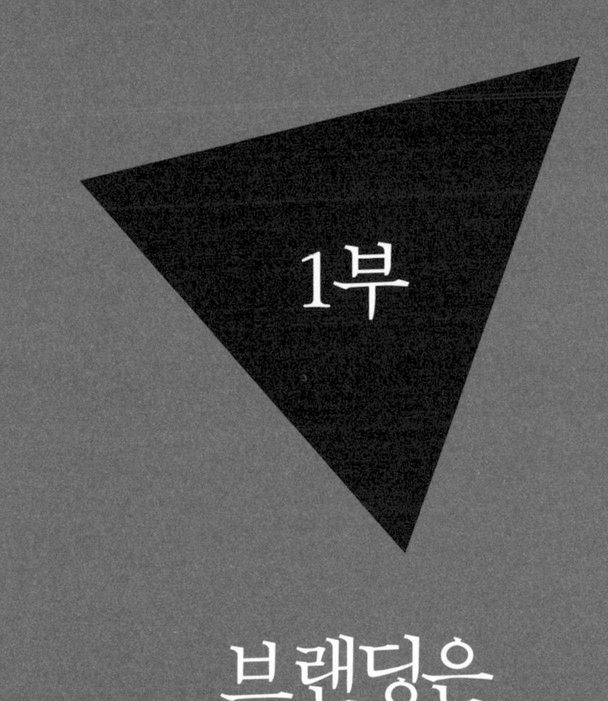

1부

브랜딩은 공감이다

1장

'브랜드 공감' 이란

BRAND

브랜딩의 핵심 초점은 무엇인가

마케팅 임원실에서 난무하는 '현학적인 전문 용어'와는 다르게, 초점은 기술과 그 기술을 적용한 최신 방법의 사용이 아니라 고객 여정과 그 여정에서 브랜드와 연결된 고객 경험에 맞춰진다. 변하지 않는 마케팅 기준들이 있으며, 소비자의 열망 안에서 그들의 관심을 사로잡는 통찰력을 연결하여 만들어낸 콘텐츠와 기술을 활용하는 것이 그 어떤 전술보다 우선해야 한다. 마케팅 담당자가 회사 내부에서 계획한 것과, 예전에는 없었지만 지금은 활용할 수 있는 데이터, 최첨단 기술에 초점을 맞추는 식으로 작업 방향이 일치해야 한다. 즉 회사의 관점이 아니라 고객 마인드셋에서 모든 것이 시작되고 끝나야 한다.

나는 아마존, 넷플릭스, 페이스북, 우버, 인스타그램 등 여러 디지털 회사들이 컴퓨터와 명석한 분석가를 통해 걸러낸 데이터 분석과 최적화를 기반으로 하는 디지털 플랫폼 융합 시대에 기업이 어떻게 새로운 마케팅 범주를 창조하고, 세계를 지배하며, 소비자의 수요를 충족시키는 데 성공했는지를 설명하려는 것이 아니다. 이와는 다른 경로에 대한 이야기를 시작하려고 한다.

고객 연결 관점에서 브랜드 공감 정의하기

우리는 '공감'이라는 단어와 이것이 어떻게 시대와 관계없이 브랜드를 구축하고 고객 충성도를 유지하는지에 대해 살펴보려고 한다.

첫 번째는 '왜Why'이다. '어떻게How'라는 질문은 두 번째다. 마케팅에는 시간이 흘러도 변하지 않는 원칙이 있다. 마케팅이란 고객들이 시간, 돈, 마음 상태 등의 기회비용을 보상받고도 남을 정도로, 진정으로 필요로 하는 가치를 그들의 감성에 호소해 제안하는 것이다. 그리고 이를 통해 고객들이 브랜드를 신뢰하고 제품을 한 번 구매한 후에도 계속 재구매하도록 '행동'하게 만드는 것이다.

무엇보다도 공감은 지능 지수IQ가 아닌 감성 지수EQ와 관련되어 있고 지식 수준과 관련 없는 인간의 보편적인 행동이다. 공감은 정체성, 결함, 이야기, 이상을 지닌 인간의 무수한 감정 요소가 뒤엉킨 영역 안에 자리 잡고 있다. 고객의 공감을 얻으려면 그들의 마음속으로 들어가 고객의 관점에서 제품과 서비스를 볼 수 있어야 하고, 감동을 불러일으키는 정확한 메시지를 전달할 수 있어야 한다. 그렇게 하려면 회사는 고객을 단순히 '감정적으로' 이해하는 차원을 넘어, 고객들이 회사가 고객 관점에서 진심으로 자신을 보살펴준다는 것을 실감할 수 있도록 브랜드 공감의 혜택을 개인화해서 설정해야 한다.

제품 경험과 브랜드 공감의 차이점은?

공감과 브랜드 사이에 어떤 관계가 있는지 이해하려면 서비스 혹은 제품과 브랜드의 차이점을 이해해야 한다. 제품과 브랜드를 구분하고 그 차이점을 이해하는 것이 중요하다.

Case Study

애플Apple의 제품 경험

소비자가 '제품'을 구매하려는 정서적 선호도인 고객 공감에 관해 이야기할 때 가장 적합한 브랜드가 애플이다. 그러나 아이러니하게도 애플 본사에서는 회사 규칙상 '브랜드' 대신 '제품 중심' 혹은 '제품 경험'이라는 단어를 사용해야 한다. 그 이유는 직원들이 브랜드를 구축하고 브랜드 전문 용어를 사용하는 동안, 애플이 가장 중요하게 생각하는 고객 경험에 대한 초점이 흐려지는 것을 원하지 않기 때문이다.

고객 경험은 중앙에서 엄격하게 통제되며 제품은 정확히 '애플 방식'으로 생산되므로 회사는 애플 브랜드를 따로 언급하지 않아도 된다. 그것이 바로 애플이 유기적으로 움직이는 차별화된 브랜드의 사례로 가장 먼저 생각나게 만드는 원동력이다.

스티브 잡스Steve Jobs는 애플이 파산으로 치달을 때 회사에 다시 합류했다. 일관된 비전과 가치 제안을 가장 우선시했던 그는 애플의 최초 DNA로 다시 돌아가 애플이 상징하는 핵심 가치를 다시 회복함으로써 브랜드를 재구축하려고 했다. 스티브 잡스는 '제품 경

험'은 브랜드의 의미와 그것이 고객 경험으로 표현되는 방법에 따라 결정된다고 믿었다. 그는 그 같은 맥락에서 차별화된 공감 구축 메커니즘인 '애플 경험'의 약속을 다시 살리고 싶었다. 따라서 공감이 발생하는 곳으로 돌아가려면 먼저 브랜드와 제품에 대해 알아야 했다. 제품과 제품 경험은 브랜드 약속을 뒷받침하기 때문이다.

브랜드는 기업의 제품이나 서비스가 목표 고객의 이상과 요구에 적합한 경험을 계속해서 제공한다는 대표적인 스토리를 만들어냄으로써 고객과 유기적으로 연결될 때 구축된다. 그렇게 되면 고객은 진심으로 감동하고 '제품'이나 '서비스'를 반복 구매한다. 오늘날의 디지털 환경에서 고객은 브랜드를 보호하고 홍보하는 시장 커뮤니케이션을 주도하고, 브랜드 커뮤니티를 만들어내는 등 자발적 '브랜드 수호자'가 되어 공개적으로 활동한다.

제품은 물건이다. 제품은 기능과 특징, 색상과 디자인이 있다. 원단을 만질 때 느끼는 촉감, 쓴맛이나 단맛과 같은 미각, 소리를 들을 수 있는 청각, 어떻게 보이는지와 같은 시각 등의 감각적인 느낌도 제품에 배어 있다. 그러나 제품이 고객과 연결되기 위해서는 무생물인 '물건'이 '인격체'가 되어야 하고, 제품에 영혼이 있어야 한다. 제품은 살아 움직이며 고객이 이미 지불한 기회비용에 대한 미련을 떨쳐버리고, 제품을 반복 구매하고 싶은 간절한 욕구에 감성적으로 연결될 수 있는 적절한 스토리를 들려주어야 한다.

예컨대 고객이 어떤 기업의 '브랜드'를 선택해 얻을 수 있는 정서적 공감 가치가 다른 브랜드를 선택하지 않음으로써 발생하는 불이익, 시간, 자금 등의 투자비용보다 더 커야 한다. 고객이 브랜드를 '사람(인격체)'으로 생각해야 한다는 말이다. 그 사람은 당신이 가장 애타게 찾고 있는, 당신에게 가장 어울리는 성격과 가치 체계를 지니며 당신에게 특별히 차별화된 '사람'이어야 한다. 그렇지 않으면 당신은 그 사람을 가장 먼저 생각하지 않을 것이다.

따라서 나는 가장 인간적인 단어로 '공감'이라는 말을 떠올렸다. 그것은 단지 제품에 대한 지식이나 사용법을 전달하는 차원을 넘어서 고객을 진정으로 대하고 염려와 연민, 사랑의 가치를 제공함으로써 시간이 흘러도 변하지 않는 탄탄한 관계를 구축하는 것을 의미한다.

공감은 로봇, 사일로, 숫자, 기능성, 냉철함 등 인간관계가 단절된 단어들과는 반대로 사람의 마음을 토닥이고 감동을 자아내 그들을 행동하게 만든다. 이것은 역사적으로도, 지금처럼 디지털이 발달한 시대에도 언제나 맞는 말이다. 공급이 적고 수요가 엄청나게 크다면 고객은 수요와 공급 원리에 따라 시장에 나와 있는 '제품'을 살 수밖에 없다. 생각할 것도 선택할 것도 별로 없기 때문이다.

미국에서 포드 자동차가 시장에 처음 나왔을 때, 소비자들이 선택할 수 있는 색상은 '검은색'뿐이었다. 지금은 세상이 변했다. 이제 기능적 측면에서만 보면 다른 제품과 구별이 안 되는 다양한 제품과 서비스가 넘쳐난다. 소비자들은 스마트폰이나 컴퓨터로 구글 같은 플랫폼에 접속하여 인류 역사상 가장 빠르고 가장 광범위한 방식으로 제품을 검색한다. 소비자들은 통합 콘텐츠를 통해 사용자 후기나 경험담을 볼 수 있으며 유튜브 영상, 포털, 즐겨 찾는 미디어를 통해 제품의 '불편한 진실'을 알 수도 있다. 심지어 인플루언서들은 인스타그램이나 다른 틈새 사이트, 디지털 카페, 오프라인 공동체 등에서 제품에 대한 자신의 의견을 말하기도 한다. 이런 의견들은 블로그나 비디오로그를 통해, 친한 친구들과 동네 커피숍에 앉아 이야기를 나누는 동안 수천 가지의 방식으로 소비자들의 입에서 입으로 전달된다.

'공감'한다는 말은 당신이 다른 사람에게 느끼는 연결된 감정이다. 만약 다른 사람이 당신에게 공감한다면 그들이 당신의 감정이나 욕구에 '관심'을 갖는다는 것을 의미한다. 이를 통해 당신은 행복해지고 그들에게 감사하며 긍정적으로 반응하게 된다. 좋은 제품은 인간미를 갖추는 데서 더 나아가 일관성이 있어야 하며, 개성 있고 통일된 자신만의 스토리를 들려주어야 한다. 그리고 이런 과정을 통해 고객의 가치 체계가 브랜드와 공감할 수 있는 영적 차원까지 발전해야 한다. 브랜딩의 핵심은 수많은 콘텐츠와 그것을 실행하는 전술을 구사하는 것이 아니라, 브랜드 공감을 먼저 이해하는 것임을 잊지 말아야 한다.

Case Study

디즈니랜드Disneyland와 맥도날드MacDonald가 전하는 감동

디즈니월드, 디즈니 만화영화, 디즈니 장난감, 디즈니가 제작한 영화 등 모든 디즈니 브랜드의 본질은 소비자에게 '마법'을 제공하는 것이다. 디즈니를 통해 알게 된 근본적이며 확실한 약속은 어른이나 아이 모두 마법을 경험한다는 사실이다. 디즈니 브랜드를 좋아하는 사람들은 행복한 어린아이로 다시 돌아가 적어도 몇 시간 동안은 정신없이 바쁜 현실 세계에서 벗어나, 디즈니의 다양한 스토리텔링을 통해 마치 마법에 걸린 것처럼 사랑, 연민, 자유를 느낀다.

〈라이온 킹〉, 〈인어공주〉, 〈미녀와 야수〉 그리고 심지어 〈니모를 찾아서〉와 같은 픽사Pixar의 3D 애니메이션 영화에도 '디즈니 브랜드 경험'이라는 기본 원칙이 모두 적용된다. 디즈니 브랜드는 그들의 스토리를 통해 사람들이 행복하다고 느끼는 여러 영역에서 마법이라는 단어가 생각나게 만든다. 〈신데렐라〉, 〈밤비〉 등 어느 만화영화이든지 간에 디즈니의 스토리에는 주인공이 마법을 이용하여 수많은 혼란을 극복하고 승리하며 역경을 딛고 꿈을 이룬다는 내용이 담겨 있다. 관객들은 이에 공감하고 〈신데렐라〉, 〈백설 공주〉, 〈겨울왕국〉 등 영화에 열광한다. '마법'을 경험하는 것이 브랜드의 핵심 경험인 '디즈니 방식'은 50년 전부터 이어지고 있으며 모든 마법은 여전히 너무도 인간적이다.

전 세계에는 우리가 잘 모르는 햄버거 프랜차이즈가 수백 개는 넘게 있지만, 맥도날드는 그중에서도 매우 잘 알려져 있다. 맥도날드는 '확실한' 경험을 바탕으로 소비자들에게 '미소'를 선사하기 위해 제작 과정을 시스템화하여 모든 메뉴를 만든다.

맥도날드가 현재 글로벌 표어로 사용하는 "나는 그것을 사랑할 거야I'm lovin it"와 브랜드의 본질인 '스마일'을 살펴보면 소비자들의 입을 즐겁게 만들어줄 뿐 아니라 소비자들이 감동해 '미소' 지을 수 있게 감정을 자극하는 것이 브랜드의 핵심임을 알 수 있다.

소비자들은 맛을 대변하는 제품의 품질, 출근길의 드라이브 스루 경험, 부모와 어린아이가 함께 즐길 수 있는 놀이 시설이 있는 맥도날드 매장 등을 경험하며 미소 짓는다. 그것은 어떤 식으로든 공감으로 다시 연결되는데, 그 핵심에는 행복이 있다.

반면 디즈니는 마법으로 공감과 다시 연결한다. 어른들이 힘든 삶 속에서 밤하늘의 아름다운 별이나 자연 속에 숨어 있는 섬세함을 감상함으로써 위안을 얻는 것과 같이 디즈니는 가장 순수한 형태의 감정을 다시 끄집어냄으로써 사람들의 가슴이 마구 요동치도록 한다. 어른들도 어린 시절에는 작은 게를 잡으려고 해변의 젖은 모래사장을 가로질러 뛰어다녔으며, 밤하늘의 반짝이는 별들 가운데 어느 별에선가 한 아이가 자신을 바라보고 있을 거라는 공상에 빠지기도 했다. 이러한 감정들이 고단한 삶의 현실 속에서 머릿속 깊이 묻혀 있다가 무의식적으로 다시 살아나는 것이다.

제품이 브랜드가 됨으로써 생기 없던 회사 제품에 활기가 되살아나고, 마치 당신이 천 개의 흰 달걀 중에 소중히 간직하고 싶은 단 하나의 황금 달걀을 찾아낸 것처럼, 소비자 중에서 오직 목표 소비자와 연결하는 가치들을 갖게 된 것이다.

브랜드 공감에 필요한 것들

동물이나 어린아이를 그다지 좋아하지 않는 사람들일지라도, 모진 환경에서 구해낸 귀여운 강아지가 사람들의 사랑을 받고 인간 가정의 충실한 구성원으로 살아가는 이야기를 읽으면 가슴이 뭉클해질 것이다. 뇌 속의 공감을 담당하는 영역이 작동한 것이다. 입에 풀칠하기도 바쁜 험난한 현실 세계에서 살아남으려고 안간힘을 쓰며 어린 자식을 키우는 찢어지게 가난한 어느 시골 가정의 이야기를 읽을 때도 마찬가지다. 아이티의 대혼란과 폭력으로 사람들이 학살되고 고아들이 거리를 헤매는 장면을 보거나 세월호에서 200명이 넘는 청소년들이 이루지 못한 꿈을 안고 동시에 목숨을 잃은 가슴 아픈 광경을 목격할 때 우리 마음은 아파오고 그러한 마음들은 서로 연결된다.

우리는 공감을 통해 인간적인 면을 드러낸다. 일상에서 우리는 허드렛일, 골치 아픈 일, 힘든 일에 휩싸여 있으므로 무언가를 보고 느끼기 위해서는 부정적인 충격까지도 필요하다. 브랜드가 소비자를 감동시키는 핵심 가치를 전달하며, 동시에 그 마음에 제품 사용의 필요성을 연결할 수 있다면 유기적인 존재이자 고객과 열정으로 연결되는 진정한 '브랜드'가 될 것이다.

우리가 좋아하고 중요하게 생각하며 소중히 보살피는 사람들도 브랜드가 될 수 있다. 우리의 가장 친한 친구들은 어렸을 때부터 지금까지 오랜 시간 동안 많은 것을 공유했기 때문에 가장 친한 관계

공감 소통의 구성 요소

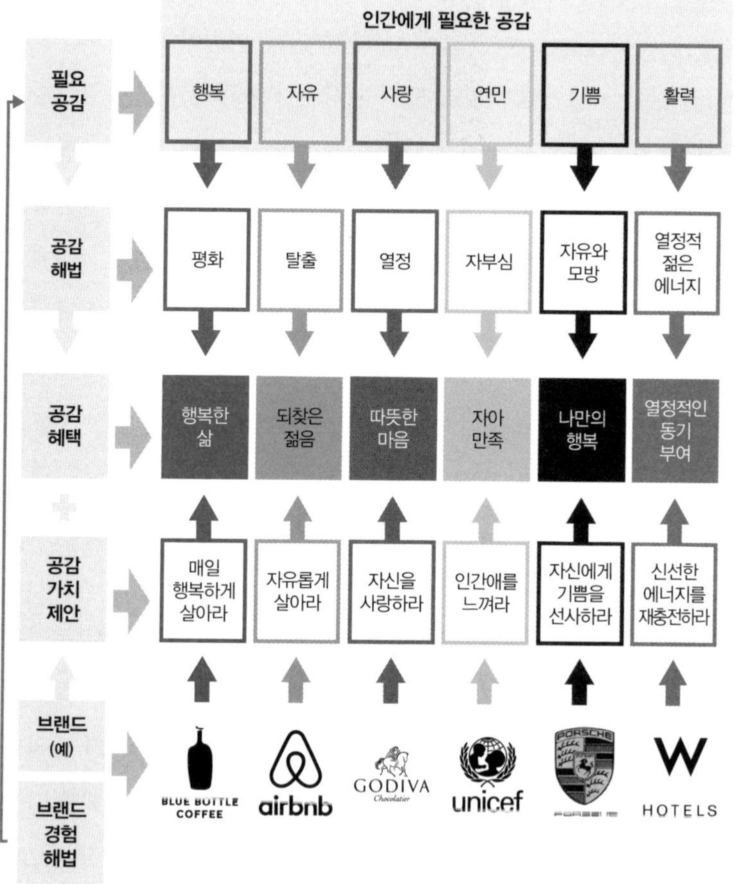

가 되었다. 우리는 다른 누구보다도 그들과 공감하고 연결되기 때문에 서로 비밀을 공유할 수도 있고, 그들이 우리를 필요로 할 때 함께 시간을 보낼 수도 있다. 우리는 그들과 '신뢰'라는 연결고리로 공감한다.

신뢰가 중요하다

상업적 의미에서도 신뢰는 브랜드와 깊은 관련이 있다. A라는 회사가 고객에게 오랫동안 제품 경험 약속을 지키며 신뢰를 쌓아간다면 고객은 경쟁사가 아니라 A사의 브랜드를 즉시 선택할 것이다. 그러나 이러한 관계에서 신뢰가 무너지는 경우엔 더 큰 문제를 초래할 수도 있다. 예를 들어 우리는 가장 친한 친구가 배신했을 때 더 크게 슬픈 감정을 느끼고, 그 일은 가슴 속에 영원히 응어리져 남을 것이다. 배신 이후 그들은 더 이상 친한 친구가 될 수 없으며, 신뢰가 땅에 떨어져버렸기 때문에 심지어 '원수'라고 불릴 수도 있다.

'가장 친한 친구'라고 불릴 만한 관계를 만드는 데는 수년 동안 함께 웃고 울며 서로 도와주는 노력이 필요하다. 그러나 이러한 관계가 무너지는 건 하루아침에도 가능하다. 사기나 배신과 같은 한 번의 치명적인 실수로도 충분히 관계가 깨질 수 있다. 하지만 서로가 신뢰 관계를 오랜 기간 구축해왔고, 그러한 실수가 고의가 아닌 바로 정정할 수 있는 부분이며, 지난날 함께 지내왔던 경험을 토대로 미래의 경로를 다시 설정할 수 있다고 판단된다면 우리는 그를 '용서'해주고 신뢰 관계를 유지할 수 있다.

이것은 회사 브랜드와의 관계에서도 똑같이 적용된다. 회사가 어떤 실수나 잘못을 저지른 경우에도 소비자들이 과거의 신뢰를 바탕으로 용서하고 기회를 다시 줄 수 있기 때문에 브랜드는 존속할 수 있다. 그러나 회사가 반복적으로 과장 광고를 일삼거나 거짓말을 계속한다면 그 결과는 부정적일 것이다. 한번 고객들의 충성심이 깨지면 신뢰 회복을 위해 오랜 시간 진심으로 노력해야 하고, 그럼에도 신뢰를 회복하지 못할 수도 있다. 만약 고객들이 브랜드에 대해 느끼는 배신감의 수준이 용서받지 못할 정도라면 이미 죽은 브랜드를 되살려 소비자들에게 좀비처럼 보이는 것보다는 차라리 새로운 브랜드를 만들어내는 것이 더 좋을 수 있다.

상품과 서비스가 곧 브랜드다. 우리의 마음과 연결되어 일종의 차별된 '감정'을 제공할 수 있는 사람, 동물, 장소 등 모든 것이 브랜드가 될 수 있다. 스타벅스나 블루보틀처럼 한 잔의 커피도 브랜드가 될 수 있다. 그것들은 소비자에게 다른 형태의 커피 경험을 제공한다. 버거킹과 맥도날드, 삼성과 애플, 도요타와 현대차, 람보르기니와 페라리도 서로 다른 소비자 경험을 제공하긴 마찬가지다. 그들은 연계된 범주에서 경쟁하지만 고객들에게 서로 다른 공감과 적절한 브랜드 경험을 지속적으로 제공함으로써 대상 고객들과 연결할 수 있는 차이점들을 만들어내는 것을 핵심 목표로 삼는다.

공감은 서로 다른, 그리고 여러 각도에서 발생하므로 제품이나 서비스는 일관성 있게 약속을 성취함으로써 소비자와 공감해야 한다. 제품의 기능을 꾸준히 업그레이드해야 하고 고객이 열망하는 새로운 경험을 계속해서 만들어 제공해야 한다. 하지만 브랜드가 정서적 혜택 관점에서 추구하는 근본적인 가치는 자유, 황홀감, 따뜻함, 마음의 평화 등과 같이 단순해야 한다.

순서를 바꾸면 일을 거꾸로 하는 것이다

디지털 시대가 시작되고 소셜 미디어가 확대됨에 따라 기업들은 최소의 투자로 최대의 투자 수익Return on Investment, ROI을 달성하는 방법에 집중한다. 따라서 브랜드 자산 수준을 높이는 것보다 매출 전환에 우선순위를 두는 것이 정당하다고 판단한다. 두 가지 개념은 미묘하게 얽혀 있어 균형점을 찾기 쉽지 않다. 예전보다 경쟁이 치열해지고 고객의 마음이 쉽게 바뀌는 상황에서 CEO와 마케팅 최고 책임자CMO들은 매출 전환의 최적화를 달성할 수 있는 마케팅 방법에 큰 부담을 느낀다. 그러나 이런 사고방식을 따르다 보면 소비자 경험과 삶의 여정을 마케팅의 진정한 출발점으로 삼아야 한다는 사실을 잊게 된다.

브랜드 자산 가치가 따르지 않으면 기업의 재무적 가치는 떨어지기 마련이다. 과거에는 여러 부서와 시스템별로 데이터가 나뉘어 보관되었기 때문에 서로 연결할 수 없었다. 그러나 이제는 데이터를 정제, 결합, 분석, 통합할 수 있다. 통찰력이 도출되는 지점과 데이터를 연결하여 설명할 수도 있다. 따라서 사용 예산 대비 투자 수익을 측정하는 것이 가능해졌다. 회사는 브랜드가 상징하는 본질과 비전을 바탕으로 고객 경험과 관련된 브랜드를 정의하는 공감 부분, 즉 '우뇌'를 사용해야 하고, 이것이 가장 중요한 기본 원칙이다.

그러나 회사의 초점은 데이터 통합을 위해 데이터를 수집하고 분류하며 분석할 수 있는 기술과 디지털 플랫폼을 구축하는 데 맞춰져 있다. 달리 말하면, 회사는 매력적인 플랫폼을 활용해 가장 효율적으로 마케팅 예산을 지출하는 전술적 실행에 치중한다. 오늘날 회사들은 매출 전환이 곧바로 일어나는 곳에 투자하는 경향이 있다.

디지털과 데이터 플랫폼 시대에는 소셜 미디어와 디지털 콘텐츠를 개발하고, 소비자들이 이를 이용해 '시장과 소통'하도록 하는 것이 타당할 수도 있다. 그러나 이것은 공감 연결 관점에서 장기적으로 브랜드 자산 가치를 희석하지 않고 가장 적절한 방식으로 가치 제안을 창조해 브랜드를 고객 소통의 진정한 중심축으로 만들어야 한다는 고차원적인 신념에 비추어보면 부차적인 일이다.

수익성이 좋은 브랜드를 살펴보면, 소비자가 경험할 수 있는 독특하고 차별된 가치 제안이 브랜드를 계속 발전시킨다는 믿음을 가지고 있다. 이들은 그 믿음을 바탕으로 독특한 방법을 사용해 브랜드를 전략적으로 계속 표현한다. 그 다음에 콘텐츠를 개발하고 실행한다. 순서는 중요하다. 만약 순서를 바꾸면 그것은 기본적으로 일을 '거꾸로' 하는 셈이다. 비영리 조직이 아닌 이상 기업은 돈을 벌기 위해 매출 목표를 달성하고 이익을 내려고 노력할 것이다. 따라서 매출 증대가 기업의 핵심이다.

이것은 마치 매출과 이윤을 최대한 창출하는 것과 브랜드 자산 가치를 최대한 크게 만드는 것 중 어디에 우선순위를 두어야 하는지에 대한 논쟁처럼 보일 수도 있다. 하지만 이것은 사실상 소비자의 필요를 해결하기 위한 '가치'가 무엇인지를 이해하는 문제다.

대부분의 기업은 소비자들이 브랜드를 확실히 신뢰하면 그들의 충성도가 높아지고 신규 고객을 유치하는 데 도움이 되며, '모태' 브랜드의 후광 효과를 활용해 연관 사업으로 진출할 수 있다는 사실을 알고 있다. 그러나 동시에 매출 수익이 없다면 브랜드 자산이 무의미하다고 판단한다. 그래서 닭이 먼저인지 달걀이 먼저인지 순서를 중요시하기보다는 처음부터 달걀 요리의 결과물인 오믈렛을 원한다. 기업들은 브랜드 구축에 이만큼 투자하면 매출이 얼마나 될지, 어디서부터 시작해야 할지, 최소한의 비용으로 목표한 매출을 달성할 방법은 무엇인지, 각종 미디어에서 '성공'적인 다른 브랜드를 모방할 방법을 찾는 데 관심이 많다.

공감 브랜드의 성공 비결

끊임없이 진화하는 디지털 경제에서 부차적인 이행 절차에 중점을 두지 않고, 중심 가치에 초점을 맞춘 브랜드와 그들의 성공 비결을 살펴보자.

Case Study

포르쉐Porsche의 일관된 고객 경험

대부분의 남성들에게 포르쉐를 운전하는 것은 낭만적인 꿈이다.

그러나 현실적으로 자동차를 구매하고 유지하는 데 필요한 소득이 부족하거나 우선순위가 스포츠카를 구매하는 것이 아니라는 등, 여러 가지 이유로 많은 사람에게 포르쉐 운전의 로망은 한낮의 달콤한 꿈처럼 사라져버린다.

그러나 포르쉐를 소유한 사람이라면 누구나 포르쉐 운전 경험이 독특하면서도 일관성 있다는 것을 알고 있다. '꿈에 그리는 일상의 스포츠카'인 포르쉐는 트랙 경주용 차량이라기보다는 일상에서 사용하는 스포츠카 가운데 최고라는 이미지가 뿌리 깊게 자리 잡고 있다. 이런 이미지는 포르쉐의 SUV 카이엔Cayenne에서 포르쉐의 핵심 차종인 911 카레라Carrera 시리즈, 보급형인 박스터Boxter와 코너링이 월등한 카이맨Cayman에 이르기까지 모든 차에 스며들어 있다.

포르쉐 차종은 디자인 진화의 일관성, 속도 기기, 핸들링, 엔진 소리, 전반적인 성능 등 모든 면에서 타의 추종을 불허하는 '포르쉐

경험'을 살릴 수 있도록 설계되었다. 결국 고성능 주행차인 911 터보, 가정용 SUV, 완전한 전기차로 새롭게 출시된 타이칸Taycan 등 승용차를 포함하여 어느 것이든 모두 하나의 브랜드 경험으로 귀결된다. 이들은 스포츠카를 고수하며 운전자가 자유와 전율을 느낄 수 있는 포르쉐 스포츠카의 DNA를 담고 있다. 혁신적인 스포츠카를 정의할 때 포르쉐가 항상 선두 자리에 있는 이유다.

그러나 포르쉐는 스포츠카 시장의 패러다임을 바꾸거나 최신 기술을 사용한 엔진 등의 혁명적인 변화를 추구하지 않는다. 이들은 '진화'의 전통을 유지하는 데 초점을 맞춘다. 포르쉐는 자동차에 발전된 기술을 장착하지만, 소비자들의 충성심을 유지하기 위해 그 무엇보다 포르쉐 브랜드로서 변함없는 가치 제안과 조화를 이루도록 노력한다. 최고의 '운전 경험'에 초점을 맞춘 중형 차량인 포르쉐 '카이맨'은 911 카레라 시리즈만큼 강력하지는 않지만 '코너링' 범주에서 최고의 자동차로 인정받으며 진정으로 '재미있는' 스포츠카로 자리매김하고 있다. 레이저처럼 정확하게 움직이는 성능을 갖춘 미드쉽엔진의 거의 완벽한 밸런스 비율을 갖춘 카이맨을 운전하면서 느끼는 짜릿함을 포르쉐 모든 차종에서 똑같이 느낄 수 있다. 차종과 관계 없이 동일한 운전 감각은 포르쉐 브랜드의 핵심적인 본질에 더하여 또 하나의 장점으로 자리 잡았다.

포르쉐 브랜드의 메시지 전달 전략과 전술은 미디어 유형과 관계없이 언제나 동일하다. 또한 포르쉐는 기계와 사람을 연결하고 함께 살아 숨 쉬는 자동차라는 유기적인 존재로서 고객의 감각과 공감을 전달하는 '체험적' 브랜드이다.

Case Study

블루 보틀 커피Blue Bottle Coffee의 차별화된 고객 경험

스타벅스에 비해 뒤늦게 소도시 브랜드로 출발한 미국의 블루 보틀 커피는 최근 거대 소비재 대기업인 네슬레에 인수되었다. 블루 보틀의 브랜드 관리 전략은 기술 발전 및 매출 수익으로 연결되는 투자 수익률 분석 데이터에 초점을 맞추는 것이 아니라, 다른 기업들이 제공하지 못하는 블루 보틀만의 독특한 커피 경험에 중점을 둔다.

이들은 스타벅스와는 다르게 커피의 맛과 직결되는 커피 증류기와 머그잔 같은 브랜드 콘텐츠를 제외한 다른 제품을 판매하지 않는다. 매장 내에서 와이파이도 제공하지 않을 정도로 '커피 경험'에 모든 것을 집중한다. 디 나아가 그들은 거대한 상업적 기업 브랜드가 아니라, 커피에 진지하고 소비자에게 친근하며 순수한 '핵심'을 지향하는 브랜드로 자리 잡았다. 결국 그들은 심리적으로 이런 종류의 공감을 경험해보고 싶어 하는 고객이 있다는 사실을 알고 스타벅스와는 다른 길을 선택했다. 스타벅스는 고객들이 커피를 마시는 동안 매장에 앉아 있는 것이 즐거워지는 전반적인 분위기를 조성하며 '스타벅스 경험'을 창조했다.
그러나 블루 보틀은 스타벅스를 '모방'하지 않았다. 블루 보틀은 다른 브랜드와는 달리 그들에게 정체성을 확립해주는 공감 측면을 '차별화'했다. 블루 보틀 커피 판매장에서는 고객들이 커피의 색다른 맛을 즐기게 하는 데 초점을 맞춘다. 테이크아웃을 한 블루 보틀 커피를 들고 샌프란시스코 부두로 나가 눈부신 태양 아래 반짝이는 파란 바다와 갈매기를 바라보며 커피 맛을 음미하는 것이 블루 보틀이 추구하는 정체성이다.

블루 보틀 커피는 다른 브랜드처럼 브랜드 홍보를 위해 기술, 플랫폼, 데이터, 분석 수단 등의 모든 전술적 수단을 구사하느라 핵심 브랜드 경험을 훼손할지도 모를 부차적이고 수많은 감각적 경험을 추구하지 않는다. 물론 우리가 사는 시대에 그런 전술적 수단이 중요하지 않다는 것은 아니다. 단지 전술적 수단은 브랜드 경험을 구축하는 맥락에서 목표 고객이 누구인지, 그들이 가장 공감하는 것이 무엇인지 아는 것보다는 우선순위가 떨어진다는 의미다.

2장

공감 플랫폼과 콘텐츠, 그리고 디자인에 대해

BRAND

플랫폼을 다시 정의하기

플랫폼 하면 어떤 생각이 떠오르는가? 대부분은 앱, 디지털, 코딩, 사용자 인터페이스UI와 사용자 경험UX, 소셜 미디어, 클라우드 같은 것들을 떠올릴 것이다. 데이터, 가상 세계는 관련 콘텐츠의 생태계 분석과 연결되어 있다. 페이스북, 인스타그램, 넷플릭스, 앱스토어, 아마존닷컴 등은 기술적으로 말하자면 모두 플랫폼이다. 그러나 플랫폼 모델을 자세히 살펴보기 전에, 우리가 그저 '멋진 콘텐츠'일 뿐이지 '플랫폼'이라고는 생각하지 않았던 것들이 있다. 그것들 중에서 플랫폼이라고 정의해야 할 것이 무엇인지를 생각해보자.

플랫폼이란 고객에게는 삶의 가치를 실제로 더하는 '공감적' 경험을 끊임없이 제공하는 것으로, 제작자에게는 사업 가치를 가져다 주는 콘텐츠로 채워진 프로그램 체계를 말한다.

근본적으로 우리는 '시대가 변해도 계속 존재하는 플랫폼'을 다시 정의할 때, 인간적 결합 경험인 '공감'으로 돌아가야 한다. 수백 년 전에 만들어진 베토벤과 모차르트의 음악이 지금도 '클래식' 장르에서 여전히 사랑받는 이유가 무엇일까? 사람들이 지금도 헤밍웨이의《노인과 바다》나 존 스타인벡의《에덴의 동쪽》을 여전히 즐겨 읽는 이유가 무엇일까? 오늘날 비틀스 음악과, 수십 년 전에 죽은 지미 헨드릭스의 마법 같은 기타 연주와 쉰 목소리가 우리 곁에 여전히 살아 있는 이유는 무엇일까? 뉴욕시의 구겐하임미술관Guggenheim과 현대미술관MOMA은 왜 전 세계인의 발길이 끊이지 않는 관광지인 걸까?

또한 사람들이 20년 전과 마찬가지로 지금도 래브라도와 골든리트리버를 사랑하며, 독일 셰퍼드를 최고의 군견으로 인정하는 이유는 무엇일까? 그 이유는 간단하다. 고객 혹은 개인이 원하는 감정 경험에 대한 가치 제안과 개의 DNA가 일치했기 때문이다. 즉 래브라도가 시각장애인 혹은 장애인을 위한 안내견이나 가정집 반려견이 될 수 있었던 것은 그것들의 기질과 외모에서 가장 사랑받는 개 또는 '인간에게 가장 친한 친구'라는 믿음이 변함없이 배어 나왔기 때문이다. 래브라도의 DNA는 400년 전이나 지금이나 똑같다. 우리는 이것을 '브랜드 본질'이라고 부를 수 있다. 래브라도는 이러한 '본질'을 지닌 품종으로서 인간이 친근하고 쉽게 접근할 수 있으며 서로 화합할 수 있다는 브랜드 개성을 전달한다. 그러한 개성들로 개의 품종과 기질, 외모는 물론 조건 없이 인간에게 가져다주는 행복을 정의할 수 있다. 래브라도의 고유한 행동과 하나의 품종으로서 외모가 그대로 유지되고 있으므로 그에 대해 특별히 공감하는 현상은 지금도 예전처럼 나타나고 있다. 이것은 말하자면 정체성이다. 따라서 우리가 상업적인 의미에서 정체성을 재해석하면, 그것은 모두 서로 관련 있고 감정적으로 연결된 '브랜드'다. 공감 적합성에 관한 암호는 디지털 시대나 1970년대나 심지어 그 이전 시대에서도 똑같다.

시그니처 브랜드 스토리가 필요한 이유

그러나 브랜드가 소비자들의 공감을 얻기 위해서는 포르쉐에 관해 자세히 설명한 것처럼 모든 것의 중심에 '시그니처 브랜드 스토리'가 있어야 한다. 브랜드가 스스로 길을 헤쳐나가고 지탱하려면 사람들을 강하게 감동시킬 비전, 유산, 영감이 가득 찬 독자적인 스토리를 연출해야 한다.

그렇게 되면 브랜드는 확장하고 브랜드를 둘러싼 대화가 넘쳐난다. 래브라도를 기르거나 오케스트라에서 베토벤 곡을 연주하거나 LP나 CD 형식이 아닌 단순히 매킨토시에서 디지털 형식의 음악을 듣는 것처럼 상호작용하며 참여하는 일은 전체 경험의 일부가 된다.

콘텐츠의 연결 요소와 핵심은 음악, 예술, 장소, 작품 등 무엇이든지 간에 디지털 형태로 사실상 복제될 수도 있지만 그 플랫폼을 지탱하는 것은 바로 스토리다. 비틀스가 로큰롤을 창시한 지 수십 년이 지났지만 그들의 콘텐츠인 음악은 화음, 가사, 멜로디로 사람들의 공감을 자아내 여전히 감동을 주고 있다. 그들의 유산은 지금도 살아 있는 셈이다. 콘텐츠는 음악이지만 그것이 증폭되고, 복제되고, 추구되는 전반적인 경험과 방법은 어떤 의미에서 플랫폼이 된다.

지금은 베토벤과 같은 천재 작곡가가 등장한다고 해도 전설적인 인물이 되려면 독특한 정서적 혜택을 일관되게 제공하여 진정한 독창성을 발휘할 수준까지 실력을 쌓아야 한다. 그것은 값을 매길 수 없는 반 고흐의 예술 작품처럼 수십 년이 걸릴 수도 있다. 심지어 사망한 후 수백 년이 지나서야 인정받는 경우도 있다. 이 모든 것과 함께 오늘날 베토벤이 브랜드로 자리매김하는 데 가장 중요한 것은 사람들을 공감대로 묶어주는 시그니처 스토리와 연결고리다.

당신은 공감 맥락에서 어떤 노래, 어떤 영화, 어떤 책, 어떤 광고, 어떤 음식, 어떤 사람, 어떤 장소, 어떤 서비스를 좋아하는지 그 이유를 자문해본 적이 있는가? 대부분 우리는 이유 없이 〈왕좌의 게임Games Of Thrones〉이나 〈반지의 제왕Lord Of The Rings〉과 같은 판타지 시리즈, 그리고 〈조커The Joker〉가 훌륭한 영화라고 생각한다. 특정 커피 원두나 가게의 분위기를 중요하게 생각하는 사람이라면 '아무' 커피숍에나 들러 커피를 마시지 않고 스타벅스나 좋아하는 커피숍을 일부러 찾아가 커피를 마신다. 이 모든 행위에 우리는 전략적인 이유와 근거를 찾고 평가하지 않는다. 우리는 독자, 청중, 관객 등 어느 위치에 있든 커피숍에서 일어나는 시그니처 브랜드 스토리의 일부분이 된다. 부지불식중에 콘텐츠의 일부가 되는 것이다. 즉 브랜드와 '공감'이 일어나고 몰입하게 된다. 이 과정은 우리의 정서에 들어맞는 매력적인 스토리가 있을 때만 가능하다. 거기에는 장르를 불문하고 등장인물의 심리 상태와 행동을 통해 우리가 '공감'하는 줄거리가 있으며 이것은 브랜드 커뮤니케이션에도 적용된다.

우리가 공감을 하기 위해서는 스토리가 있어야 하며, 그것은 강렬해야 한다. 동네에 좋아하는 이탈리아 식당이 있다고 가정해보자. 그곳은 고객이나 직장 동료들과 '업무상 저녁 식사'를 하러 가는 곳이 아니라 가족, 여자 친구, 남자 친구 등 가까운 사람들하고만 함께 가는 식당이다. 왜 그럴까? 그곳에만 있는 특별한 것을 간직하고 싶기 때문이다. 브랜드와 똑같이 그것은 소비자 경험을 제공하는 '사물'에 소중히 간직되어 있으므로 고유한 감정이다. 그 식당은 아마도 우리에게 개인적으로 특별한 경험을 제공할 것이다. 이제 우리는 그 식당이 음식 맛이 좋고 분위기가 아늑하고 멋있으며, 서비스가 흠잡을 데가 없고, 거리도 가까우므로 자주 방문할지도 모른다.

하지만 방문하는 이유를 가만히 생각해보면 그곳에서 긍정적인 경험을 했기 때문이라는 걸 알게 된다. 스트레스를 풀고 와인 한잔을 마시며 사랑하는 사람의 눈을 들여다보면서 웃음보를 터뜨린 긍정적인 기억이 있기 때문이다. 전체적인 구도에서 보면 함께 식사했던 사람들과의 경험적 요소들 덕분에 그곳이 기억에 남는다. 10년 만에 만난 친구와 3시간 동안 저녁 식사를 하고 술을 마시며 과거를 회상하면서 젊은 시절로 다시 돌아가 즐거운 추억에 빠졌던 그 식당을 나서는 순간, 그곳은 시간을 거슬러 올라가 과거의 자신을 만난 경험을 한 장소로 기억된다. 이런 경험은 콘텐츠가 되고, 은은한 조명과 향긋한 파스타, 가벼운 재즈 음악, 스테이크를 굽는 불타는 그릴 등 식당의 모든 요소가 한데 어우러지면 우리의 이야기는 살아 숨 쉬게 된다.

그것은 마치 우리가 뮤지컬 무대 한가운데에 서서 주변의 모든 것과 함께 이야기를 연출하는 것과 같다. 고객의 눈에는 이러한 구매 경로 역시 하나의 이야기다. 고객들이 필요로 하는 것을 스토리로 어떻게 해결할지 모르겠지만, 핵심은 스토리 중심에 있는 고객이다. 그다음 올바른 전술로 해결책에 도달하는 것이 중요하다. 사실상 올바른 시그니처 스토리를 전달하는 브랜드 커뮤니케이션은 고객이 문제를 해결함으로써 브랜드에서 얻는 정서적 혜택이 극복해야 할 정서적 '고통'의 한계보다 크다는 사실을 증명한다.

사람들은 브랜드 커뮤니케이션에서 '창의적'이라는 의미를 아주 간단한 잣대로 해석하려고 한다. 예컨대 제품의 기능상 이점이 제대로 전해졌는가, 메시지가 간결하거나, 혹은 지나치게 다양한 것은 아닌가, 다른 매체에도 적용할 수 있는가, 광고에 적합한 의미인가, 일관성 있게 계속해서 2차 광고에도 사용할 수 있는가 등이다. 단발적이지 않고 영속적으로 브랜드 가치를 올리는 마케팅 커뮤니케이션 캠페인을 구축해야 한다. 즉 스토리의 단절이 아닌 승화가 이루어지는 것이 최종 목표이다.

그것들은 모두 짚고 넘어가야 할 사항들임에는 맞는다. 그러나 근본적으로 고객과 관련 있는 특정한 시그니처 브랜드 스토리가 있어야 한다. 그것이 고객의 마음을 움직여 브랜드를 선택하는 데 도움을 수 있는가라는 질문에 대해 답을 주어야 한다. 그렇게 되려면 이탈리아 식당의 경우와 마찬가지로, 콘텐츠가 소비자의 정서와 공감하는 혜택을 제공함으로써 소비자의 주요 필요 사항을 해결해주는 줄거리가 반드시 있어야 한다. 앞에서 언급한 이탈리아 식당을 즐겨 찾는 이유가 단지 집에서 거리가 가깝다거나, 음식, 조명, 요리사 때문만은 아니다. 그것들은 식당을 구성하는 요소에 불과하다. 그곳을 즐겨 찾는 그 이유는 바로 그 식당에서만 공감할 수 있는 스토리 때문이다. 그 식당은 독특한 경험의 일부분이며 그 자체로 당신에게 특별한 이탈리아 식당의 '브랜드 경험'을 느끼게 해주었다.

연관된 이야기로 007 제임스 본드 시리즈는 배트맨이나 슈퍼맨이 등장하는 마블 유니버스Marvel Universe처럼 수십 년 동안 이어져왔다. 사람들이 사랑하는 최고의 스파이 제임스 본드James Bond 역을 다양한 배우들이 연기했다. 숀 코너리Sean Connery와 로저 무어Roger Moore에 이어 현재 다니엘 크레이그Daniel Craig까지. 그러나 제임스 본드의 정체나 그의 가치관, 그의 성격, 그의 믿음, 그의 행동방식, 그리고 스타일에 관한 핵심 DNA를 갖춘 브랜드로서의 제임스 본드는 일관성을 유지한다. 상품으로 말하자면 브랜드는 살아 있고 프랜차이즈는 근본에서 벗어나지 않은 채로 전략적 일관성을 유지하며 계속 진화하는 생태계를 구성한다. 제임스 본드라는 브랜드 본질과 그가 속한 시스템은 항상 변함이 없다.

007 영화의 후속작이나 〈제이슨 본Jason Bourne〉 같은 첩보물 영화가 선과 악이 공존하는 액션을 중심으로 한 스토리를 가지며 결국 선이 악을 확실히 이기고 세상을 구한다는 결말이 될 것이 뻔한데도 영화를 보러 가는 이유는 무엇인가? 관객들은 오랜 세월에 걸쳐 007 브랜드와 공감하는 경험을 쌓았다. 멋진 자동차 추격전과 폭발 장면, 불가사의한 액션과 같은 볼거리를 통해 아드레날린이 솟구치는 경험을 통해 최소한 스트레스를 해소할 수 있다는 사실을 알고 있기 때문이다. 영화는 악당 대 영웅 주제, 문제 해결의 임무와 전략, 전략 실행의 전술, 문제 해결에서 얻는 정서적 이점을 보여주는 줄거리로 흥미롭게 구성된다. 결국 관객은 선이 악을 이기며 우리의 영웅 제임스 본드가 항상 멋지다는 사실을 확인하고 마음이 편해진다. 관객들은 영화를 보는 동안 몰입할 수 있어 스트레스를 많이 해소하고서 가벼운 마음으로 극장을 떠난다.

물론 줄거리 흐름은 낡은 것일지 모르지만 시장을 평가하는 기본 골격이나 사업 기회를 모색하는 논리 흐름은 그렇게 다르지 않다. 워크래프트 MMORPGMassive Multiplayer Online Role Playing Game(대규모 다중 사용자 온라인 역할 게임-옮긴이) 엔진이 스타크래프트용 플랫폼 엔진과 동일한 엔진을 사용하지만 이야기와 등장인물의 콘텐츠는 서로 다른 것처럼, 브랜드 스토리를 구성하는 창의적 요소는 색다른 매력을 느낄 수 있는 대표적인 경험이어야 한다. 워크래프트와 스타크래프트는 모두 같은 게임 회사인 블리자드Blizzard가 만들었지만 전쟁에서 승리하기 위한 공동체 구축 방법이나 등장인물은 모두 다르다.

예를 들어 제임스 본드 영화에서 마케팅 담당자들은 브랜드를 노출하면서 영화 속에서 상품 배치product placement/ppl를 통해 제임스 본드의 이미지와 그들의 브랜드를 연결함으로써 관객의 공감을 얻으려고 한다. 제임스 본드가 운전하는 자동차, 손목에 찬 시계, 카지노에 갈 때 입고 가는 턱시도는 용기, 지성, 세련, 매력, 그리고 유머뿐 아니라 불멸을 상징하는 제임스 본드가 지닌 페르소나의 심오한 특징을 담아야 한다. 마케팅 담당자들은 공감적 관점에서 고객을 자신의 브랜드에 연결하기 위해 제임스 본드가 지닌 브랜드 이미지를 활용하려고 한다. 제임스 본드 시리즈 영화의 관계자들 역시 제임스 본드가 지닌 브랜드를 훼손하지 않으면서 영화 줄거리를 전개하는 과정에서 각종 브랜드를 어떻게 자연스럽게 등장시킬지 진지하게 고민한다.

제임스 본드는 자동차 추격전에서 애스턴 마틴Aston Martin을 쏜살같이 몰면서 슈퍼카의 성능을 보여준다. 그는 손목에 찬 오메가Omega 시계를 들여다보고 시간을 확인하며, 파티에 참석할 때면 톰 포드Tom Ford 정장을 나무랄 데 없이 깔끔하게 차려입는다.

마케팅 담당자들은 각자의 브랜드에 대한 고객의 공감을 강화시키고자 노력한다. 그들은 목표한 관객에 한층 체계적으로 다가갈 수 있도록 스토리상 브랜드 상품에 적절한 역할을 부여한다. 제임스 본드가 지닌 하나의 특성으로 심어 놓는 것이다. 그렇게 되면 브랜드는 영화 속 관객이 경험할 수 있는 것으로 변화하고 마케팅 담당자들이 그토록 애타게 갈망하던 고객 경험이 간접적으로 만들어진다.

오감을 통해
공감을 증폭하는 법

광고를 볼 때 음악의 역할은 매우 중요하다. 광고의 분위기와 소비자를 공명하게 하기 때문이다. 거기에는 광고의 줄거리와 잘 어울리도록 화음을 편집해 최고조에 도달하게 하는 과정이 있다. 음악은 청각적 공감을 통해 시각에 활력을 준다. 같은 시각적 콘텐츠라 하더라도 음악에 따라 느낌이 달라진다. 목표 소비자가 좋아하는 음악을 광고에서 들을 수 있도록 마케팅 담당자가 저작권 사용료에 비용을 많이 쓰는 것도 그 이유다. 단순히 작품에 알맞은 정도로 정취를 불어넣는 정도라면 저작권 사용료 지급이 필요 없는 음악을 사용할 수도 있다. 고객에게 시그니처 브랜드 스토리를 감동적으로 전달하기 위해서 마케팅 담당자들은 모든 요소를 활용한다.

이 책에서 우리는 공감과 관련한 음악의 힘에 대해 이야기할 것이다. 음악이 어떤 방법으로, 그리고 어떤 이유로 우리에게 연결되느냐 하는 관점에서 공감 브랜드를 살펴보아야 한다. 이것이 핵심이다. 그리고 음악은 우리에게 감정적인 공명을 불러일으키는 음향 요소가 일관되면서도 정서적인 공감대를 만들어 브랜드와 연결된다. 이는 브랜드를 보는 방식과도 관련이 있다.

앞서 언급했듯이 음악은 대대로 감정적 격변과 유대감을 제공한다. 우리는 세월이 흘러가도 베토벤의 명곡을 들으면 마치 바다 한가운데에 있는 것처럼 가슴이 마구 요동치고, 록 그룹 퀸Queen의 프레디 머큐리Freddy Mercury가 연주하는 곡을 들을 때면 슬픔, 행복, 기쁨, 고독과 같은 다양한 감정을 느낀다. 레이 찰스Ray Charles, 지미 헨드릭스Jimmy Hendrix, 비틀스Beatles, 휘트니 휴스턴Whitney Houston 같은 음악가들은 세상을 떠났지만 그들의 작품은 전설로 남아 계속해서 많은 팬에게 즐거움을 선사한다. 수많은 데이터를 분석해 기업의 효율성과 책임을 강조하여 AI, 5G, 블록체인, 애자일 시스템 등에 관해 이야기하는 디지털 시대에 스토리텔링, 공감대 구축 및 브랜드 커뮤니케이션과 음악을 연계하는 것이 중요한 이유는 무엇일까? 그것은 음악을 경험함으로써 형성된 잠재의식 속에서 우리가 행복하고 즐거웠던 순간과 기억을 끄집어내 감동을 느끼기 때문이다.

예를 들어, 음악에서 공감은 4가지 핵심 요소로 구성된다. 여기에는 가사, 멜로디, 목소리, 그리고 다른 구성 요소들을 조화롭게 만드는 통합 과정이 있다. 핵심 요소 중 하나인 가사는 '당신의 스토리'와 공명하는 '스토리'다. 당신이 아끼는 가수의 목소리로 노래 가사를 들을 때 공감이 이루어진다. 노래의 의미는 목소리를 통해서만 전달되는 것이 아니라 다른 요소를 통해서도 전달된다. 노래 가사가 중국어, 영어, 프랑스어, 한국어 등 각기 다른 언어로 쓰였어도 감정을 연결하는 음악의 연결고리가 사람들의 잠재의식 속에 숨어 있어 감동을 같이 느낄 수 있다.

세계에서 가장 찬사를 받은 힙합 아티스트 중 한 명이자 뮤지컬 디바 비욘세Beyoncé의 남편인 숀 카터Sean Carter는 제이 지Jay Z로도 알려져 있다. 힙합은 공감에 관한 것이다. 힙합에서 랩은 마치 누군가가 직접 말을 거는 것처럼 강력한 방식으로 스토리를 전달한다. 하지만 스토리의 주제에 따라서는 듣는 이를 흥분하게 만들거나 감정적 요소를 더 끌어올리기에 적합한 수준의 박자와 강조 부분을 갖추고 있다. 힙합은 사회적 낙인과 사회의 불공평에 맞서서 억압받는 자, 약한 자, 낙오자의 목소리를 세상에 알리기 위해 시작한 음악이다. 이것은 전 세계 사람들과 연결되며 하나의 음악 장르를 형성했다. 우리는 지금부터 제이 지가 공감 브랜드로 어떻게 관련되는지를 살펴보려고 한다.

제이 지는 뉴욕의 가장 가난한 공동 주택 단지 중 하나인 마시 프로젝트Marcy Projects에서 자랐다. 그곳은 마약 중독자, 온갖 종류의 불운한 사람들이 비참하게 사는 지역이었다. 마약 거래는 일상적인 일이고 가난한 아이들과 미혼모는 어두컴컴한 골목에 갇혀 식량 배급표로 하루하루 연명하고 있었다. 제이 지는 그곳에서 성장했다. 그는 자신이 전달하려는 것을 정확히 이해했다. 그리고 자신과 공감할 수 있는 고객들을 연결하기 위한 가사를 랩에 접목함으로써 보고 느끼고 배운 것을 강력하게 전달하는 방법을 배웠다. 제이 지는 진실했고 그 덕분에 사회의 여러 가지 불합리한 법과 제도로 인한 억압, 부자와 가난한 사람 사이의 이질감, 힘든 삶 등을 자신의 음악에서 잘 끄집어냈다. 그는 음악을 통해 살았고 자신이 믿는 이야기를 노래했다. 그의 이야기는 사실이다. 그의 노래는 대중들과 공감을 쌓았고, 제이 지라는 상징적인 브랜드를 구축했다. 사회와 법의 불공정에 반기를 든 약자들의 시각을 반영한 힙합은 NWA의 음악을 통해 전 세계로 퍼져나갔다. NWA는 초창기 그룹 멤버였던 닥터 드레Dr. Dre, 아이스 큐브Ice Cube와 함께 힙합을 하나의 음악 장르로 만드는 데 기여했다. 힙합이라는 장르는 공감대를 형성하며 제이 지, 투팍Tupac과 같은 전설적인 음악가들을 배출했고, 이들은 모두 일관성이 있는 브랜드를 가졌다. 대중과 솔직하게 연결된 힙합은 음악으로 표현된 그들의 진정한 스토리다. 어떤 의미에서 이것들은 모두 시그니처 브랜드 스토리들이다.

이것이 바로 사람들이 음악을 지지하고 따르는 이유다. 멜로디, 가사, 목소리, 화음은 시대를 뛰어넘는다. 보편적으로 인간의 핵심 감정과 정서적으로 연결되기 때문이다. 어떤 음악은 어른이 된 후에도 감동을 준다. 비록 십대 시절만큼의 강한 감동은 아니더라도 반항기, 혹은 자기 발견의 시간을 거치던 시절의 기억과 긴밀하게 연결돼 있다. 그래서 음악가들은 전설적인 존재, 즉 '우상'이 된다. 70세의 아버지와 20세의 아들이 여전히 비틀스를 함께 즐길 수 있는 이유다.

우리가 이해해야 할 또 다른 중요한 측면은 아버지와 아들의 마음속에 자리 잡은 정신세계다. 비틀스의 음악을 듣거나 헤비메탈 밴드인 블랙 사바스Black Sabbath의 어둡고 강렬한 음악을 들을 때면 70세

아버지의 마음은 20세 아들의 마음과 똑같이 된다. 말하자면 그들은 서로 연결된 것이다. 음악은 사람들의 마음을 연결하고 세대 간에 다리를 놓아주는 언어다. 공감의 힘은 음악 속에 살아 있다. 따라서 시대를 뛰어넘어 지속성, 연속성, 정서적 유대감을 이야기하고 상징적인 브랜드가 되는 비결은 음악에서 찾을 수 있을 것이다.

제이 지는 새 앨범을 홍보하고 브랜드 커뮤니케이션을 극대화하기 위하여 매우 개인적인 이야기를 상세하게 서술한 《제이 지를 해독하다Jay Z Decoded》라는 자서전을 출간해 영향력을 발휘했다.

세계적으로 유명하고 지금은 글로벌 경영 컨설팅 회사인 액센츄어의 크리에이티브 조직이 된 광고사인 '드로가 5'가 미 전역을 대상으로 제이 지의 통합 마케팅 커뮤니케이션 캠페인 작업을 맡았다. 그들은 제이 지의 자서전에 쓰인 이야기를 중심으로 그가 공부하고 영감을 얻은 장소에서 실제 일어났던 사건을 책에 쓰인 문구로 묘사하는 방법을 사용했다. 소비자들은 디지털 도구로 자서전에 등장한 장소와 지역을 찾아냄으로써 '제이 지 해독책'을 다시 편집할 수 있었다. 캠페인 과정에서 책에 활력을 불어넣는 경험적 요소 덕분에 제이 지는 자신의 브랜딩을 강화할 수 있었다.

또한 그는 자신이 추구하는 가치, 음악에 대한 견해, 상징하는 내용을 매우 강력하고 솔직한 방식으로 사람들의 마음속에 울려 퍼지게 했다. 상당히 많은 사람이 소셜 네트워크를 통해 스토리 맵핑에 참여했으며 널리 홍보했다. 제이 지는 디지털 플랫폼을 통해 전 세계 관객들과 더욱 강력하게 연결하기 위한 브랜딩 수단으로 자서전을 이용했다. 그리고 책에 언급된 장소에서 책의 내용을 실제로 팬들이 확인할 수 있도록 만들었다. 플랫폼과 콘텐츠가 일치하며 파급력은 더욱 커졌다. 이 모든 것의 중심에는 자서전에 소개된 내용을 연결하는 스토리가 있었다. 그 스토리는 고객과 공감하며 제이 지라는 브랜드를 통합시켰다.

브랜드의 진화와 소비자의 공감

브랜드의 현대적 적합성과 과거의 유산에 '공감'이 어떻게 연결될까? 여기에는 브랜드가 탄생한 국가, 그 나라 국민의 가치관, 문화적 기반, 잠재의식 차원에서 감정을 자극하는 방식 등 여러 가지 요인이 작동한다.

브랜드의 국적은 우리에게 어떤 의미인가? 브랜드 공감은 브랜드와 연결된 여러 요소와 전체적으로 공명한다. 여기에는 주로 정서적 가치 관점에서 제품이나 서비스가 장기적으로 미래에 어떤 유형의 가치를 제공할 것인지에 대한 창업자나 최고 경영진의 브랜드 비전이 포함된다. 그중 중요한 요소는 유산에 대한 개념이며, 여기에는 브랜드가 탄생한 국가, 그리고 소비자의 '마음속'에 해당 브랜드의 국적이 무엇을 상징하는지가 한데 얽혀 있다. 그러므로 정서적 관점에서 국가 브랜드 이미지가 상승하는 것은 매우 중요하다. 예를 들어 글로벌 기업이 어떤 브랜드를 인수했다면 소비자들은 신뢰와 신용 측면에서 인수한 기업의 국가와 브랜드를 연관해 생각한다. 우리가 알다시피 이탈리아와 프랑스는 패션, 독일은 기술, 덴마크는 디자인을 상징한다.

소니는 1990년대 후반까지 전 세계의 가전제품 시장을 지배했지만 지금은 콘텐츠 비즈니스를 영위한다. 예전에 IBM은 컴퓨터 메인프레임과 PC와 서버를 판매했지만 이제는 응용소프트웨어와 컨설팅 비즈니스에 주력한다.

한국의 세계적 대기업인 삼성은 수십 년 동안 가전제품뿐 아니라 증권, 신용카드, 연예, 무역, 심지어 호텔에 이르기까진 수많은 산업 분야에서 지배적인 영향력을 행사해왔다. 삼성은 한국 시장에서 강력한 영향력을 행사했던 1990년대와 2000년대 초까지만 해도 세계 시장에서는 지분율이 높지 않았다. 하지만 현재는 소비자 가전업계를 선도하며 모바일 기기인 갤럭시Galaxy를 선두로 고품격 생활 브랜드로서 아이폰으로 무장한 애플과 맞설 정도로 성장했다. 1990년대 중반까지만 해도 한국 브랜드는 전 세계 소비자에게 이류 상품으로 취급받았다. 삼성과 LG 등은 자신의 브랜드 스토리와 정체성을 갖추고 누구나 갖고 싶어 하는 브랜드를 만들기보다는 원화 약세를 이용해 OEM 제품을 생산하며 대량생산을 통한 기업 성장에 집중했다. 삼성은 모바일을 대표하는 갤럭시 브랜드로 고급 제품 전략에 집중하기 시작하면서 대중을 겨냥했던 애니콜Anycall 브랜드 제품 생산과 판매를 중단했다.

1990년대에 한국의 삼성 제품과 일본의 소니 제품에 대한 블라인드 테스트를 시행했더라면 소비자들은 삼성 제품을 선택했을 것이다. 특히 그때 삼성은 제품의 질을 획기적으로 향상하며 고급 시장으로 진출하기 시작했다. 하지만 당시 한국의 국가 브랜드 경쟁력 지수와 삼성의 브랜드 자산 지수는 고급 브랜드에 대한 감정적 애착을 갈망하는 소비자의 마음에 닿지 못했다. 당시 소비자들은 단지 가격이 싸다는 이유로 기능성 제품을 구매하는 것을 자랑스럽게 생각하지 않았다. 무수한 브랜드 포트폴리오를 보유하고 있는 삼성, 현대, 아모레퍼시픽은 점차 소비자의 인생 여정에 함께할 고급 브랜드로서 일관성 있는 경험 플랫폼과 제품의 역할을 발전시켜야 한다는 사실을 깨닫고, 제품 경험에 대한 고객 공감대를 개발하기 위해 노력했다. 이처럼 한국 기업들이 뛰어난 제품 개발을 위해 수십 년 이상 연구 · 개발에 집중적으로 투자한 노력과 결과물은 훗날 이들이 기능성을 중시한 저가 브랜드가 아니라 감성적으로 연결되는 브랜드라는 가치 제안을 증명할 수 있는 기반이 되어줄 것이다.

이와 동시에 아시아 지역뿐 아니라 이제 전 세계적으로 인기를 얻고 있는 K-팝, K-드라마 등 문화 콘텐츠 수출이 활발해졌다. 공식적으로 'K-컬처'로 불리는 한국문화의 전 세계 보급과 문화 자산 가치의 발전에 힘입어, 기술 발전과 같은 '합리적' 측면 외에도 문화 선진국이라는 한국의 국가 브랜드 이미지가 생성되기 시작했다. 문화 콘텐츠에는 순수하게 감성적인 '공감' 측면이 있다. 한국은 세계적인 기술 도입과 전국적인 디지털 보급률 측면에서 디지털 시대를 선도했다. 이는 감성적으로 말하자면 한국이 다양한 관점에서 세계의 관심을 사로잡을 여러 방법을 사용하여 '최첨단'이라는 느낌을 일관성 있게 제공할 수 있는 기술 인프라와 콘텐츠 동력을 모두 갖춘 기반 국가가 된 것을 의미한다.

삼성은 B2B 방식에 의한 TV 화면 부품뿐 아니라 그 당시 선도 브랜드였던 소니와 심지어 애플에서 사용하는 반도체의 핵심 기술 기반을 갖추고 있었지만, 미래의 협조적 경쟁자인 소니는 그렇지 못했다. 삼성은 과대 약속을 하지 않고 브랜드 약속을 지키는 제품 경험을 개발하기 위해 핵심 기술력을 계속 개선했다.

하지만 소니는 핵심 역량 기반에서 벗어나 다른 범주로 사업을 다각화했으며, 전문지식이 없는 영역에서 사업과 투자에서 계속 실패하는 바람에 '소니의 영광'을 잃었다. 소니는 플레이스테이션 시리즈를 통해 게임 시대를 개척하는 데 중요한 역할을 했지만, 경쟁이 치열해지고 게임 시장이 한층 역동적으로 발전하는 바람에 설 자리를 잃었다. 특히 요즘에는 플레이스테이션에서만 가능했던 게임이 모바일 기기에서 거의 같은 수준으로 구현된다. 파나소닉Panasonic, 산요Sanyo, 아이와AIWA와 같은 일본의 지배적인 브랜드들은 그 위상이 추락했거나 고객 여정이 무엇이고 시그니처 브랜드 스토리가 그들에게 무엇을 의미하는지를 잊어버렸다. 따라서 그들은 과거에 신뢰할 수 있고 소비자와 연결되는 브랜드로서 그들을 친밀하게 생각하던 소비자 기반을 완전히 잃어버렸다. 오늘날 우리나라의 국가 브랜드는 위상이 현저히 높아진 덕분에 관광객의 유입이 증가했으며, 국가 이미지가 현격히 개선되어 한국 제품의 해외시장 진출이 더 쉬워졌다. 현대자동차는 한때 미국 시장에서 '센스 있는 차'라는 슬로건으로 마케팅 캠페인을 벌여야 할 정도로, 저렴한 자동차를 판매했다. 오늘날 현대자동차는 닛산Nissan의 인피니티Infiniti, 도요타Toyota의 렉서스Lexus처럼 제네시스Genesis 브랜드로 고급 소비자층을 공략하여 전반적인 후광 효과를 불어넣으면서 기본적인 브랜드 구성에서 도요타와 같이 막강한 세계적 기업들과 정면으로 경쟁하고 있다. 현대자동차는 제품 개발과 로열티 프로그램 같은 유통 전략 및 전술 등 모든 분야에서 약진했다. 한때 미국에서 '10년/10만 마일 무상 보증'이라는 최장 기간 보증 혜택을 주던 시절이 있었지만, 지금은 브랜드 자산 가치가 현격히 올라갔으므로 이 보증 서비스를 더는 시행하지 않는다.

Case Study

제네시스의 공감 광고 전략

제네시스의 대표 브랜드인 G80은 전체 성능, 디자인, 엔지니어링 측면에서 BMW5 시리즈를 벤치마킹했으며, 더 활동적이고 더 젊은 세대를 겨냥한 G70은 BMW3 시리즈를 벤치마킹했다. BMW를 넘어서는 것이 현대자동차의 목표다. 고객 공감으로 돌아가 생각하면 모든 브랜드의 디자인 요소는 시각과 촉각으로 소비자들이 직접 경험하는 느낌을 반영하기 때문에 매우 중요하다.

현대/기아자동차 그룹은 아우디의 글로벌 디자인 책임자였던 피터 슈라이어Peter Schreyer를 최고 디자인 책임자로 영입하였고, 전직 BMW의 사업부서장과 벤틀리의 저명한 디자이너를 임원으로 영입했다.
현대차의 자매회사인 기아차는 비록 국내 시장에서 현대차에는 미치지 못하지만 특히 역동성, 디자인, 성능이라는 브랜드 이미지 관점에서 고객들에게 전체적으로 친근한 이미지를 자신 있게 전달하기 위해 예술적인 디자인과 우수한 성능을 갖춘 스포츠 세단인 '스팅어Stinger'를 전 세계에 출시했다.
〈중요한 것을 다시 느껴봐Feel Something Again〉라는 제목의 기아차 광고에서는 록 그룹 에어로스미스Aerosmith의 전설적인 가수인 스티븐 타일러Steven Tyler가 오래전에 버려진 어느 자동차 경주장에 등

장한다. 우리 귀에 익숙한, 자신의 밴드가 연주했던 〈꿈을 꾸세요 Dream On〉를 거꾸로 틀어 놓고 타일러는 스팅어에 앉아 포뮬러1의 두 차례 우승자이자 인디애나폴리스 500의 챔피언인 에머슨 피티팔디Emerson Fittipaldi라는 또 다른 진설적 인물과 마치 자동차 경주를 하려는 것처럼 보인다.
그는 운전석에 앉아 잠시 생각에 잠기더니 차를 후진해 경주장을 반대로 돌았다. 차를 멈추고 스팅어에서 내릴 때 그는 록스타로 가장 활기차게 살았던 전성기인 1970년대 초의 젊은이로 변해 있었다. 시간을 거꾸로 돌리듯이. 이 광고는 스팅어를 운전하는 고객들도 다시 젊어질 수 있음을 보여준다. 애스턴 마틴Aston Martin이 〈007〉 영화에서 제임스 본드와 연결되듯이 스팅어가 스티븐 타일러와 연결된다는 브랜드 공감을 고객에게 확실히 전달했다.

공감할 수 있는 디자인이란?

훌륭한 디자인으로 소비자들의 공감을 연결하는 것이 가장 중요하다. 디자인은 겉모습에 대한 것뿐 아니라 제품을 하나로 묶어주는 중앙 연결 장치이자 접착제다. 그것은 제품의 '내부'와 분리된 것이 아니며 총체적인 제품 구성과 브랜드로서 고객에게 전해줄 느낌을 근본적으로 반영해야 한다.

고객이 특히 라이프 스타일과 관련된 감정과 연결되고 감성적인 만족감을 주는 '고관여 제품(가격이 비싸 소비자가 구매 과정에 깊이 관여하는 제품-옮긴이)'과 공감대를 구축하려면 디자인은 애플 제품처럼 지극히 단순한 외양을 갖추면서도 매력적이어야 한다. 애플은 단지 제품 디자인뿐 아니라 아이패드, MAC, 애플뮤직 플랫폼 등 제품 전체의 생태계도 단순하고 고급스러우면서 사용자가 접근하기 쉽고 산뜻한 매력을 유지하고 있다. 사용자 인터페이스는 누구나 쉽게 경험할 수 있도록 단순하게 디자인되어 있다. 이것이 최고의 브랜드가 그동안 노력했던 일, 즉 시장에 충격을 주는 겉모습과 느낌뿐 아니라 고객들이 디자인 중심의 제품 경험을 통해 브랜드를 느끼고 체험하도록 하는 방식과도 일치한다. 디자인은 여러 측면에서 고객 경험과 근본적으로 연결된다.

예를 들어, 행복한 식사 경험을 연상케 하는 맥도날드의 로고 디자인은 브랜드의 본질인 '스마일'을 바탕으로 한 것이다. 맥도날드는 고객에게 미소를 선사하기 위하여 드라이브 스루, 키오스크, 메뉴 보드, 매장 인테리어, 포상 패키시 등 모든 것을 디자인했다. 애플의 사례처럼 소비자 공감대를 구축하기 위한 디자인의 구조는 단순히 외부 포장뿐 아니라 디지털 플랫폼과 같이 제품이 제공되는 장소와 제품 내부의 세세한 내용까지 일관성을 갖추어야 한다. 디자인에는 기본적으로 사용자 경험이 녹아 있다. 그렇지 않으면, 미적으로는 보기 좋을지 몰라도 고객에게 진정한 가치를 제공하는 실질적 내용이 없을 것이다.

따라서 디자인은 제품의 외관뿐 아니라 브랜드 구축의 핵심 요소가 된다. 디자인은 브랜드가 지향하는 소비자 경험과 연계하여 브랜드를 가장 매력적인 방식으로 표현할 수 있도록 제품의 겉과 속을 한데 묶어주는 역할을 한다. 일관성 있게 진화하며 소비자와 공감할 수 있는 디자인을 갖춘 브랜드는 IT 업계의 애플, 자동차 업계의 포르쉐, 패션 업계의 구찌Gucci처럼 누구나 열망하는 상징이 되었을 때, 고객 충성심을 지속해서 만들어내고 회사가 최정상에 도달하는 데 이바지한다. 대중적인 브랜드인 유니클로UNIQLO는 매력적인 디자인으로 가성비 면에서 제품의 품질이 좋다는 인상을 주는 것은 물론 동시에 당신이 아르마니Armani 양복이나 스웨터를 입을 처지가 못 되어 이 브랜드를 선택한 것이라고 당황해 변명하지 않도록 만들어준다. 디자인은 겉으로 얼마나 멋진지와 관계없이 제품의 기능적 특성과 연결되고 실질을 갖추어야 하며, 다시 다른 모든 디테일과 결합하여 자동차, 미용 제품, 요리, 패션, 명소로서 제대로 역할을 할 수 있어야 한다. 디자인은 훌륭하지만 실체가 없는 브랜드는 결코 훌륭한 브랜드가 될 수 없다. 그것은 사실상 올바른 브랜드가 아니다.

브랜드가 자국 시장을 뛰어넘어 외국의 문화, 전통, 역사, 생활양식을 반영하여 해외 현지 시장에서 유기적으로 성공하려면 보편성을 갖춘 공감대가 창조되고 유지되어야 한다. 그렇게 하려면 근본적으로 브랜드가 상징하는 의미를 희석하지 않고 일관성을 유지하는 것이 핵심이다. 하지만 현지의 가치 시스템과 시장 진화 정도, 브랜드를 이해하고 받아들이는 고객 공감 반응 수준의 차이와 변화에 따른 변동성에도 적응해야 한다.

'보편적 가치'라는 용어가 있다. 이는 근본적으로 사람들이 인간으로서 진실, 정직, 친절, 동정, 배려 등이 중요하다는 사실을 공감하므로 문화와 관계없이 통용되는 신념 체계다. 간단히 말해 수많은 나라를 서로 연결하는 공감대다. 그러나 동시에 마케팅 담당자의 전달 관점에서 보면 이러한 보편적 가치들이 보편적이지 않을 수도 있다. 따라서 현지에 맞는 공감대를 구축하려면 다양한 전략과 전술이 필요하다. 이 원리는 시간과 경계를 넘어 그대로 유지될 것이다. 따라서 브랜드가 연결해야 할 보편적 가치를 만들 때 X세대, Z세대, 밀레니얼 세대라는 인구학적인 측면보다 소비자들의 개인적 특성과 라이프 스타일을 보여주는 심리 요소를 더 많이 고려하고 올바른 방식으로 이것을 반영해야 한다. 인구학적 세분화에 따른 물리적인 분류가 아니라 심리학적 각도에서 고객 통찰력을 가지는 것이 가장 중요하다. 나이는 50대지만 어느 20대보다 열정적인 마음과 유연한 사고를 가질 수 있는 동시에, 20대지만 통상적인 '꼰대'로 보이는 '아재'의 심리 상태를 가질 수 있기 때문이다.

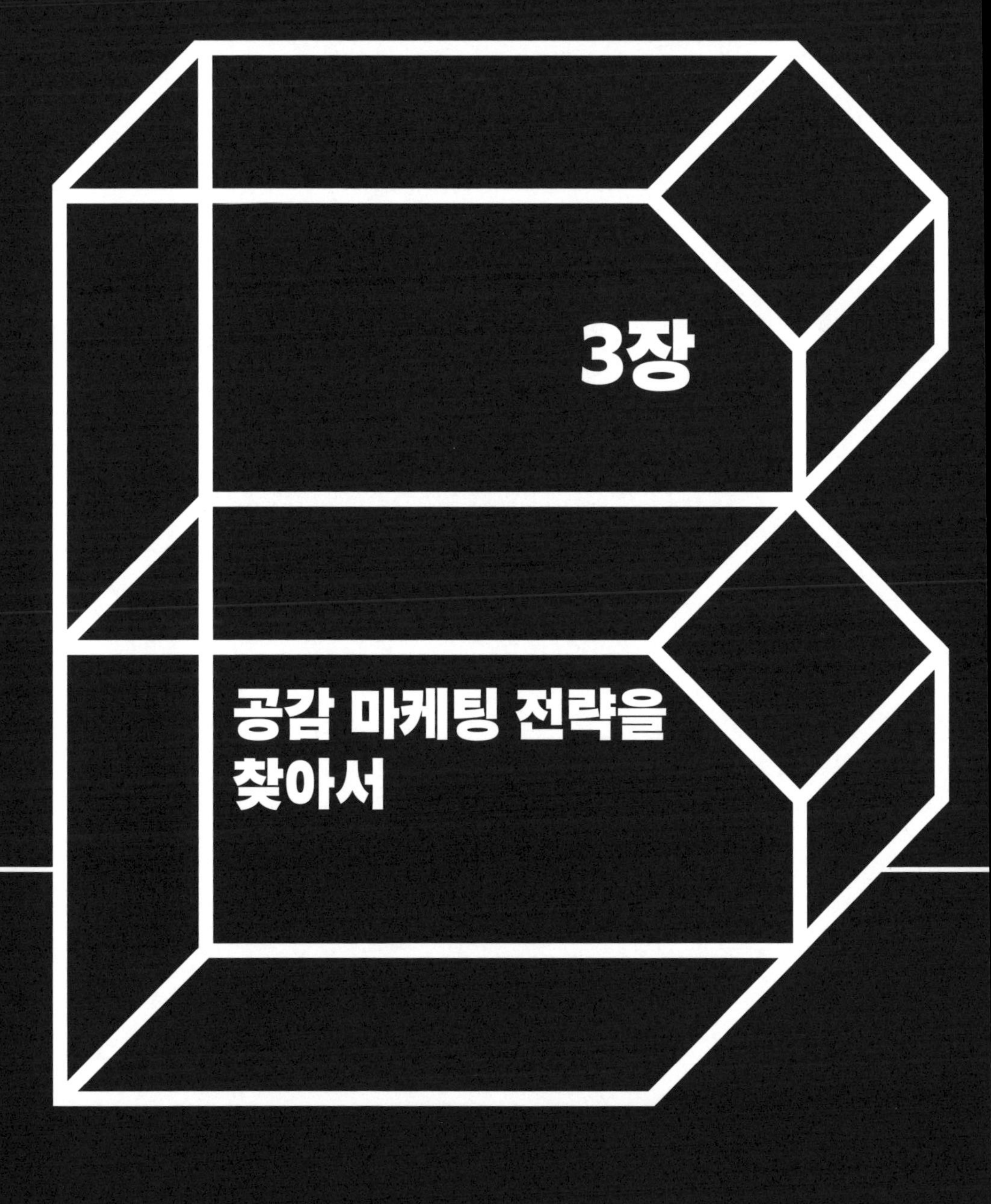

3장

공감 마케팅 전략을 찾아서

BRAND

고객 충성도가 바뀌고 있다

세계적인 유통망을 갖추고 거대하다는 의미의 '글로벌 브랜드'라는 용어는 요즘엔 디지털 고객의 참여 영역이 확대되면서 '어디에나' 있지만 사실상 '아무 데도' 없는 '새로운' 형태의 글로벌 브랜드가 등장하는 바람에 변화를 맞고 있다.

넷플릭스, 페이스북, 인스타그램, 에어비앤비, 아마존은 플랫폼이지만 동시에 브랜드다. 플랫폼 내부에 보유한 그들의 콘텐츠는 콘텐츠에 참여하는 소비자의 상호작용 능력에 따라 이용된다. 그것들은 전 세계에 있는가? 아니다. 그것들은 본사가 있는 미국 밖에서 운영되며 모든 장소에서 디지털로 효율화되었으며, 거의 모든 나라가 같은 디지털 플랫폼을 이용하지만 각 현지 시장에 맞는 콘텐츠와 언어를 사용해 시장에 적응하는 방식으로 운용되고 있다. 이런 관점에서 보면 중국의 '알리바바'나 '텐센트', 한국의 '네이버'는 현지 브랜드다. 그러나 네이버 같은 몇몇 브랜드는 과거처럼 글로벌 대기업이 지원하는 브랜드가 아니다. 그들은 AI와 5G 시대에 디지털 지형을 이용해 모국을 벗어나 다른 시장을 개척하려고 다양한 모험을 시도한 결과, 글로벌 브랜드가 되었다. 따라서 글로벌 브랜드와 현지 브랜드를 정의하는 연결고리는 '무엇이나 할 수 있는 디지털 영역'에서 사람들이 브랜드와 어떻게 연결되는가에 따라 변화했다.

국내 굴지의 브랜드라 할지라도 경제 체제가 규제로 물리적으로 막혀 있다면, 선택의 여지가 별로 없으므로 브랜드에 대한 수요와 공급 곡선의 형태는 단순해진다. 삼성은 국내 거대 그룹으로서 영향력을 발휘할 방법이 수없이 많았기 때문에 애플이 한국에서 그렇게 크게 성공할 것이라고 예상하지 못했다. 그러나 그 당시 애플이 공명을 불러일으켰던 '보편적 가치'가 한국 소비자들이 공감할 수 있는 '열망'으로 연결되었기 때문에 애플은 한국 시장에 침투할 수 있었다. 현대자동차도 마찬가지다. 현대차는 오늘날 강력한 글로벌 브랜드 파워를 가진 수입자와 경쟁하고 있다. 그들은 디지털 논평과 미디어 접점을 통해 고소득층에 특화된 고급차뿐 아니라 가격 측면에서 국산차와 비슷하거나 약간 비싼 차종으로 한국 소비자를 공략하고 있다. 요컨대 현지 브랜드가 수없이 많은 다른 현지 브랜드는 물론 글로벌 브랜드와 경쟁하는 시장에서 생존하고 번성하려면, 세계화되고 보편적인 경쟁력을 갖추고 있어야 한다.

디지털 기기가 없고 다른 문화와 시장에 공개적인 접근이 불가능했던 시절엔 글로벌 브랜드가 열망하는 것을 사전에 구축하는 데 한계가 있었다. 하지만 인도의 농촌에서도 온라인으로 모든 콘텐츠와 데이터 기반 정보에 접근할 수 있을 정도로 생태계가 완전히 바뀐 상황에서는 그들이 본격적으로 외국 시장에 진입하기 진에 브랜드 공감 구축을 시작할 수 있게 되었다. 글로벌 브랜드는 목표로 삼은 소비자의 현재 심리 상황을 좇아 올바른 방식으로 공명해야 한다는 점을 반드시 잊지 말아야 한다.

중국은 나이키, 아디다스 등 글로벌 브랜드에 맞서는 현지 브랜드에 민족주의적 자부심이 깃들어 있다. 중국 브랜드인 '안타Anta'는 주요 외국 브랜드보다 가격이 훨씬 저렴하지만 제품 차별화를 일관되게 추진하지 못하고 대대적인 홍보와 유명인들의 지지에만 의존한다. 장기적으로 볼 때 '단지' 판매 촉진 운동만으로는 살아남지 못할 것이다. 그들은 자신만의 지속 가능한 브랜드 스토리로 소통할 수 있는 근본적인 브랜드 정체성을 구축해야 한다.

고객 공감대 재구축을 위한 브랜드의 노력

소니는 한때 가전업계 선두주자라는 역사를 자랑했지만 지금은 소니 픽처스 같은 회사를 소유한 콘텐츠 주도 기업으로 변신했다. 그들은 과거 가전제품의 혁신적인 고급 브랜드로 상징되는 브랜드의 핵심 역량과 가치 제안을 넘어 제품을 다변화하는 바람에 브랜드 자산 지수에 극심한 타격을 입어 어려운 시기를 보냈다. 이제 소니는 피상적인 일차원적 관점의 콘텐츠와 가전제품에서 벗어나 다른 사업으로 진입함으로써 그들의 역사적 자산과 5G 시대를 다른 방식으로 접목해 상징적인 재기에 성공하기 위해 노력한다. 하지만 소니는 사실 기술 인프라를 활용하는 것은 물론, 역경을 헤치고 지내온 세월 동안 쌓아 올린 근력을 새로운 방식으로 이용해 시장을 혁신하고 있다.

소니는 기술 대기업들이 가장 강력한 미래의 제품과 비전을 선보이는 2020년 CES에서 전기 자동차인 '비전-S'를 발표했다. 그것은 편의성을 갖춘 첨단 장치를 탑재한 소니의 콘텐츠와 가전제품 역량을 한데 모은 전기 자동차다. 소니는 이동수단에 이용할 수 있는 모든 핵심 기술과 사용자 경험 코드를 반영하여 고급스러운 차를 설계했다. 나아가 소니는 그 자동차를 활용하여 소니의 혁신적 위치에 소비자를 다시 연결하여 브랜드의 활기를 되찾는 동인으로 이용함과 동시에 라이프 스타일 브랜드라는 이미지를 구축하려고 한다. 소니는 현재 가지고 있는 콘텐츠를 영화로 만드는 등 다양한 방향에서 노력하고 있다.

비전-S에는 최고급 디자인에 플레이 스테이션, 카메라, 배터리, 기타 부품 등 고급 선진 기술이 내장되어 있다. 소니가 바이오VAIO TV 제품을 재출시하거나 예전에 선도했던 제품 범주를 따르는 대신 전기차 시장에 진출할 것이라고 누가 상상할 수 있었겠는가? 소니는 5G 시대의 미래에는 전기차가 새로운 사업 방향이라는 사실을 깨달았다. 그들은 테슬라나 다른 자동차 제조사들에 경종을 울리며 차별화된 기술로 무장하고 소니의 화려한 영광을 되찾기 위해 자원, 기술, 디자인 전문지식을 '자동차' 영역에 접목했다.

전설적인 브랜드를 부활시키려는 노력 가운데 두고두고 벤치마크로 삼을 만한 것은 애플 사례다. 앞서 여러 번 강조했듯이, 브랜드가 비전과 함께 소비자의 마음에 감동을 주는 시그니처 브랜드 스토리를 통해 소비자의 삶을 얼마나 풍요롭게 만들 수 있는지에 대한 공감 수준을 확립하는 것이 중요하다.

애플은 스티브 잡스가 퇴출당하고 더는 영향력을 발휘하지 못하게 된 뒤 매출이 급감하기 시작하자 제품군 전반에 걸쳐 다각화를 추진했다. 잡스가 최고경영자로 복귀했을 무렵, 애플은 거의 파산 지경이었다. 잡스는 반드시 있어야 하지만 아직도 달성하지 못한 애플의 철학, 신념 체계, 비전을 홍보할 글로벌 브랜드 광고를 시작하기 위해 지금도 광고 역사상 가장 창의적이라고 인정받는 1984년 매킨토시 광고를 최초로 개발한 글로벌 광고기획사인 '티비더블유에이\치아트\데이TBWA\Chiat\Day'와 함께 일했다. 그 경험이 '다르게 생각하라Think Different' 캠페인을 탄생시켰다. 음악의 존 레넌John Lennon, 미술의 피카소Picasso, 오락에는 머펫Muppets의 창시자인 짐 헨슨Jim Henson 등 다양한 장르의 유명 인사들을 캠페인에 활용하여, 애플이 다른 사람들의 눈에는 미친 것처럼 보일지도 모르지만 남다른 방식으로 일하고 진정으로 세상을 변화시키는 '해적'으로서 근성 있는 도전자라는 이미지를 표현했다.

그 캠페인은 당시 애플이 처한 상황과 전략적으로 맞아떨어져 선지자이자 애플 브랜드의 설계자인 잡스의 복귀와 함께 효력을 발휘하기 시작했다. '다르게 생각하라' 캠페인에 등장하는 인물들은 모두 세계를 변화시킨 사람들이지 모방하거나 추종하는 사람이 아니었다. 간디Gandhi, 무하마드 알리Muhammad Ali, 마틴 루터 킹Martin Luther King 등은 모두 차별화된 방법으로 우리의 삶을 풍요롭게 할 수 있는 매우 귀중한 것을 창조하기 위해 각자의 분야에서 역경을 이겨냈다.

애플은 다른 것을 생각한다는 행위에 개인이 공동체의 삶을 풍요롭게 하고 더 나은 세상을 만드는 데 동참하는 의미를 반영했다. 보편적인 방법으로 광고에 등장한 인물들을 모두 활용해 소비자들이 애플 브랜드에 공감하도록 만든 것이다. 애플이 상징하는 가치에 초점을 맞추는 '다르게 생각하라'라는 브랜드 캠페인을 만들 당시엔 캠페인의 의미를 보여줄 수 있는 제품이 없었다. 그러다 얼마 지나지 않아 아이팟iPod이 세상에 나왔고 그 뒤를 이어 아이폰iPhone이 등장했다. 그렇게 애플은 전 세계에서 가장 가치 있는 브랜드로 다시 태어났으며, 그 역사는 지금도 계속되고 있다.

또한, 애플은 '기술' 브랜드가 아닌 '감성적 라이프 스타일' 브랜드로서의 이미지를 유지하고 활용하기 위해 파격적인 행보를 보인다. 소매 판매 부문 애플샵Apple Shop의 운영에 버버리 CEO를 영입하고, 힙합을 일군 닥터 드레Dr. Dre에게 '비츠Beats' 헤드폰 부문을 맡겼으며, 실험적인 일렉트릭 록 그룹의 우상인 나인 인치 네일스Nine

Inch Nails의 트렌트 레즈너Trent Reznor를 애플뮤직Apple Music의 창작 담당 임원으로 임명하는 등, 기술 기업들의 전통적인 한계 밖에 있는 다른 분야의 전문가들도 기용했다. 애플은 라이프 스타일, 유행, 예술을 한데 엮어 그 안에서 사람들이 한계를 뛰어넘어 새로운 것을 창조할 수 있도록 함으로써 '다르게 생각하라'를 실천했다.

문자 그대로 죽음에서 부활한 브랜드의 또 다른 예는 고급 패션 브랜드인 구찌다. 구찌도 애플과 똑같은 방식의 해법을 모색하기 시작했다. 구찌는 '구찌 가방' 하나만으로도 패션 리더들이 샤넬 백이나 에르메스 스카프처럼 반드시 갖춰야 할 품목의 전형을 보여주는 상징적인 패션 브랜드였다. 하지만 구찌는 그동안 핵심 브랜드 이미지와 가치 제안을 상실했다. 구찌는 핵심 제품군을 넘어 너무 많은 상품으로 다양화하는 바람에 모든 제품에 일관된 이미지를 제공하는 근본적인 디자인이 완전히 파괴될 위기에 처했다. 잡스가 그랬던 것처럼 미국 태생의 디자이너 톰 포드Tom Ford가 구찌의 크리에이티브 디렉터로 합류해 브랜드의 영광과 성적 매력을 되살렸다. 그 과정에서 그는 특히 할리우드 연예인 같은 외모와 성적 매력으로 본인이 홍보되기도 했는데, 그는 의상부터 액세서리까지 모두 구찌를 향한 철학이 완벽하게 깔려 있는 사람이었다. 이러한 후광 효과에 힘입어 그는 자신의 브랜드인 '톰 포드'를 만들었다.

톰 포드는 구찌보다 더 고급이고, 자신만의 철학이 있는 브랜드이다. 톰 포드는 디자이너 자신이 브랜드를 상징할 뿐 아니라 모든 브랜드 커뮤니케이션에서도 등장하고 있다.

빅데이터, 머신러닝, 인공지능 기술은 브랜딩의 목적이 아닌 도구

'빅데이터', '예측 분석', '광고 기술', '머신러닝(기계학습)', '인공지능AI'과 같은 단어들이 유행하고 있다. 이 모든 것의 이면에 있는 원리가 중요하다. 예전에는 보관하고 있던 방대한 데이터를 확장하거나 정제할 수 없었지만 지금은 가능해졌다. 그러한 작업을 가능하게 하는 시스템을 보유하는 능력이 중요하다. 하지만 그 자체는 하나의 과정일 뿐이다. 개별적으로 보면 아무런 의미가 없는 데이터에서 올바른 상관관계를 이용해 통찰력을 추출하고 그것들을 연결하여 스토리를 만들어낼 수 있는 능력이 핵심이다.

머신러닝을 통한 올바른 알고리즘은 스스로 데이터를 정비하고 학습하며 최적의 인공지능 구축에 핵심적인 역할을 한다. 인공지능은 정제되고 선별된 데이터에 기반을 둔 수십억 개의 간단한 예측 분석에 따라 스스로 더 지능적이고 정밀하게 진화한다. 그러나 당면한 비즈니스와 브랜드에 중요한 핵심 결론에 도달할 수 있는 올바른 통찰력을 획립하고 그러한 통찰력을 한군데로 수렴하고 판단하는 것은 결국 인간에게 달렸다. 이 말은 고객에게 정서적 공감을 일으키는 우뇌를 정확하게 사용하여 이렇게 모아진 데이터를 이해할 수 있는 올바른 역량을 갖추는 것이 핵심이라는 의미다. 고객 세분화, 고객관계관리Customer Relationship Management, CRM, 충성도 프로그램, 공급망 관리 재조정, 유통, 가격 등 수백 개 영역의 전략은 올바른

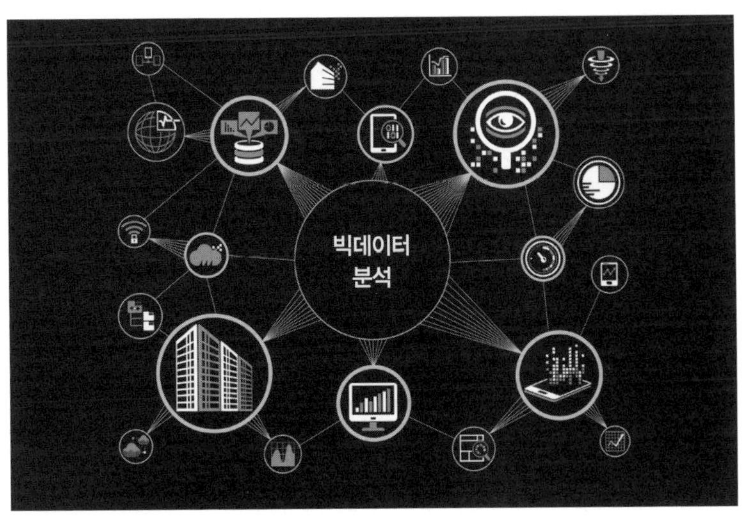

데이터를 정제해 얻은 통찰력에서 도출할 수 있다. 따라서 핵심은 데이터가 아니라, 서로 다른 데이터와 변수들을 하나의 이야기로 해석할 수 있는 원리를 찾아내는 능력이다. 마케팅 담당자들은 데이터가 아니라 목표 고객이 브랜드에 공감하는 스토리로 소통해야 하기 때문이다.

공감대를 위한 브랜드 혁신 전략

브랜드 혁신 전략과 그것이 필요한 이유는 무엇인가? 요즈음 기업들은 그 어느 때보다 치열한 경쟁에 놓여 있다. 소비자들은 클릭 한 번으로 수많은 브랜드에 접근할 수 있다. 또한 기업들은 비즈니스 관점에서 브랜드로 즉시 매출을 일으켜야 하고, 사태가 더 악화하기 전에 가능한 한 빨리 핵심성과 지표Key Performance Indicator, KPI와 영업 이익을 달성해야 하므로 이를 위해 브랜드 혁신 전략이 필요하다.

'다른 기회 공간opportunity space'으로 진입한다는 것은 다른 범주에 들어가거나 브랜드에 대한 올바른 공감 경험을 되살리기에 적절한 범주를 이용하는 것을 의미한다. 이는 기존 시장 영역이 포화 상태에 있거나 전체적으로 쇠퇴하는 레드오션에서 벗어나 새로운 블루오션으로 진입하고 성공하는 데 필요한 것이다.

당신의 회사가 지난 50년 동안 한 시장에서 보디 비누를 만들어 왔고 지배적인 시장 리더이며, 더 나아가 그 시장이 소비자들이 얼굴에도 보디 비누를 사용하는 신흥 시장이라고 가정하자. 지금의 시장은 점차 진화하여 피부 관리의 중요성을 반영한 세안 비누라는 새로운 시장 범주가 만들어지고 있다. 사람들이 청결함을 위해 보디 비누만 사용했던 라이프 스타일이 이제는 얼굴 피부 관리를 위해 세안 비누를 따로 사용하는 라이프 스타일로 변화할 때, 보디 비누 브랜드로서 가장 지배적인 위치에 있는 당신의 회사는 무엇을 해야 하는가?

당신은 브랜드 유산과 브랜드 자산을 고려하여 기회 공간을 결정해야 한다. 또한 보디 비누로서 탄탄하게 시장을 점유하고 있지만 '세안 비누' 시장에 동일한 브랜드로 진입할 때 과연 소비자들이 적절하다고 받아들임으로써 확장된 시장으로까지 브랜드 전환이 가능한지도 충분히 검토할 필요가 있다. 몸은 물론 얼굴까지 확장될 수 있도록 브랜드를 다시 차별화할 필요가 있는가? 아니면 단순하게 생각해 기존 브랜드의 이미지가 이 범주에 어울리지 않기 때문에 새로운 파괴적 브랜드를 만드는 것이 더 좋을 것인가?

하지만 국내외 시장의 기존 브랜드들의 경쟁 속에서 신규 브랜드의 인지도와 선호도를 높이려면 마케팅 예산을 상당히 많이 사용해야 한다. 유니레버의 폰즈Pond's처럼 보디 비누 시장을 세안 비누 시장으로 연결해 같이 쓸 수 있으며 더 나아가 제품 구성을 피부 미용 제품으로 확장하는 데 반하여, 당신은 기존 보디 비누 브랜드에서 분리해 아예 새로운 브랜드를 만드는 것과 같은 과감한 결정을 내릴 의향이 있는가? 요컨대 현재 사용하는 비누 성분을 세안용으로 이용하거나 다시 만들어야 할 때, 브랜드 공감대를 계속 이어갈 것인지, 아니면 차별화된 방식으로 어떻게 고객과의 앞선 약속을 확립할 수 있는지를 고민해야 한다.

브랜드가 관련되는 범주의 기회 공간에서 경영진은 전략적 결정을 해야 한다. 만약 기회 공간이 존재하지 않는다면 당신은 그것을 어떻게 만들 것인가? 만약 당신이 범주 자체가 축소되기 때문에 시장 점유율이 지속해서 하락할 것으로 예상한다면 시장은 계속 세분화되고 몫은 작아지므로 혁신적인 해결책을 마련해야 한다. 무엇보다도, 브랜드 유산과 자산을 기반으로 기존 브랜드에 대한 고객들의 공감 수준이 매우 높은 상태에서 신중하게 생각하지 않고 새로운 범주로 진출하는 것은 위험하다. 고객들의 공감 수준을 떨어뜨려 기존 고객의 브랜드에 대한 충성심과 공감도마저 잃어버릴 수 있다.

그러나 문제가 이런 경우라면 같은 '패션' 범주 안에 기회가 있다. 당신이 핵심 브랜드 이미지를 손상하지 않고 다른 목표 고객군, 예를 들자면 가처분 소득이 낮은 젊은 층으로 고객군을 확장하려는 고급 브랜드라면, 브랜드 확장 맥락에서 여러 가지를 고려해야 한다. 역사적으로 유명한 명품 패션 브랜드인 조르지오 아르마니Giorgio Armani를 예로 들어보자. 그들은 디자인 측면에서 더 '매력적'이며 젊은 층의 유행을 반영하는 엠프리오 아르마니Emporio Armani를 만들었지만, 최고의 품질과 디자인으로 아르마니 브랜드의 명성을 떨어뜨리지 않았다. 의상의 만듦새, 색상, 원단, 제품군은 다르지만, 조르지오 아르마니의 유산이 매끄럽게 흐르는 것은 분명하다. 이런 현상은 가처분 소득이 적지만 실용적이며 캐주얼한 의상을 입고 싶어 하는 젊은 층을 목표 고객군으로 하여 훨씬 저렴한 가격대의 제품군을 구축한 사실에서도 분명하게 나타난다. 그래서 차별성을 드러내려면 더 고급 제품을 제공해야 하는 최고급 고객과는 달리 캐주얼 의상 범주를 목표로 하는 아르마니 익스체인지Armani Exchange가 탄생했다. '아르마니 진Armani Jeans'이 있지만 고객들이 아르마니 진과 아르마니 익스체인지가 의미하는 것을 혼동하지 않도록 아르마니 진은 규모가 더 크고 다양한 아르마니 익스체인지 제품군에 속한다. 아르마니의 기본적인 본질은 존재한다. 하지만 아르마니 익스체인지는 더 재미있고, 저렴하며, 주제넘게 과시하는 브랜드로 보이지 않으면서도 아르마니 고유의 브랜드 특성을 보여준다.

스타벅스도 최고급 소비자층을 겨냥해 기존보다 더 비싸면서도 고품질인 커피를 제공하기 위해 스타벅스 리저브Starbucks Reserve 매장을 만들었다. 리저브 매장은 기존 스타벅스의 실내장식과 블렌딩된 커피보다 더 고급이다. 그러나 고객 접근성이나 경험 플랫폼은 전체적으로 동일하다. 그들은 여전히 핵심에 충실하다. 그러지 않으면 스타벅스의 핵심 이미지는 희석될 것이며 아르마니도 마찬가지일 것이다.

브랜드 혁신 전략의 개발에 있어서 브랜드 구성 요소는 진화했지만 제품 경험을 똑같이 제공한다면 고객에 대한 약속은 단지 거짓말이 될 뿐이다. 따라서 브랜드가 미래에 어떻게 발전해야 하는지에 대한 개념적인 브랜드 방향은 제품 계획 방향 안에 포함되어야 한다. 마케팅 담당자가 핵심 영역에서 경쟁하는 것이 아니라 새로운 범주의 시장에 뛰어들려고 할 때 만약 브랜드 방향과 제품 계획 방향이 같이 움직이지 않는다면 그것은 특히 시장을 뒤흔들어 놓을 정도가 되지 못하며 기존 제품의 속성을 재포장한 것에 불과하다.

다시 말해 상표에 '새롭게 개선되었다'라고 언급하는 것은 정의롭지 못한 것이다. 고객들이 직접 경험한 시그니처 브랜드 스토리가 일회성에 그치지 않고 통합된 플랫폼에서 나뭇가지처럼 더 많이 확장하기 위해 가장 체험적인 방법으로 지속해서 흘러나오게 하려면 제품과 브랜드는 반드시 함께 연결되어야 한다. 따라서 그런 제품을 시간에 맞춰 개발할 수 있도록 공급망 프로세스, 예산, 비전, 우선순위 그리고 제품이 경쟁 시장에 진입할 경우를 가정하고 예측 분석이 가능한 시뮬레이션을 반영하는 혁신적인 방법의 고객 테스트 등

많은 항목을 현실적으로 고려해야 한다. 그렇게 하면 적절한 접점에서 마케팅 커뮤니케이션 전략을 통해 진화한 브랜드 상태와 메시지 전달 전략이 열망하는 목표와 목적에 연결될 것이다.

근본적으로 열망하는 목표를 정의하는 것이 중요하다. 이것을 영감을 주는 '뮤즈'라고 부를 수도 있다. 새로운 범주에서 경쟁할 기회 공간이 정의되면 누구와 소통할 것인가가 중요하며, 브랜드 경험은 이 부문과 지속해서 중점적으로 연결된다. 그것은 지나친 약속이 아니다. 이 범주에 대한 브랜드 확장의 타당성을 확인하기 위해, 혹은 기존 브랜드 유산과 브랜드 자산의 영향력이 너무 강하기 때문에 새로운 브랜드를 만들려고 할 경우 유의해야 할 것이 있다. 브랜드 개념, 제품 개념, 모의 제품, 전체적인 고객 경험을 자극하는 시뮬레이션을 고객이 받아들일 수 있는지에 대해 엄격한 실험을 거쳐야 한다. 그렇게 함으로써 잠재적인 신규 고객 확보가 가능하고, 고객들이 시간과 자금이라는 기회비용을 치르면서도 해당 브랜드에 기꺼이 지출하는 정당성을 얻을 수 있다. 더 나아가 블로그, 카페, 소셜 미디어 등 디지털 부문을 포함하여 모든 제품 사용 후기 사이트에 제품의 품질을 검증하는 글을 게재하는 핵심 소비자 그룹과의 대화를 통해 브랜드를 확장한다.

또한, 새로운 분야에 대한 브랜드 구성을 변화하거나 확장하는 것이 기존 사용자의 시각에서 보면 혼란스럽고 브랜드 희석효과를 가져올 수 있으므로 기존의 목표 충성고객군에 어떤 영향을 미칠지를 반드시 점검해야 한다. 어떤 고객을 유지하고, 성장시키며, 포기해야 할지를 고객 가치 평가 관점에서 결정해야 한다.

'혁신적인 브랜드'와 그것이 작동하는지 안 하는지를 전체적으로 파악하기 위해 최종 고객뿐 아니라, 업계를 선도하는 전문가, 미디어에 영향을 미치는 오피니언 리더, 온라인상에서 잠재 고객에게 영향을 미치는 소셜 네트워크의 인플루언서, 컨설턴트와 심지어 고객 내부 자원과 현장 팀원 등 미래 영업에 영향을 미치는 여러 그룹의 사람들도 조사단에 참가한다. 그들은 모두 가치 제안, 브랜드 명칭, 이점, 사용 최적화, 가격 책정 전략, 판매 전략, 심지어 유통 접점의 유형에 영향을 미칠 수 있으며 지엽적인 것 같지만 매우 통찰력 있는 생각을 깊이 있게 제시할 것이다. 빅데이터 분석, 전통적인 조사 방법, 최종 소비자 그룹을 대상으로 한 심층적 인터뷰만으로는 숨겨진 통찰력을 찾아내고 제품의 기능 검증을 통해 브랜드가 시장에서 어떤 역할을 할 것인지에 대한 여러 가지 영향을 고려하기에 충분하지 않을 수 있다. 지속 가능성 예측에 대한 전반적인 경험을 신중하게 고려해야 한다.

브랜드 개념 개발을 위한 영감이란?

브랜드 개념을 개발하는 영감은 목표 고객의 마음을 움직일 수 있는 기억의 단편, 경험의 연결, 최신 유행, 경쟁 브랜드, 총체적인 삶의 기반 위에 구축된다. 브랜드는 다

목표 공감 브랜드 개념 개발 프로세스

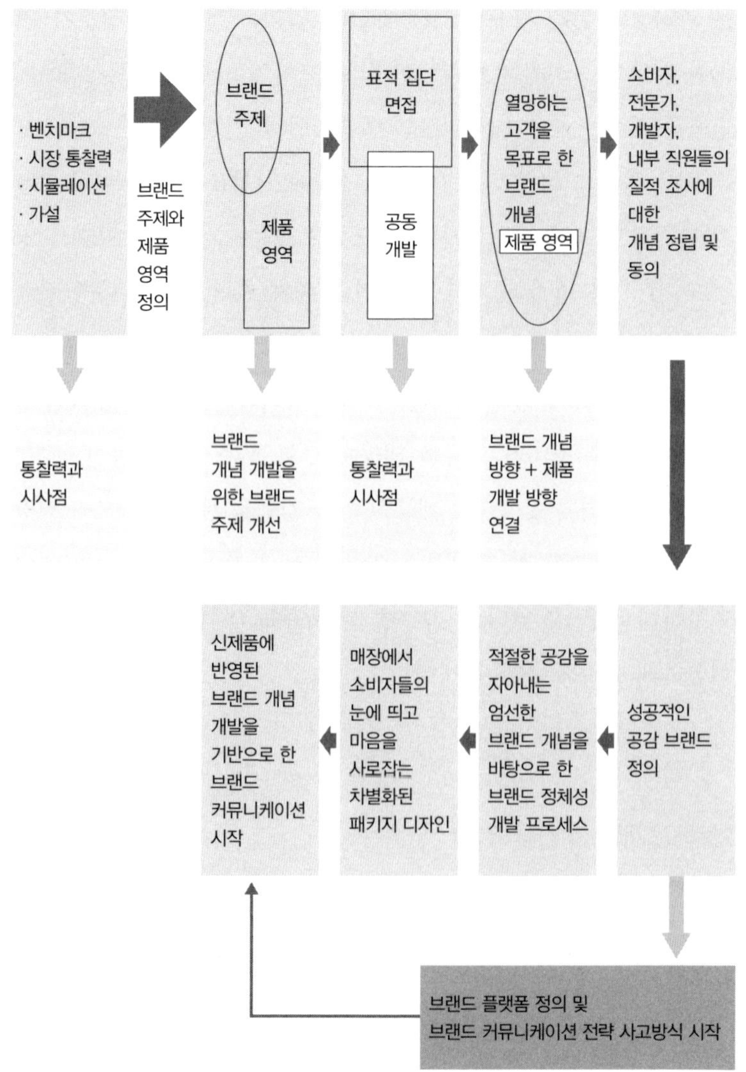

른 브랜드를 모방했다는 느낌을 주어서는 안 되고 독창성과 진품성을 갖추고, 반드시 차별화되어야 한다. 또한 고객의 신뢰를 얻어야 하는데, 그것은 감각적으로 고객의 감정과 연결되며 근본적으로 그 브랜드가 상징하는 핵심 본질에서 출발해야 한다.

경쟁 브랜드를 염두에 두고 다른 것을 시도하기 전에, 가장 먼저 고객이 브랜드에게 원하는 것을 꿰뚫어보는 정서적 통찰력을 갖추어야 한다. 더 나아가 고객의 니즈를 해결하는 브랜드의 통찰력과 서로 일치하는 공통 부분을 찾을 수 있어야 한다. 그 부분이 바로 야구에서 홈런을 치기 위해 방망이가 공을 맞춰야 하는 최적의 지점이며, 우리는 그곳에 집중해야 한다. 소위 '스위트 스폿'에서 고객과 브랜드 통찰력이 수렴하여 통합의 유일한 시발점이 된다.

우리는 브랜드를 통해 자유를 느낄 수 있어야 한다. 브랜드는 어떠한 방해 없이 융통성 있게 활동할 수 있도록 함으로써 해방감을 제공할 수 있다. 그래서 브랜드가 중요한 문제에 대한 해결책을 제공하는 것으로 자리매김하고 나면 다음 단계는 그것을 소통하는 방법이 될 것이다. 유의할 점은 브랜드가 바로 그 중심 문제에 대한 해결책을 제공할 수 있도록 구축되어야 한다는 점이다. 애플의 매킨토시는 사용자 친화적인 인터페이스를 통해 추가 기능으로 시스템을 너무 복잡하게 만들지 않고 최고의 컴퓨팅 기능을 제공하도록 만들어졌다. 애플 생태계는 고객이 가장 단순한 방법으로 자신이 하고 싶은 것을 할 수 있도록 근본적으로 꼭 필요하고 절차적으로 조작하기 쉬운 것에만 초점을 맞춰 '단순하고 단순하며 더욱 단순한' 플랫폼을 기반으로 한다. 단순함은 햄버거든, 자동차든, 칫솔이든 모든 것에 해당하는 적절한 개념이다. 브랜드가 제공하는 주요 이점은 무엇이고, 어떻게 문제를 해결하며, 다른 브랜드보다 우수한 부분은 무엇인가? 다른 제품보다 더 우수한 부분이 제품 차별화 측면이며, 이를 달성하려면 고객들과 정서적으로 교감할 필요가 있다.

영감은 구겐하임Guggenheim 박물관에 가서 위대한 예술 작품을 보고 즉시 얻어지는 게 아니다. 영감은 어떤 마법에 걸린 것처럼 꿈에서 깨어 세세한 것까지 다 기억하고 이를 문자로 적어 그다음 날 그것에 따라 바로 실행에 옮기는 것도 아니다. 영감은 당신이 성장하면서 세상에서 경험했던 좋고, 나쁘고, 슬프고, 아름답고, 추한 일 등 기억 속에서 정지된 사진처럼 남아 있지만 하나의 이야기로 연결할 수 있는 산발적인 경험에서 시작한다. 비록 영감은 감정적이고 충동적이지만 목표 고객들의 삶의 맥락에서 브랜드가 그들에게 전달하려고 하는 것에 연결된 한 장의 사진이 되어야 한다. 따라서 어떤 사람에게는 사소하게 보이거나 눈에 띄지 않을 수 있는 것도 다른 사람에게는 감동적인 향기로운 꽃으로 혹은 그들이 연상하고 아끼는 기억이나 사모하는 감정으로 다가올 수 있다. 그래서 내 감각으로 찍은 한 장의 사진이 휙 지나가는 비디오보다 더 강력하고 영원하다. 그것은 시간의 순간을 포착하면서 그 안에 유기적으로 살아 숨쉬는 이야기를 담고 있다. 브랜드 스토리를 위해 우리가 갖추어야 할 것은 고객의 마음과 연결되는 하나의 틀, 고객이 간직할 수 있는 이야기이다.

스위트 스폿

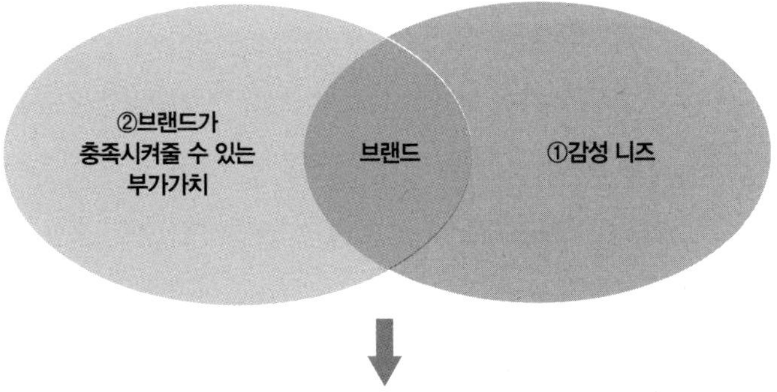

Case Study

피너츠Peanuts와 스누피Snoopy의 지속성에 대해

스누피와 그의 친구들인 찰리 브라운Charlie Brown, 루카스Lucas, 루시Lucy 등이 등장하는 만화 〈피너츠〉를 아는가? '피너츠의 프랜차이즈' 역사상 가장 눈에 띄는 브랜딩 성공 사례를 이야기하지 않을 수 없다. 이 모든 것은 수십 년 전 신문 4단 만화에서 시작했다. 피너츠 브랜드의 핵심적인 본질은 '우정'이며, 특히 그것을 느끼게 만드는 공감적 요소들이 일반적으로 우리를 치유하고 미소 짓게 하며 마음의 안정을 가져다준다.

주인공 중 한 명인 찰리 브라운은 항상 약자다. 찰리는 일상에서 성공하기 위해 노력하는 개인이라는 약한 존재를 대변한다. 그는 비틀거리고 실수하지만 절대 포기하지 않고, 그의 친구인 스누피가 풍자적인 유머를 가볍게 던지며 항상 희망을 주기 때문에 만화는 언제나 행복하게 끝난다. 스누피는 콘텐츠의 시나리오에 기반을 둔 비글 강아지 캐릭터로, 찰리와 친구들이 당면한 삶의 문제를 해결하기 위한 줄거리에 따라 변호사, 전투기 조종사 등 다양한 형태로 변신할 수 있다. 귀엽고 수수하고 유순한 외모 덕분에 스누피를 보면 사람들의 마음이 훈훈해졌고, 이윽고 그는 우상이 되었다.

스누피는 곰돌이 푸Winnie the Pooh나 미키 마우스Mickey Mouse와 같은 가상의 캐릭터지만, 브랜드로서 변하지 않는 자신만의 가치 체계

와 개성을 가진 유기적인 존재다. 본질은 남아 있다. 스누피의 창작자가 10여 년 전 세상을 떠났지만 스누피 프랜차이즈가 여전히 견실하게 존재하는 이유는 콘텐츠 내용이 시대를 초월하기 때문이다. 창작자인 슐츠는 행복이란 어떤 복잡한 이론이나 철학에 있는 것이 아니라 강아지로부터도 쉽게 느낄 수 있는 따뜻한 감정이라고 믿었다. 이것이 소비자들에게 보편적으로 받아들여졌다. 1950년대든 인공지능과 5G가 넘쳐 흐르는 최첨단 기술 시대든 우리는 다른 사람들로부터 공감을 얻어야 하며 그 모든 중심에는 행복이 있다. 스누피는 그 자체로 상징성이 갖추고 있다. 피너츠 브랜드와 스누피 캐릭터의 공감 가치가 의류, 머그잔 등 다양한 협업 제품에서 더 강력하게 제공되므로 스누피 프랜차이즈는 패션부터 공산품에 이르기까지 수많은 산업에서 활성화된다. 이런 콘텐츠를 통해 제품은 고객과 원활히 연결된다.

유명한 SPA 브랜드들이 계절에 따라 디즈니 컬렉션이나 피너츠 컬렉션을 출시하는 이유는 무엇일까? 일반적인 단순한 티셔츠에 피너츠 브랜드를 대입하는 순간 공감하는 감정이 공명을 일으켜 그 옷을 입은 사람과 서로 연결된다. 앞서 언급했듯이 스누피를 보유한 피너츠는 브랜드의 본질, 개성, 가치 시스템, 분위기, 특징 등을 갖추고 '피너츠 월드' 생태계에서 일관성 있게 공감 가치 구축을 유지했다. 요컨대 수백 년 동안 베토벤 음악이 우리에게 감동을 준 것과 마찬가지로 우리는 스누피 프랜차이즈를 단순한 콘텐츠를 넘어 다양한 의미를 지닌 플랫폼으로 보아야 한다.

비틀스의 존 레넌의 이야기다. 그가 어렸을 때 선생님으로부터 수업 시간에 질문을 받았다. 선생님은 반 학생들에게 커서 어떤 사람이 되고 싶으냐고 물었다. 어떤 아이들은 '경찰관'이 되고 싶다고 했고 또 어떤 아이들은 '의사'나 '변호사' 혹은 사람의 생명을 구하기 위해 불을 끄는 '소방관'처럼 아이들 눈에 '이상적'으로 보이는 직업에 종사하고 싶다고 대답했다.

존 레넌은 단순히 "저는 행복해지고 싶어요"라고 대답했다. 선생님이 그것은 질문에 대한 올바른 답이 아니라고 말하자 존은 도리어 질문이 올바르지 않았다고 응답했다. 궁극적으로 사람들은 행복해지는 것이 목적이기 때문에 그곳에 도달하기 위한 수단이 질문 내용이 되어야 한다고 말했다.

브랜드도 마찬가지나. 우리가 '행복해지고 싶어 한다'는 사실을 브랜드도 알아야 한다. 나이키 운동화를 신고 달리기를 하면 운동선수가 된 것 같은 짜릿한 기분을 느낄 수도 있고, 신형 BMW를 운전해보면 모든 곳을 돌아다니지 않더라도 운전하는 맛을 즐길 수 있다. 예를 들어 몰디브에 있는 6성급 최고급 W 호텔을 이용하는 그 밑바탕에는 행복을 찾으려는 공감대가 깔려 있다. 심지어 휴대전화를 행복이라는 개념에 엮어 생각해보면 우리가 사는 세계는 이 기기 안에서 서로 연결될 것이다. 사람들과 통화, 카메라로 추억에 남을 사진 촬영하기, 앱을 이용한 다양한 취미 활동, 좋은 레스토랑 찾기와 후기 검색 등 많은 일을 할 수 있다. 만약 그것들을 모두 합친다면 확실한 연결고리를 만드는 것이 되며, 또한 우리 스스로 행복을 찾을 수도 있다.

Case Study

네이버의 라인LINE이 만든 창의적 공감대

한국판 구글인 네이버는 검색 부문에서 한국 시장을 지배하고 있으며 중심 포털로서 그들의 생태계에 연결된 다양한 디지털 플랫폼으로 확장했다. 그러나 한국 시장의 지배적인 메시지 서비스 앱은 카카오톡이 장악하고 있다. 한국사람 대부분이 카카오톡을 사용한다. 카카오톡이 한국 소비자들의 삶의 일부가 되었기 때문에 더욱더 많은 공감을 구축하기 위해 단톡방, 대화방, 카카오 관련 플랫폼에 대한 메시지가 이 공간에서 일어난다.

네이버는 이런 사실을 깨닫고 라인이라는 별도의 회사 브랜드를 만들었다. 아시아 태평양 지역의 플랫폼 생태계를 조성하기 위해 소비자의 핵심적인 정서적 가치를 표현하는 단순하고 친근한 느낌을 주는 의인화한 캐릭터를 채택했다. 이것을 통해 소비자와 공감대를 구축하며 해외시장을 과감하게 공략했다. 라인은 한국 밖에서 가장 널리 사용되는 메시지 앱 서비스이며 한국에 역으로 유입되었다. 이 모든 것이 특히 일본을 위한 '공감대 구축'이라는 생각에서 시작했다.

NHN 재팬이 출시한 라인 앱은 동일본 대지진 피해로 사람들의 안전에 관한 관심이 중요하게 대두되었을 때 메신저 서비스를 시작했다. 라인은 사람들의 이러한 니즈를 알아차리고 3개월 만에 신속하게 서비스를 제공했다. 플랫폼이 이렇게 짧은 기간에 만들어졌기 때문에 데이터 전송의 안정성을 고려해 라인은 공감 연결 방식으로 유기적인 캐릭터인 이모티콘을 사용했으며, 이를 통해 고객들에게 가치를 제공할 수 있다고 생각했다.

따라서 매우 수수하지만 진솔하며 귀엽고 개성 있는 스토리를 가진 동물 캐릭터로 구성된 라인프렌즈LINE FRIENDS는 고객들이 접근하기 쉽고 진정성을 느끼도록 만들어졌다. 라인은 고객들과 강력한 브랜드 연결을 구축하기 위해 핵심 동물 9개의 이모티콘 캐릭터와 유명 인사들을 활용하는 방법을 고안했다. 그들은 디즈니 스토어 같은 상점을 만들어 캐릭터들을 유형의 제품으로 판매했다. 플래그십 스토어와 팝업 스토어를 통해 인형, 액세서리, 기타 생활용품을 소비자가 직접 접해 봄으로써 라인 캐릭터 경험을 더욱 정서적으로 연결하도록 했다. 라인프렌즈의 핵심 타깃은 공동체

모임과 우정, 더욱 충만한 삶의 가치를 강하게 선호하는 20~30대 아시아 여성들이다.

라인이 일본에서 사용자 기반을 확대할 수 있었던 이유는 근본적으로 모바일 메신저 서비스 플랫폼 브랜드가 아니라 '딱딱한' 기술 인프라 시스템에서 '부드러운' 콘텐츠를 통해 친근하고 접근성이 좋고 기쁨과 웃음을 선사하는 따뜻한 공감 브랜드로 자리 잡았기 때문이다.

라인은 사용자들이 친구들에게 선물할 수 있도록 스티커, 만화, 그림, 제작비용이 거의 들지 않고 디지털상에서 가상으로 무한 복제할 수 있는 무수히 다양한 혜택 등 브랜드 생태계를 구성하는 '공감' 구축 요소를 지속해서 제공한다. 그들은 또한 인간의 감정을 문자가 아니라 '시각적'으로 전달하기 위해 350종 이상의 스티커를 만들었고, 이것이 목표 고객의 마음을 움직였다. 그것은

디지털과 모바일 플랫폼에서 생성된 기술적 데이터로 볼 때는 단순했지만 마음과 마음을 연결하는 강력한 방법으로 공감대를 재구축하는 덴 의미가 컸다.

2015년 네이버에서 분사한 라인프렌즈는 매출 376억 원을 달성했다. 2016년 매출은 전년 대비 269% 증가했다. 그 이후 매출은 매년 두 자릿수로 성장했다. 또한 라인의 사용자 기반은 대만, 태국, 인도네시아 등 전 세계로 확장되었으며, 특히 라인은 대만에서 메신저 1위 자리를 차지하고 있고, 태국에서도 유명하다. 개성과 이미지를 갖춘 캐릭터들을 통해 스토리를 연결하는 공감 콘텐츠의 힘이 여기에 반영되어 있다. 따라서 브랜드 커뮤니케이션에서 우리는 창의적이며 매력적인 공감대를 구축하기 위해 '무엇'뿐 아니라 '어떻게'를 깊이 생각해야 한다.

Case Study

우버Uber의 고객 경험을 활용한 공감 전략

비 오는 날 택시를 타고 약속 장소인 식당으로 가면서 모르는 운전사가 운전하는 차 안에서 안전을 염려하고 있는 여성이라고 상상해보자. 아니면 친구들과 어딘가로 가려고 하는데 러시아워라

교통체증이 심하고 다른 사람들도 택시를 잡으려고 이리저리 분주하게 움직이는 바람에 택시를 못 잡을까 봐 걱정중이라고 생각해보자. 이 사례에는 본질적으로 안전과 편의에 대한 고객의 욕구가 내재해 있다.

우버는 앱이나 웹 또는 문자 메시지를 통해 차량을 '호출'하는 주문형 차량 공유 서비스다. 우버는 이용하는 데 현금이 필요 없고, 우버 운전사들의 정보를 우버가 고객들에게 미리 제공함으로써 시내에서 여성들이 밤에 혼자 택시를 호출해도 안전하다고 느끼게 해주는 것으로 유명해졌다. 사전에 계좌를 설정해놓기 때문에 이용 요금은 등록된 신용카드로 청구되고 팁을 주지 않아도 되므로 현금이 필요 없다. 그리고 우버가 운전사의 이름과 사진을 미리 보내주기 때문에 당신은 누가 올지를 미리 알고 있다. 그렇기 때문에 감성적인 관점에서 안전에 대한 확신이 우버에는 있다. 이러한 신뢰도는 해당 분야의 선두주자로서 다른 경쟁자들이 따라오지 못한다. 그 말은 감정적인 확신이 우버에 있다는 뜻이기도 하다.

택시가 그동안 자신들이 좋은 기업 시민이라고 마케팅하지 못했으며 우버처럼 정교한 시스템을 갖추지 못했을뿐더러 우버보다 차량도 더 많이 보유하고 있지 않았으므로 우버는 플랫폼을 기반으로 시장을 크게 확장할 수 있었다. 당신이 타인의 차를 탈 때 멋진 차를 타든 아니든 간에 그것보다 중요하게 여기지는 건 '감성적 안전 경험'이다. 그 경험을 주는 건 바로 운전사이며, 그가 운행 중에 당신을 대하는 태도와 연결된다. 우버는 쾌활한 성격의 운전자를 채용하고 또한 아마존의 서평처럼 그들을 평가함으로써 기존 택시 회사보다 더 높은 수준의 고객 서비스를 제공했다. 이 서비스에서는 고객이 운전사를 평가할 수 있으므로 회사는 운전사에게 책임을 물을 수 있고, 브랜드 경험을 일관되게 유지하기 위해 품질 관리를 개선하고 감시하기가 더 쉽다.

의외로 많은 고객이 운전사에 대한 경험을 우선시한다. 하지만 택시 고객들은 대부분의 경우에 택시 기사들의 이름이나 불편 신고 방법을 모르기 때문에 그들에게 책임을 물을 수 있는 수단이 많지 않다. 그러나 우버는 이용자들이 운전기사와의 경험을 평가할 수 있도록 함으로써, 최고의 직원을 고용할 수 있다. 현대 소비자들에게 편의성은 또 다른 중요한 우선순위가 된다. 고객은 우버

앱을 쉽게 이용해 운전사의 업데이트된 정보를 확인할 수 있으며 차가 언제 도착할지를 잘 알 수 있다. 일반 택시 회사에는 이런 편안함이 존재하지 않는다. 말하자면 당신을 집에 데려다주는 우버 기사에 대한 확신, 안전, 연민, 신뢰의 감정 등 이런 모든 것들이 공감 브랜드 구축과 연결된다. 그 결과 소비자들은 자동차 공유 서비스를 생각할 때면 거의 언제나 우버를 가장 먼저 떠올린다. 그것이 바로 우리가 만들어야 할 공감 브랜드다.

이러한 이유로, 아이디어를 가능한 빨리 시장에 내놓는 기업가들에게 상당한 이점이 있다. 예를 들어, 우버는 리프트Lyft보다 거의 25배나 많은 수익을 창출했다. 이런 차이가 발생한 이유는 우버가 더 광범위한 서비스를 제공하고 더 다양한 시장에 참가하기 때문이기도 하지만, 고객들에게 그들의 여정에 필요한 가치를 제공함으로써 그들이 우버의 최초 채택자가 되어 타 브랜드보다 브랜드 노출이 더 많이 되었기 때문이다.

Case Study

넷플릭스Netflix의 감성 활용법

당신이 어디에 있든지 상관없이, 여자 친구와 함께 집에 앉아 팝

콘을 먹고 맥주를 마시며 모바일 기기를 통해 즐겨 보던 콘텐츠를 전 세계 어느 호텔에서든 스마트폰이나 아이패드 혹은 TV를 통해 똑같이 즐길 수 있다고 상상해보라. 넷플릭스는 콘텐츠 회사가 아니라 아마존, 구글, 페이스북과 마찬가지로 데이터에 기반을 둔 IT 회사다. 그들은 고객들이 과거 그리고 현재 즐겨 보는 영상물에 대한 행동 궤적을 기초로 하여 콘텐츠, 시스템, 서비스를 발전시키고 있다. 예측 분석을 통해 넷플릭스는 고객 세분화와 고객들이 시청한 콘텐츠 유형에서 알아낸 경험적 수요를 기반으로 고객들에게 호소력 있고 고객들이 가장 많이 시청할 만한 유형의 콘텐츠를 사전에 개발할 수 있다.

넷플릭스는 우리의 TV 시청 방법과 내용을 바꾸었다. 또한 디지털 스트리밍, 머신러닝 등 기술혁신을 통해 케이블 TV 산업을 뒤

흔들어놓았다. 하지만 가장 중요한 핵심은 그들은 고객들이 좋아하는 콘텐츠를 시청하는 공감대를 포착하고, 반복 시청과 회원제를 표준으로 만드는 방법을 알고 있다는 사실이다. 소비자들은 필요할 때 어떤 화면에서든 콘텐츠를 시청할 수 있고 그 시청 경험은 개인의 취향에 따라 개인화되며, 정기적으로 업데이트되는 옵션들도 흥미롭다. 따라서 넷플릭스는 특정 사용자들을 위한 페이스북과 아마존처럼 완전히 맞춤형이 된다. 사용자 경험은 사람마다 모두 다르다.

사람들은 좋아하는 프로그램을 보다가 광고가 끼어드는 것을 싫어한다. 클라이맥스 장면은 물론 그 전후에 광고가 끼어드는 것은 더 싫어한다. 사람들이 넷플릭스를 좋아하는 이유 중의 하나가 광고가 없다는 점이다. 넷플릭스는 사람들이 방해받지 않고 영화를 즐기고 싶어 한다는 사실을 알고 있다.

넷플릭스는 사람의 도움 없이 알고리즘이 '학습'할 수 있도록 머신러닝을 사용하여 각 소비자에게 맞는 서비스를 제공하고 추천 영화를 예측하며, 전체적으로 수익이 많이 나고 적게 나는 분야에 대한 데이터를 확보한다. 또한 고급 등급 고객과 저급 등급 고객에 대한 프로필을 작성할 수 있으며, 이익을 가장 많이 낼 수 있는 콘텐츠를 개발하기도 한다. 다시 말하지만, 데이터 처리 분석과 기술 플랫폼으로 고객 데이터를 추적, 수정, 최적화함으로써 전체적으로 콘텐츠 품질 향상과 다각화를 올바른 방식으로 추진할 수 있는데, 결국 이 모든 것은 고객의 감성과 연결되어 있다.

Case Study

젠틀몬스터Gentle Monster, 놀라움으로 고객과 소통하는 방법

지금은 거대한 루이비통LVMH 그룹의 일부인 한국의 한 작은 안경 회사인 젠틀몬스터는 프라다Prada, 페라가모Ferragamo와 같은 고급 패션 브랜드에서부터 덴마크의 린드버그Lindberg와 같은 개별적인 유명 안경 브랜드에 이르기까지 안경 산업의 거물들과 감히 맞서곤 했다. 그들은 선글라스와 안경류가 단순히 더 잘 볼 수 있거나 자외선을 막아주는 기능적인 제품이나 일상용이 아니라, 패션과 스타일에 연결되어 예술 형태로 활용할 수 있는 틈새시장이 된다는 사실을 깨달았다. 가볍고 고급스러우며 보수적인 안경류를 원하는 고객군은 젠틀몬스터를 찾지 않는다. 그러나 자신만의 라이프 스타일, 밝은 성격과 개성을 표출하고 싶어 하는 젊은 소비자 계층에게 전혀 '예상하지 못한' 제품을 제공하는 젠틀몬스터는 놀라움을 안겨줄 것이다.

젠틀몬스터는 브랜드 커뮤니케이션을 하이패션과 주목받는 현대미술 전시회의 놀라운 주제, 조화를 반영한 예술 공연, 키네틱 아트 전시회를 통해 실행한다. 또한 핵심적인 차별성을 드러내기 위해 이름에서 드러나듯, 괴물처럼 보이지만 고객에게 점잖게 다가감으로써 기대와 충격, 놀라움을 안겨준다.

이런 종류의 체험적 마케팅은 고유의 분위기와 고객과 맺은 약속과 일치하는 안경 디자인으로 고객들의 열렬한 지지를 받는다. 젠틀몬스터는 안경이 가진 고정관념을 깨고 CD처럼 보이거나 헬멧에 어울리는 선글라스와 같이 모든 영역에서 색다르게 보이는 영감을 얻어 제품을 만들었다. 그들은 고객에게 줄 수 있는 경이감을 바탕으로 제품을 만들고 홍보했다. 패션 리더들과 자기만의 개성으로 두각을 나타내기 원하는 사람들, 그리고 대중의 한 부분으로 섞이기 싫어하는 사람들에게 더 개인적이고 초현대적인 안경을 제공함으로써 브랜드에 신선한 활기를 계속 불어넣는다. 이런

다양한 유형의 고객을 위한 콘텐츠를 만드는 데 반영된 공감 연결 방식은 오늘날의 젠틀몬스터를 만들었다.

Case Study

러쉬Lush의 차별화 전략 활용법

브랜드의 가치 제안과 제품 제공의 관점 그리고 특히 화장품과 보디 세정제의 사용 경험의 측면을 가장 두드러지게 차별화하기 위하여 러쉬는 언제나 독특함을 유지해야 했다. 다른 브랜드 제품들은 포장된 상태로 진열되어 있으므로 소비자들이 피부에 시험해보거나 향기를 맡아보려면 '시험용' 제품을 사용해야 한다. 하지만 러쉬 매장에는 비누, 마사지 바, 마스크 팩 등 모든 제품이 마치 과일가게나 빵집처럼 진열되어 있다.

상점에 들어가면 서로 다른 향기가 나는 비누들이 '러쉬' 방식으로 다채롭게 진열되어 있다. 매장에 들어선 순간 향긋한 냄새가 퍼져 있는 공간에서 앙증맞고 맛있어 보이는 제품들을 만난다. 나는 러쉬 제품들이 마치 젤리나 사탕처럼 먹을 수 있는 것처럼 보이기 때문에 '맛있다'라는 단어를 사용한다. 고객들은 실제 제품을 하나하나 냄새 맡아볼 수 있으며, 감촉을 느끼고, 실제로 관찰

할 수 있어 매우 감각적인 경험을 할 수 있다. '고급스럽게' 혹은 '아름답게' 보일지도 모르는 다른 브랜드와는 대조적으로 경험적 관점에서 보면 러쉬의 브랜드 커뮤니케이션은 무가공, 자연, 재미, 풍미라는 개념으로 이루어진다. 마스크 팩은 실제 초콜릿 조각이 들어간 아이스크림처럼 맛있어 보이는데, 고객들이 직접 체험할 수 있도록 세면대 옆에 진열되어 있다. 러쉬의 비누 제품들은 특정 크기로 판매할 뿐 아니라 고객이 필요한 만큼만 잘라서 무게를 달아 포장해주는데, 고객들은 이 과정에서 평소에 느낄 수 없던 감각적인 경험을 한다.

러쉬는 동물실험을 하지 않고 100% 천연재료를 사용하는데, 이러한 사실을 알리기 위해 대대적인 광고보다는 간접적인 입소문

마케팅에 집중했다. 그들은 홍보 활동을 통합하고 러쉬가 솔직하고 진실한 브랜드라는 고객의 목소리를 확장하여 천연재료를 사용한다는 사실을 더 자연스럽게 소비자들에게 알렸다.

공감 브랜드 경험 구축, 무엇이 우선인가

A. 고객 의견 수집

: 문제는 고객의 의견에서 통찰력을 찾아내고, 의견과 개선해야 할 영역을 통합해서 전략을 개발하는 것이다.

- 고객 유지와 더 많은 가치를 제공하기 위한 고객 데이터의 올바른 관리와 사용
- 콘텐츠 개발 및 메시지 전달 전략과 전술을 기반으로 데이터 중심의 개인화 확대

B. 소비자에게 감동을 주는 시그니처 스토리에 의한 콘텐츠 개인화

: 고객들이 제공하는 가치의 정도에 따라 구분한 고객 프로파일링을 기초로 콘텐츠를 개인화하는 방법을 찾아야 한다. 공감대 구축을 지속하기 위해 최초의 브랜드 스토리를 사용하여 고부가 가치

고객에 대해서는 충성심 유지를 위한 맞춤형 개인화 방법을 모색하고, 다른 고객들에게는 브랜드를 단념하지 않도록 핵심 브랜드 이미지를 희석하지 않는 방법을 찾아야 한다.

• 핵심 브랜드 이미지와 가치를 훼손할 수 있는 분리된 전술 콘텐츠가 아니라 올바른 방법으로 콘텐츠 전략을 수립해야 한다.

C. 고객 여정 매핑 전략

: 고객의 성격 특성에 따른 목표 고객 집단의 라이프 스타일과 행동 궤적이 정확히 무엇인지를 파악하고 미디어 불가지론적 관점에서 온라인과 오프라인 구매로 이어지는 브랜드 노출과 참여가 일어나는 고객들과의 접점이 어디인지를 찾아야 한다.

• 브랜드 커뮤니케이션, 제품 기획, 미래 사업 경로에 활용할 수 있는 목표 고객 설정과 개인화 평가

• 개인별 참여 목적을 명확히 설정한 브랜드 커뮤니케이션 채널의 사용자 유연성 향상

D. 브랜드 구축 통합 캠페인

: 고객에 대한 통찰력과 고객의 목소리에 반영된 핵심 가치 제안을 다른 미디어 플랫폼에서 효과적으로 연결하고 통합하는 전술로 구체화할 수 있는 혁신적 브랜드 구축 캠페인이 있는가? 또한, 일회성 충격적 스토리에 머물지 않고 스토리가 계속 진화해 캠페인이 점점 효과를 발휘하는 방법은 무엇인가?

- 다채널 캠페인 관리
- 모바일 활용과 최적화 방법

E. 올바른 소셜 미디어 참여

: 목표로 삼은 디지털 도구를 사용하여 올바른 콘텐츠로 참여할 수 있는 최고의 소셜 미디어 플랫폼은 무엇인가? 고객관계관리CRM와 충성심 구축 프로그램뿐 아니라 제품 제안, 서비스, 마케팅 향상을 위한 최적의 투자 수익률 데이터를 도출하는 방법은 무엇인가?

- 올바른 소셜 미디어 참여와 분석 도구 선택
- 잘못된 확대와 희석을 방지하기 위한 콘텐츠 관리
- 올바른 방법으로 데이터 기반 개인화 확대
- 디지털 관점에서 전반적인 브랜드 캠페인의 전자상거래 시사점
- 브랜드 캠페인의 매출 전환율 최적화에 관한 효과 측정 방법
- 미디어 어트리뷰션attribution(고객 접점별 마케팅 기여도 분석 도구-옮긴이)

소매 브랜드 공감 경험의 핵심 요소

삼성은 한때 독자적인 휴대전화 제품군으로 중국 시장에서 브랜드 인지도가 가장 높은 회사 중 한 곳이었다. 그래서 중국 고객들에게 '휴대전화' 하면 생각나는 것이 무엇인지 물어보면, 그들은 노키아, 모토로라, 삼성이라고 대답했다.

이것은 10여 년 전의 일이다. 삼성은 브랜드 인지도가 매우 높고 이미지도 긍정적이었지만, 매출로의 전환이 브랜드 자산 지수와 맞지 않았기 때문에 나는 이 사례를 설명하려고 한다. 문제는 고객이 생각하고, 움직이고, 선택하고, 궁극적으로 구매하는 방식의 행동 궤적과 일치하지 않는 구매 경험 설정에 대한 고객 소매 경로에 있었다. 당시 삼성은 노키아를 벤치마킹했으며 글로벌 소매 경험 관리팀을 만들어 브랜드 이미지 지수에 맞춰 휴대전화 매출을 늘리기 위해 현장 경험 요소를 찾아내는 프로젝트를 실행했다.

만약 오프라인에서 사업을 한다고 가정해보자. 이때 중요한 것은 아마존, 마켓컬리Market Curly, 와비 파커Warby Parker 등 전자상거래 중심의 구매 경험보다 오프라인에서 제품이 실제로 판매되는 소매 접점에서의 구매 경로다. 고객 행동 순서와 이것이 구매 순서에 미치는 영향이 무엇인지를 이해하는 것이 중요하다. 브랜드의 간판 설치 장소, 소매점의 실제 위치, 고객들이 제품을 선택하는 방법에 따른 상품 전시 플랫폼, 정확한 상품 지식을 올바르게 전달하는 영업 인력 훈련, 특정 모델의 구매를 강화할 수 있도록 혼란스럽지 않게 잘 정리된 마케팅 커뮤니케이션 자료의 현장 비치 등 모든 요소를 고려해야 한다. 노키아는 이런 모든 사항을 잘 처리했다. 당시 그들은 노키아의 브랜드 경험을 바탕으로 백화점 내 매장의 위치, 상품 진열, 매장 디자인 전시 방법을 정립하고 특정 고객에게 가장 적합한 모델을 제시할 수 있도록 영업 인력을 훈련했으며, 매장이 지저분하지 않도록 브랜드 커뮤니케이션 자료들을 제자리에 깔끔하게 정돈했다. 오늘날 회사가 이러한 소매 브랜드 공감대 구축의 경험을 달성하려면 소비자의 변덕 정도, 고객 정보 역량 강화 수준, 다른 브랜드를 구매할 수 있는 온라인과 오프라인 채널, 인구 통계와 생활 양식에 따라 서로 다른 구매 궤적을 보이는 소비자 행동 경로 등을 고려하여 훨씬 더 집중적으로 세심하게 준비해야 한다.

이것이 오프라인 상점이든 온라인 상점이든 고객 여정의 모든 접점에서 고객들이 소매 브랜드를 경험하는 전반적인 내용이다. 온라인 매장에서는 제품을 만져보거나 감촉을 느껴볼 수 없고, 고객 서비스 담당 직원이 바로 옆에 없다. 하지만 디지털 영역에서도 제품 추천뿐 아니라 판매와 재구매로 이어질 수 있도록 고객 만족도 향상과 편의성 제고를 위해 오프라인과 같은 수준의 서비스가 이루어져야 한다. 고객이 매장에 들어서거나 소매 브랜드의 웹사이트를 방문하는 바로 그 시점부터 실제 구매가 일어나고 대금 청구, 포장, 배송, 그리고 사후관리에 이르기까지 전체 구매 여정이 얼마나 순조로웠는지가 고객 경험을 결정한다.

Case Study

애플 스토어Apple Store의 경이로운 제품 경험

뉴욕 5번가의 애플 스토어는 마치 현대 박물관처럼 보인다. 비록 건물 크기는 다를지 몰라도 전 세계에서 애플 스토어를 방문한 고객의 소매 브랜드 경험은 동일하다. 애플 매장에 들어가는 순간부터 애플다운 단순함, 깔끔한 디자인, 접근성, 첨단 기술의 가치를 느낄 수 있다. 매장은 단순히 물건을 파는 장소가 아니다. 공간의 향기, 조명, 통로, 제품 진열 형태와 색상, 영업 인력 지원 등 모든 것과 어우러져 브랜드 커뮤니케이션이 발생하기 때문에 매장은 생태계 일부가 된다. 그것은 멋진 바다가 보이는 홍콩 센트럴의 애플 매장이든 도쿄나 뉴욕의 그리니치 빌리지 혹은 서울의 가로수길에 있는 애플 매장이든 모두 마찬가지다.

애플이 추구하는 경이로운 제품 경험은 아이폰이나 다른 애플 제품의 상자를 열어 보는 순간 고객들이 느끼는 느낌에도 그대로 적용된다. 소비자들은 맥이나 아이폰 상자 뚜껑을 여는 순간, 제품을 꺼내는 소리, 상자를 열 때 나는 향기, 코드가 들어 있는 방식, 최소한의 안내 설명서 등 다시 한번 완전한 애플 경험을 실감한다.

A. 더 좋은 청취자를 개발하고 스토리텔링을 장려하라

애플의 지니어스 바Genius Bar의 매장 직원들은 고객들이 애플 브랜드와 상호 작용하는 동안 독특한 인간적인 경험을 제공함으로써 그들이 애플 브랜드를 개인적으로 더욱 많이 공감하도록 한다. 사실 인간적인 상호작용은 오프라인 상점이 자랑하는 가장 큰 장점이다.

소매 고객 경험 전략의 3대 장점

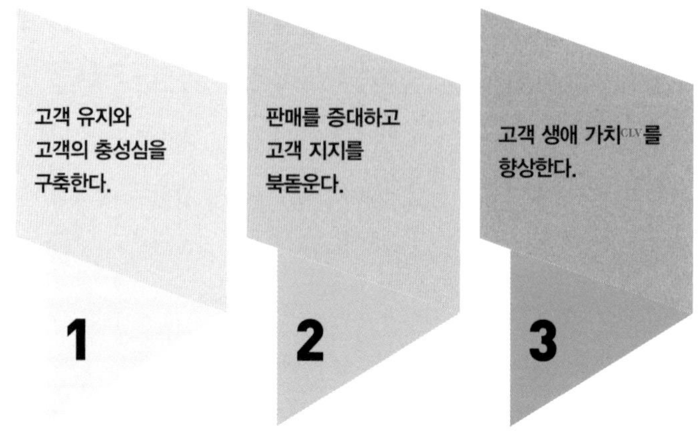

따라서 직원과 디지털 환경이 고객들의 구매 여정에 얼마나 도움이 되는지를 정기적으로 평가하고, 직원 교육에 시간을 투자해야 한다. 직원들은 회사 제품과 고객의 공감 요구사항에 대해 얼마나 잘 알고 있는가?

제품을 직접 보고, 만지고, 느끼고, 시험해보는 만족감은 다른 것과 비교할 수 없다. 하지만 바로 이런 이유로 매장을 찾는 고객들도 이제는 온라인에서 브랜드를 경험하는 것뿐 아니라 오프라인 매장에서도 일정 수준의 디지털화가 이루어지기를 기대하고 있다. 온라인 상점이든 오프라인 매장이든 고객들은 오래 기다리지 않고 스스로 신속하게 제품에 대해 더 많은 세부 정보를 얻고, 대안을 찾고, 적합성을 확인하거나, 결제할 수 있는 디지털 환경을 원한다. 화장품 브랜드와 그 밖의 다른 여러 브랜드는 디지털 키오스크와 다양한 디지털 기능들을 갖추어 고객들의 시간을 절약해주며, 훗날 충성 프로그램에 활용할 자료를 수집하고 오프라인 경험과 온라인 경험을 연결한다.

Case Study

닥터자르트Dr. Jart와 아디다스adiads의 체계적인 소매 고객 경험

고객은 닥터자르트의 키오스크를 통해 피부 자가진단을 할 수 있으며 이를 통해 피부 관련 문제를 해결하는 데 필요한 제품 조합에 대한 올바른 정보를 얻을 수 있다. 고객이 피부 상태와 추천 제품이 인쇄된 자가진단 확인서를 계산대로 가져가면 직원은 샘플 화장품을 선물로 준다. 따라서 닥터자르트는 소매 공간에서 피부 관련 재품의 해결책을 제공할 기회를 얻고, 고객은 자신의 피부 상태를 알 수 있으며 구매 전에 제품을 미리 사용해볼 기회를 얻는다.

고객의 브랜드 공감대 구축에 대해 지속적으로 초점을 맞춘 가장 혁신적인 기업 중의 하나는 아디다스다. 나이키와 치열하게 경쟁하는 아디다스는 소매 영역에서 오프라인 매장과 디지털 기술 앱을 모두 활용한다. 또한 디지털 키오스크를 통해 이벤트를 계획하고, 각 매장마다 다양한 용도로 사용한다. 아디다스는 키오스크에서 단순히 제품을 설명하는 게 아니라, 평소에 소비자들이 시험해

볼 수 있도록 흥미로운 아이디어를 계획한다. 예를 들어, 소비자가 상호작용하는 키오스크의 터치스크린을 통해 쇼핑객들은 아디다스 모델들의 캣워크를 시청하거나, 제품에 대한 세부 정보를 조사할 수 있고, 매장 내 제품 위치를 파악할 수도 있다. 나아가 소비자들이 아디다스 매장 내 키오스크에서 사진을 찍고 아디다스 관련 특정 해시태그를 붙여 SNS에 올리면 기념사진과 함께 할인 쿠폰을 받는다. 아디다스는 이처럼 고객들에게 추억을 선사하는 동시에 자연스럽게 입소문이 나는 SNS 파급효과를 얻는다.

B. SNS의 파급효과를 이용하라

브랜드는 오늘날 대부분의 사람들이 자신이 하는 일이나 구매한 것을 소셜 미디어에서 친구나 가족과 공유해야 한다는 강박 관념에 사로잡혀 있다는 사실을 인식해야 한다. 고객들은 자신의 네트워크에 소개할 만하다고 생각하는 브랜드와 연결되거나 그 제품을 소유하는 것에서 가치를 느낀다. 매장을 방문할 때조차도 그들은 소셜 미디어에 이야기할 만한 경험을 만들려고 한다.

C. 온 · 오프라인 커뮤니티를 활성화하고 지원하라

소매 브랜드는 공통의 목적을 공유하고 같은 목적에 대한 경험을 쌓고 싶어 하는 사람들을 하나로 모을 수 있는 독특한 힘을 갖고 있다. 그들은 온·오프라인을 통해 자신의 비즈니스와 관련된 현지 네트워크와 글로벌 커뮤니티를 구축함으로써 이를 유리하게 활용해야 한다. 소매점들은 워크숍을 개최하거나 비슷한 관심사를 공유하려는 사람들의 네트워크를 구축하고 서로 무언가를 배우는 다양한 기회를 제공할 수 있다. 디지털 방식으로 보면 온라인 워크숍, 마스터 클래스, 웹 세미나 또는 토론을 위한 포럼 개최 등 방법은 다양하다. 고객들은 이것들을 서로 교류하고 학습할 기회로 생각하고, 소매점 입장에서는 고객들을 매장으로 끌어들이며 브랜드를 경험하고 충성도를 높일 좋은 기회로 생각한다.

사람들이 당신의 제품을 체험하고 계속 구매할 수 있도록 새로운 방법을 모색하라. 일반적으로 지역사회를 지원하는 것도 고객 충성심을 높이고 긍정적인 구전효과를 얻을 수 있는 중요한 전략이다.

Case Study

러쉬Lush의 공간 제공 전략

러쉬 영국은 고객들이 공동체 모임이나 파티 등을 개최할 수 있도록 매장을 제공한다. 매장에서 이런 행사가 진행되는 동안 러쉬는 자연스럽게 제품 체험을 고객들에게 유도하면서 러쉬 제품의 특별한 경험을 제공한다. 고객들은 환상적인 추억거리를 만들고 브랜드 친화력이 높아져 이후엔 판매로 이어질 수 있다.

러쉬는 고객의 생활양식과 고객의 필요라는 두 가지 주제에 맞춰 매장을 완벽하게 장식한다. 모임 참석자들은 제품 체험의 맥락 안에서 공감하는 사람들과 함께하는 순간을 사진으로 찍어 자신의 SNS에 올린다. 그것은 러쉬를 홍보하는 것은 물론 판매량 증가에도 도움이 된다. 고객들은 행사를 예약할 때 맞춤형 게임과 활동, 제품 제작 키트 선택, 개별 손님을 위한 전용 제품 선택 등을 통해 자연스럽게 제품 체험을 할 수 있다.

D. 구매 시 DIY, 제품 구축, 자체 맞춤 활동에 고객을 참여시켜라

맞춤형 상품은 소매 기업이 고객에게 제공할 수 있는 가장 개인적인 경험이다. 고객들이 좋아하고 선호하는 것을 스스로 만들 기회를 주면 훨씬 더 효과적이다.

Case Study

아이코스IQOS와 나이키 바이 유Nike By You의 맞춤형 마케팅

필립 모리스의 아이코스IQOS는 마치 패션 브랜드와 같이 당신의 주요 의상에 맞춰 액세서리를 살 수 있다. 이것은 차를 구매할 때 맞춤형 옵션을 선택하는 것과 비슷하다.

최고의 스포츠웨어 업체 중 하나인 나이키는 소비자가 맞춤 제작할 수 있는 '나이키 바이 유Nike By You'를 운영한다. 소비자들은 다양한 스타일을 소개하는 온라인 사이트와 연결된 오프라인 매장에서 자신의 라이프 스타일과 취향에 맞고 원하는 기능을 갖춘 운동화를 스스로 만들 수 있다.

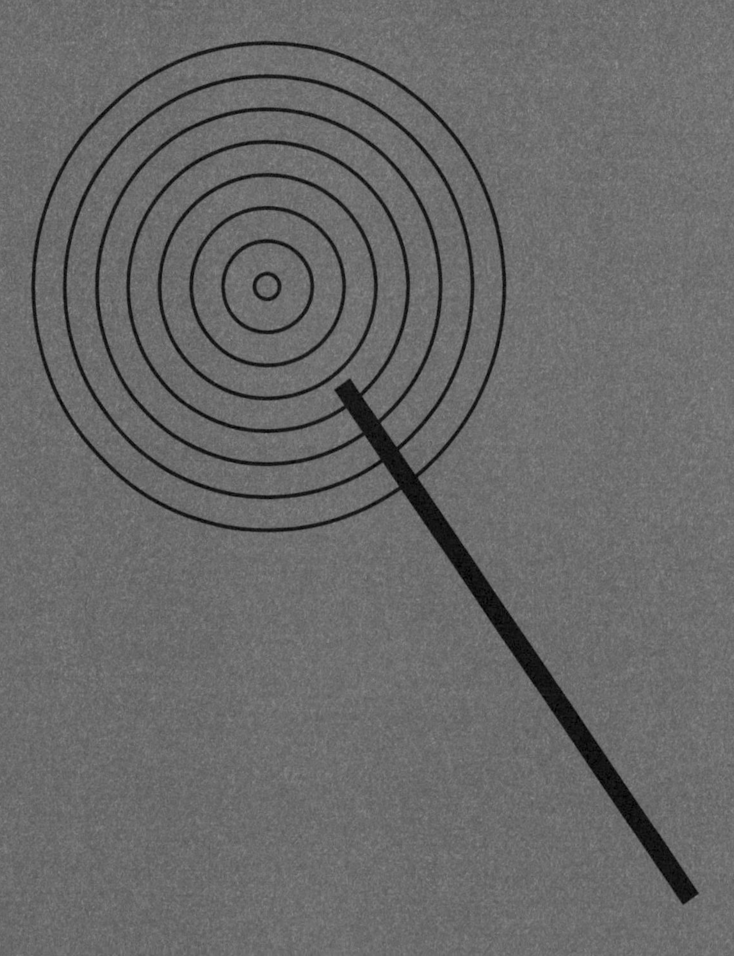

Empathy Brand Building

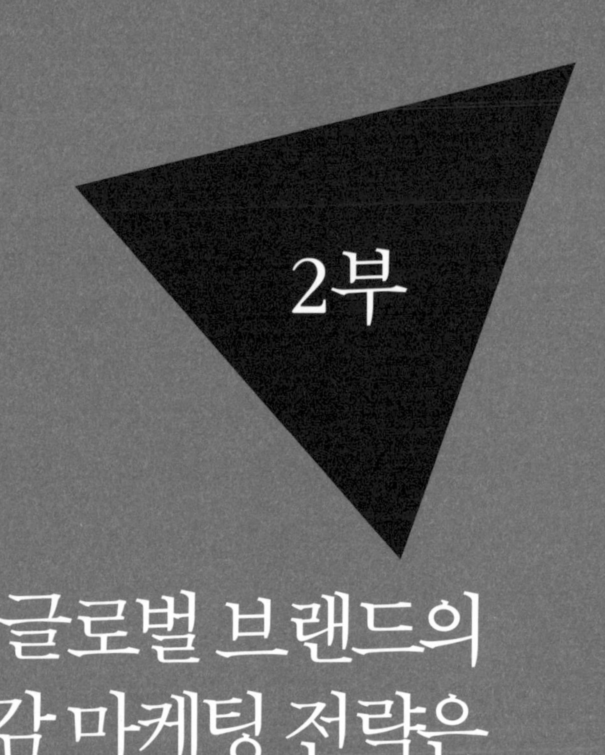

2부

글로벌 브랜드의 공감 마케팅 전략은 무엇인가

4장

글로벌 브랜드 관리의 운영과 원칙

BRAND

브랜드 커뮤니케이션,
무엇을 고려해야 하는가

초창기 글로벌 브랜드 커뮤니케이션은 훨씬 단순하고 직선적이었다. 많은 브랜드가 현지 적응에 초점을 맞추었다. 핵심 메시지 플랫폼을 이용해 현지 시장의 콘텐츠에 맞게 적응하는 것. 그렇게 함으로써 브랜드는 핵심 '브랜드 이미지' 캠페인과 일치하는 표준화된 창의적 캠페인 플랫폼을 사용해 현지 문화와 조화를 이루었다. 어떤 현지 시장에서는 문화적 차이가 너무 컸기 때문에 범용 플랫폼을 본래 의도한 방식으로 사용하지 못하고 현지 문화에 맞게끔 재해석하고 다시 실행해야 했다.

그러나 세계는 개방 경제와 디지털 플랫폼을 통해 훨씬 더 국제화되었으며 소비자들의 삶과 브랜드에 관한 생각, 라이프 스타일과 열망도 전 세계적으로 비슷해졌다. 브랜드 커뮤니케이션을 성공적으로 수행하려면 시장 발달 수준과 관계없이, 특정 시장에서의 브랜드 위치, 브랜드에 대한 고객 수용률, 경쟁 관계, 유통 차별화, 미래 시장 잠재력은 물론 브랜드의 평판, 브랜드가 속한 국가를 의미하는 브랜드 원산지 등 모든 것을 살펴보아야 한다. 한 시장에서 브랜드 커뮤니케이션이 성공하려면 그 나라의 역사, 사회규범, 대중들의 심리 상태, 가치 체계, 라이프 스타일 트렌드, 규제 시스템, 고객 우선순위 등 수많은 요소를 고려해야 한다.

브랜드가 현지 고객들의 눈과 마음속에 자리 잡는 방법이 매우 중요하기 때문에 문화와 사회규범이 전혀 다른 시장에 진입하려면 그 방법을 신중하게 검토해야 한다.

공감 브랜드의 일관성을 저해하는 사일로 조직

브랜드 관리는 위에서 시작해야 한다. 특히 투자 목표 수익률 차이에 따라 부서마다 우선순위가 다르고 공감대에 대한 해석이 다르다면 브랜드 경험을 매끄럽게 통합하는 것을 방해할 수도 있다. 따라서 소비자와 브랜드의 핵심 공감대에 대해 조직 내 의견이 일치해야 한다. 예를 들어, 회사의 소셜 미디어팀, 광고팀, 홍보 마케팅팀, 소매 전략팀은 모두 고객 여정과 연결되어 있으므로 브랜드가 어떻게 표현되는가에 따라 그 팀들은 기능상 독자적으로 행동하는 사일로처럼 보일 수 있다. 이는 부서별 KPI 달성을 목표로 각 부서의 업무 분야가 정해지기 때문에 브랜드 통합이 균형 있게 이루어질 수 없다는 것을 의미한다. 그들은 각자 분야에서 탁월하게 일할 수 있다. 하지만 사실 한 목소리를 내지 못하는 상태를 만들어 브랜드 일관성을 훼손시킴으로써 잘못된 방식으로 소비자 참여가 이루어질 수도 있다. 달리 말하면 커뮤니케이션의 오류가 발생하고 소비자의 기대 수준을 적절하게 관리할 수 없는 것이다.

따라서 각 부서는 다른 부서가 수행하는 업무와 브랜드 커뮤니케이션 관리에서 그들이 해야 할 역할의 균형점을 찾고 이해하는 것이 중요하다. 마케팅 최고 책임자는 이러한 통합이 제대로 이루어지고 있는지와 각 부서가 목표 달성을 위해 기능적으로 서로 경쟁하기보다 통합된 방식으로 일을 가장 잘할 수 있는 공동 목표가 있는지 확인해야 한다.

특히 판매 실적이 좋지 않을 경우 마케팅팀 역시 종종 비용 부문으로 취급된다. 그래서 매출이 브랜드 자산보다 우선시될 때 예산이 효과적으로 사용되는지에 대한 딜레마가 생긴다. 브랜드 자산 지수는 높아도 매출이 적을 수 있다. 하지만 이것을 소비자 참여에 대한 브랜드 커뮤니케이션의 탓으로만 돌릴 수 없다. 판매 실적에 영향을 미칠 수 있는 요인들은 가격, 유통, 품질, 사후관리, 경쟁 상황, 규제 수단 등 여러 가지가 있다. 따라서 마케팅 커뮤니케이션에 대한 구체적인 KPI가 무엇인지, 그리고 매출 하락과 관련이 있는지 없는지에 대한 객관적인 평가 기준을 명확하게 정의해야 한다. 매출이 떨어지고 그것을 관리하지 않았기 때문에 브랜드가 희생돼서는 안 된다. 브랜드 자산 가치가 떨어지면 매출은 반드시 더 떨어질 수밖에 없다. 방향이 서로 반대가 아니다.

마케팅 최고 책임자가 안고 있는 문제점의 대부분은 자신의 팀이 최적으로 통합되지 않고 관련 부서의 핵심 메시지 우선순위와 입장이 서로 다르다는 데서 발생한다. 마케팅만을 비용 부문으로 보지 않고 '매출과 마케팅'을 모두 비용 부문으로 인식하는 대부분의 조직과는 달리, 애플은 매출 상황과 관계없이 브랜드 자산을 희석하지 않고 유지하는 데 초점을 맞춘다.

그러나 대부분의 기업은 매출 투자 수익률을 계산할 때 마케팅 예산을 기준으로 하므로 매출 증대와 브랜드 자산 활용의 균형을 맞추려고 노력한다. CMO와 CEO의 임기는 회계연도의 성장 전략과 투자 수익률에 따라 좌우되기 때문에 장기적 관점이 아니라 단기적 관점에서 종종 타협이 이루어진다. 하지만 그것은 핵심 요소인 지속 가능한 공감대 구축과 관련 있는 일관된 브랜드 이미지의 개발에 해로울 수 있다.

전반적인 우산 전략으로서 장기적인 브랜드 구축이 중요하다. 제품 마케팅과 브랜드 커뮤니케이션의 중요 정책들은 상호 협조적 관점에서 실행해야 한다. 종종 분기별 판매 목표를 달성하기 위하여 고객과 시장 대화를 통한 매출 '확대'에 초점을 맞춘 판매 촉진 행사 제안과 같은 즉석 판매 증대 추진력이 더 중요하고 '책임 있는' 마케팅 투자의 메커니즘이라고 생각한다. 그러나 중요한 것은 어떤 유형의 메시지가 긍정적 혹은 부정적으로 생성되었으며, 그것이 어떻게 증폭되고 브랜드 전체에 어떤 영향을 미쳤는가 하는 것이다. 요컨대 조회 수, 클릭 수, 전환율은 단기적으로 효과적일 수 있지만 이것이 브랜드를 혼란스럽게 만들었는지 아니면 브랜드 구축을 도왔는지를 근본적으로 추적하는 태도가 매우 중요하다.

일단 가격 인하 전략을 사용하면 경쟁으로 인해 가격은 한층 더 낮아지고, 결국 손실을 보면서 제품을 팔아야 하므로 브랜드 자산은 가치를 잃을 뿐만 아니라 쓸모없이 된다. 마케팅 담당자는 소비자들을 조금이라도 가격이 싼 브랜드를 선택하게 만드는 가격 경쟁 마케팅이 아니라 브랜드 공감으로 구축된 충성도를 통해 브랜드 자산을 유지하는 전략을 구사해야 한다. 소비자들은 브랜드 옹호자가 될 수 있지만 브랜드에 대한 신뢰를 잃으면 적군으로 돌변할 수도 있다. 그렇게 되면 순식간에 악몽이 시작된다. 브랜드를 옹호하던 소비자는 정반대로 움직여 하룻밤 사이에 매출 확대가 매출 축소로 변해버리고 나쁜 소문들은 인터넷상에서 들불처럼 퍼져나간다. 이런 상황에서 신중하게 위기 관리 노력을 하지 않으면 브랜드뿐 아니라 모기업의 자산 가치에도 치명적인 손해를 가져오는 최악의 시나리오로 전개될 수 있다.

체계적으로 공감 브랜드를 구축하려면

창시자는 세상을 떠날지 모르지만 유산은 남아 있다. 그것은 음악, 예술, 기업 그리고 심지어 기념비적인 건축물에도 적용될 수 있다. 그러나 수십 년 전부터 보편적 마케팅 능력과 플랫폼 시스템을 구축한 맥락에서 내가 이야기하고 싶은 사례는 마블 유니버스Marvel Universe와 그 경쟁 상대인 DC 유니버스DC Universe다.

그들은 사람들의 꿈, 욕망, 포부, 문제들을 소재로 수없이 세분화된 고객들과 공감으로 연결했다. 그리고 가장 극적인 방식으로 현실에 비현실을 접목한 줄거리와 등장인물로 구성된 생태계를 만들었다. DC 유니버스는 반영웅이나 악당들은 말할 것도 없이 배트맨Batman, 원더우먼Wonder Woman, 플래시Flash, 슈퍼맨Superman과 같은 상징적인 슈퍼히어로들을 창조했다. 그들은 모두 인간의 감정과 연결된 자신만의 이야기를 한다. 인간의 감정은 정확하게 선과 악이 반반으로 나누어지지 않는다. 사람들은 영화속 인물이 어떻게 그런 모습이 되었으며 우리가 사는 세상과 어떤 관계가 있는지, 그리고 영화 〈조커〉처럼 관객들의 마음에 상처를 주는 방식으로 인간의 정신세계에 영향을 미칠 수 있는 모순에도 불구하고 세상의 충격이 어떻게 그의 행동을 키워왔는지에 대해 '공감'한다.

최우수 작품상을 받은 영화 〈조커〉는 조커라는 슈퍼히어로급의 환상적인 악당을 등장시킨 최초의 영화다. 그러나 그 이면에는 세상에서 살아남고 인정을 받기 위해 최선을 다하는 한 나약한 인간이 온갖 시련을 겪으며 세상에 의해 짓밟히고, 품위 있는 인간으로서의 마지막 남은 자신감과 자부심이 마침내 분노로 변해 어두운 세계로 치닫는다는 대표적인 이야기가 있다. 그것은 할리우드 블록버스터 유형의 액션 영화가 아니다. 오히려 관객들이 세상에서 목격하고 느꼈던 것을 되돌아보고 어떤 때는 악당과 연결되기도 하며 또 어느 정도 주어진 상황, 즉 어둠 속에서 승리하도록 비밀을 털어놓고 경로도 만들어줌으로써 도덕적인 논쟁거리가 되는 영화다. 공감은 여기서도 큰 역할을 하며 '조커' 브랜드를 기본적으로 믿을 만한 존재로 만드는 스토리로 작용한다.

모든 슈퍼히어로는 초인적인 능력을 보유하고 있지만 그들 역시 일반인처럼 오류를 저지르는 가운데 균형을 잡아가면서 공감대를 구축한다. 이것이 바로 마블 유니버스의 캐릭터들과 그들의 이야기를 우리에게 보편적으로 연결해주는 요소다. 각각의 영웅에게는 우리가 언제나 동의하고 공감하며, 정의를 구현하여 더 좋은 사람이 되고 올바로 일할 힘을 갖추어 악한 세력을 물리칠 만큼 강력해지고 싶은 기억들이 있다. 이 모든 기억이 마블 유니버스의 슈퍼히어로 개발 전략임과 동시에 경쟁업체인 DC 코믹스의 캐릭터 생태계를 만든 구성 요소다. 수십 년 동안 그들을 따라다니는 열혈 팬들의 충성심과 새로운 목표 고객을 획득할 수 있는 이야기를 원동력으로 삼아 영화는 세대를 뛰어넘어 계속 진화할 수 있었다.

마블은 오랫동안 스파이더맨이나 X맨 프랜차이즈를 다수 갖고 있었지만, 이제 그것들은 개별적인 이야기가 아니라 훗날 각각의 다른 이야기들과 서로 얽혀 마지막에는 영웅들의 유니버스를 다음 단계인 프랜차이즈로 진화했다.

콘텐츠 관점에서 그들이 고객들을 어떻게 끌어들였는지 살펴보자. 미국 사람이라면 누구나 스파이더맨과 배트맨을 잘 알고 있다. 다른 나라 사람들도 미디어를 통해 그들을 알고 있을지 모르지만, 미키마우스나 스누피와 함께 성장한 미국인들의 세세한 공감 수준에는 미치지 못한다. 거기에는 미국의 문화적 함축, 뉘앙스, 줄거리, 미국 문화와 가장 공명하는 역사가 깃들어 있다. 마블과 DC는 전 세계에 보편적인 매력을 가진 콘텐츠로 어느 나라의 소비자라도 마음을 빼앗길 수 밖에 없는 프랜차이즈를 다시 만들었다. 최첨단의 컴퓨터 그래픽과 제작 기술의 전문성은 눈이 어지러울 정도로 발전했다. 하지만 근본적인 이야기의 줄거리는 간단하며 관객들의 마음을 사로잡는다. 거기에는 '초능력자'이면서 보통의 '인간'이라는 캐릭터와 선이 악을 이긴다는 단순한 스토리 라인이 내재해 있으며, 관객들은 주인공이 당면한 고통에 관심을 집중한다.

스파이더맨부터 살펴보자. 스파이더맨의 정체는 학구적이고 과학을 좋아하며 이모와 함께 사는 모범적인 10대 소년인 피터 파커Peter Parker다. 하지만 그는 약골인 체력과 성격 때문에 친구들로부터 괴롭힘을 당한다. 그런 일은 방사능 거미에 물려서 악당들을 물리치고 세상의 선한 사람들을 위해 싸울 수 있는 초인적인 존재가 될 때까지 계속된다. 그러나 그는 초능력을 갖게 되자 평범한 아이로 지내고 싶다는 생각을 버리고 사랑하는 사람들을 보호해야 하는 막중한 책임감을 느끼게 된다. 스파이더맨은 옆집에 사는 '평범한 아이'처럼 10대와 어른 모두에게 친근하게 연결된다. 거의 실제 인물처럼 느껴진다.

재활원에서 나와 이전의 문제아 이미지를 벗어나 할리우드 스타로 화려하게 돌아온 로버트 다우니 주니어Robert Downey Junior가 연기한 아이언맨도 마찬가지다. 아이언맨인 토니 스타크Tony Stark는 심장의 발전기 없이는 살 수 없다. 갑옷 덕분에 다른 사람의 눈에는 보이지 않지만 아이언맨의 약점은 심장이며, 한번 발전기가 깨지면 생명이 끝날 수 있다. 헐크Hulk는 분노를 주체할 수 없으면 맹렬한 녹색 괴물로 변신해 악당에게 맞서지만 그 과정에서 다른 것들도 파괴하고 자신의 변신을 통제하진 못한다.

토르Thor는 아스가르드Asgard의 신이지만 저주를 받았기 때문에 자신이 왕위에 오를 만한 가치가 있음을 증명해야 하며, 캡틴 아메리카Captain America는 사랑하는 사람들과 그가 살았던 세상으로 결코 돌아갈 수 없는 나이인 300살을 먹은 것 같다. DC의 〈다크 나이트Dark Knight〉는 진정한 의미에서 슈퍼히어로가 아니며 '마스크를 쓴 자경단自警團'으로 알려져 있다. 따라서 그는 더욱 실제 사람과 비슷하며 어린 시절의 트라우마 때문에 우울증, 인격 장애, 증오심과 같은 인간적인 문제를 내면에 갖고 있다. 영화에서 그는 경찰이 통제할 수 없는 고담의 악당들을 물리쳐 정의를 되찾으려고 한다.

'크립톤의 아들'인 슈퍼맨은 중력으로 인해 초능력자가 되었다.

그는 지구상에서 '신성한' 인물이지만 그가 돌아갈 수 없는 그의 실제 세계의 어떤 부분에 노출되면 우리처럼 피를 흘린다. 그러므로 슈퍼맨이 아무리 하늘 높이 치솟아 오르고 건물 사이를 이리저리 넘나들어도 그의 몸속에 숨겨진 '크립토나이트kryptonite(가상의 화학 원소-옮긴이)'는 그를 죽일 것이다.

이 모든 것들 안에 사랑, 배신, 슬픔, 지식, 선과 악의 싸움에 관한 이야기가 있다. 간단히 말해 마블과 DC는 모두 한 편의 서사시를 만들었다. 그것은 한 캐릭터가 다른 캐릭터들과 함께 '어벤저스Avengers'나 '저스티스 리그Justice League'와 같은 리그를 만들거나, '가디언즈 오브 더 갤럭시Guardians of the Galaxy'와 같이 멋진 캐릭터들과 함께 팀을 이루기도 하는 하나의 생태계다. 그들은 거미줄처럼 관객들을 하나하나씩 끌어들여 각각의 영웅들과 감정적인 공감을 구축하여 팬이 되게끔 만든다. 어떤 사람들은 스파이더맨을 좋아할 수도 있고, 또 어떤 사람들은 아이언맨이나 스트레인지 박사Dr. Strange에게 마음이 더 끌릴 수도 있다. 일단 이런 관계가 확인되고 영화관 수입이 계산되면, 이야기 줄거리에 따라 누가 어느 정도 관여하게 될 것인가에 관한 내용이 전략적으로 결정된다.

어벤저스처럼 전체 이야기 안에는 단편들이 포함되어 있다. 그들은 기술적으로 볼 때 누구도 완전한 '악'이 아니다. 각자마다 자신의 철학과 이상을 갖고 있다. 마치 전쟁을 하는 두 나라와 같다. 만약 당신이 양쪽 나라에 모두 있어 본다면, 두 나라가 인간의 감정을 마음속 깊은 데서부터 강하게 자극하기 때문에 양쪽 모두에 공감할

지도 모른다. 마블은 그 같은 줄거리를 활용하여 1970년대 중반에 만들어졌지만 여전히 영향력을 점점 더 강하게 발휘하는 불멸의 스타워즈 프랜차이즈처럼 영화 수익뿐 아니라 장난감, 브랜드 협업권, 후원권, 영화 속편, 그리고 수많은 항목으로 구성된 전체 프랜차이즈 콘텐츠에서 발생하는 매출과 다채로운 마케팅으로 그들의 콘텐츠를 시험하고 증명하고 확장한다. 그것들은 모두 공감으로 다시 모이면서 각각의 캐릭터와 스토리가 특정 관객의 심금을 울리고 다음 단계로 함께 증폭한다. 그래서 관객들은 다른 사람들이 좋아하는 캐릭터가 등장하는 확장된 시나리오에서 자신이 좋아하는 캐릭터들도 보게 된다.

이 모든 것이 브랜드 커뮤니케이션과 무슨 관계가 있을까? 이것이 최고의 브랜드 커뮤니케이션이 되는 이유는 관객들이 캐릭터를 믿고, 캐릭터에 다가가며, 스토리를 사랑하고, 프랜차이즈 자산을 신뢰하고, 영화를 반복해서 보고 후속편을 기다리며, 긍정적인 관람평을 쓰고, 상상 속 영웅들의 옹호자가 되기 때문이다. 특히 아직도 꿈꾸는 어린이나 어른들의 로망을 묘사함으로써 관객들은 2시간 동안 이 영화를 보면서 행복한 꿈을 꿀 수 있다. 감정의 배출구를 넘어 독특한 캐릭터들과 비현실적인 세계에서 실제 감정을 연결하는 줄거리를 갖춤으로써 마블이나 DC만이 창조할 수 있는 시그니처 브랜드 스토리를 만들었다.

또한 주목해야 할 중요한 사항은 비록 수십 년이 흘렀지만 캐릭터가 상징하는 의미, 개성, 가치 체계의 핵심 DNA, 즉 캐릭터의 본질은 그대로라는 사실이다. 그들은 본래 모습 그대로이므로 그들이 속한 생태계와 유니버스가 더 복잡한 수준으로 진화했음에도 불구하고 그들이 누구인지, 그리고 그들이 관객들에게 어떤 의미인지는 어느 것도 달라진 게 없다. 마블과 DC는 그들의 캐릭터에 우리와 연결되는 인간적 특성을 더 많이 추가해, 슈퍼히어로들은 실제로 마음의 상처를 더 쉽게 받지만 더 친화적이고 더 인간적인 존재로 만들었다. 이것이 바로 마블 프랜차이즈가 젊은 세대뿐 아니라 어른에게도 인기 있는 이유이다. 그것은 단순히 어린이를 대상으로 하는 움직이는 액션 만화 영화가 아니라, 현실처럼 묘사되는 환상의 세계다. 그 속에서 캐릭터와 스토리 등 모든 요소를 결합함으로써 마블의 시그니처 스토리와 마블이라는 브랜드를 구축한다.

DC가 시그니처 스토리와 DC 브랜드를 만드는 과정도 마찬가지다. 이것은 픽사가 제작한 영화에도 해당한다. 우리는 〈토이 스토리Toy Story〉가 결코 마블에서 나오지 않을 것이며 〈인어공주The Little Mermaid〉는 DC 만화로 만들어지지 않을 것이라는 사실을 알고 있다. 본질적으로 모母 브랜드에 연결된 브랜드는 유니버스가 얼마나 복잡하게 얽혀 있는지와 관계없이 독특한 콘텐츠로 이어진다. 이것은 매력적이고 기억에 남을 수 있도록 직접 연결하는 형식으로 이야기를 들려준다.

5장

브랜드 커뮤니케이션도 달라져야 한다

BRAND

디지털 시대의 공감 중심 브랜드 커뮤니케이션

마케팅 담당자가 브랜드 커뮤니케이션 전략과 콘텐츠 아이디어를 만들기 위해 광고사나 파트너 광고사에 내용을 '설명'하는 단계에서 저지르기 쉬운 가장 끔찍한 일은 기본적으로 적절한 개요를 준비하지 못하거나, 최악의 경우 아예 '개요 없이' 회의에 참석하는 것이다. 개요란 기본적으로 마케팅 계획에 따른 브랜드 커뮤니케이션을 강화하기 위해 해야 할 작업을 요약한 한 쪽짜리 전략 문서다. 이제 고객사가 광고사에 '소비자들을 사로잡을 굉장한 아이디어를 가져오라' 혹은 '전설적인 작품을 만들어라'와 같은 요구사항을 주문하는 것은 더 이상 효력이 없다. TV와 인쇄물만 있던 시대에도 그런 것은 어처구니없을 정도로 모호한 요구사항이었다. 요즘은 광고사 파트너에게 지시하는 내용이 아주 명확해야 현실적으로 결과에 만족할 수 있다. 개요를 잘못 작성하면 과제 배정이 잘못되고 일이 틀어지며, 궁극적으로 엄청난 시간 낭비를 초래해 결국 원하는 결과물을 단번에 완성할 수 없다.

나는 충실한 개요의 원리와 원칙은 근본적으로 중요한 형식이므로 계속 유지될 것이라고 믿는다. 하지만 사회적으로 디지털 환경이 조성되고 더 강력한 수준의 수렴과 통합을 시행하고 KPI 설정이 가능한 기술이 발전함에 따라, 온라인 및 오프라인 여러 분야를 가장 효과적으로 이용해 전략적으로 올바른 수준의 콘텐츠를 만들려면 개요가 보다 분명하고 정확해야 한다. 전 세계를 대상으로 하는 전략과 캠페인을 개발하는 과제든, 개별 시장을 대상으로 하는 것이든 개요와 콘텐츠를 동시에 이해하는 것은 상당히 어려운 일이다. 과제 내용의 개요는 브랜드 커뮤니케이션의 효율화를 위한 운영 구조, 실제 글로벌 전략 및 캠페인 개발 구조, 지역별 전략 혹은 현지 예산으로 마련된 마케팅 전략 등 요청 내용에 따라 현격히 다를 수 있다.

이것은 결국 마케팅 담당자들에게 '개요'가 무엇이며, 왜 필요한지에 대한 질문으로 귀결된다. 개요에는 비즈니스 문제점, 계량화된 마케팅 목표, 마케팅 커뮤니케이션 목표의 순서, 핵심 마케팅 메시지, 목표 고객, 제품이 가진 기능적 · 감성적 장점에 대한 설명, 제품의 차별성과 소비자들에게 도움이 되는 내용을 확실히 증명하는 특성들이 요약되어 있다. 광고사의 임무는 '마케팅' 개요를 '감성적인' 소비자 음성으로 바꾸어줌으로써, 개요는 제조사의 목소리가 아니라 소비자에게 전달될 방법에 관한 문서가 된다. 개요는 고객 유도 마케팅에 대한 정서적 해석이나 세부 사항을 반복해 언급하는 것이 아니라, 메시지 전달의 전략과 전술을 어떻게 개발해야 하는지에 대한 관점과 접근 방식으로 작성해야 한다. 그럴 때 광고사 내부 팀은 여러 가지 전략, 전술을 종합적으로 실시하고, 하나의 목소리와 공감을 바탕으로 소비자와 연결될 수 있는 디지털 방식, 전통적인 광고 방식, PR 등 여러 분야를 이용해 전체적으로 마케팅할 수 있는 플랫폼 아이디어를 창조할 수 있다. 그러나 광고사는 핵심 메시지가 전달하려는 독특한 핵심 목표를 달성하기 위해 그런 분야를 다방면으로 함께 이용할 수 있으면서도 각 미디어의 역할이 다르므로 각각의 마케팅 커뮤니케이션 분야를 최적의 방식으로 활용할 수 있는 능력을 갖춰야 한다.

브랜드 커뮤니케이션 개요에 관한 통합 계약

'개요'에 관해 회사들이 안고 있는 문제점은 비록 개요를 서로 확인하고, '커뮤니케이션 개요'를 개발하기 위해 광고사의 담당 파트너에게 전달되었다 할지라도 사람마다 각자 '해석'이 달라질 수 있다는 점이다. 따라서 브랜드 커뮤니케이션 관리와 개요 작성에 관련된 모든 핵심 구성원은 반드시 내용을 검토하고 승인해야 한다. 그런 뒤 광고사는 고객사나 마케팅 담당자가 서면으로 '승인' 해야 할 '커뮤니케이션 개요'를 작성하기 전에 문제점을 지적 및 확인하고 이를 해결한 뒤에 동의해야 한다. 만약 이 과정을 거치지 않으면 기대 내용이 서로 다르게 되고, 사람들은 다시 처음으로 돌아가 "왜?"라는 질문을 던질 것이다. 이렇게 되면 관계되는 모든 사람의 시간과 자원을 낭비하게 되는 거다. 그러므로 브랜드 커뮤니케이션 활동에 참여할 경우 '개요'는 작업 방향과 방법에 대한 전술을 짜기 전에 합의해야 할 가장 중요하고 유일한 서류다.

기대와 역할의 진화

TV, 인쇄물, 라디오가 세상을 지배하던 '광고계'의 황금시대에 매디슨 애비뉴Madison Ave에서 활약하던 광고사들을 소재로 다소 화려했던 미국의 라이프 스타일을 그린 넷플릭스 시리즈 〈매드맨Madmen〉. 드라마의 배경이 된 시대는 '광고'를 개발하고 그것을 '창의적'으로 만드는 것이 중요했다. 그때까지만 해도 광고사의 임무는 사실상 소비자들을 감동시켜 제품을 구매하고 또 반복 구매함으로써 브랜드 충성도를 유지할 수 있는 콘텐츠를 개발하는 것이었다.

그것은 지금도 변하지 않았다. 달라진 점이 있다면 마케팅 커뮤니케이션 단계가 복잡해졌다는 사실이다. 여기에는 수요와 공급 곡

선의 변화, 디지털을 통한 24시간/7일 접속, 오늘날 중요해진 브랜드와 '상호작용'하는 것뿐 아니라 브랜드와 '대화'하는 소비자 생활양식의 변화와 보편성, 소비자가 스스로 브랜드 옹호자가 되어 새로운 고객을 유치하고 긍정적인 브랜드 이미지의 공명을 불러일으키는 현상에 관한 내용 등이 포함된다. 따라서 광고사들은 소비자가 누구인지, 그들의 간절한 욕구가 무엇인지, 그리고 심지어 그들의 정신적 민감성에 대해서도 빈틈없이 알고 있어야 한다. 나아가 장비와 기술이 더 고도화됨에 따라 데이터 분석과 궤적을 근거로 한 소비자 행동 예측은 계속해서 더욱 중요해질 것이다.

고객사의 모든 일을 도맡아 처리하던 공룡 같은 대형 광고기획사들이 활약한 시대와 비교해보면 요즘 광고사들이 극복해야 할 또 다른 커다란 변화와 장애물이 있다. 그것은 마케팅 담당자들이 특정 광고사가 특정 분야에 더 강하다는 사실을 깨닫고 광고사들의 '풀pool'을 이용하고 싶어 한다는 사실이다. 따라서 이들 광고사를 모아 함께 일할 수 있는 '통합' 기능이 중요하다. 광고 의뢰인, 즉 마케팅 담당자는 궁극적으로 '주관 광고사'의 존재 여부와 상관없이 일관성을 유지하기 위해 이것을 통제할 필요가 있다.

또한 만약 당신이 광고사라면 마케팅 예산 지출에 대한 "ROI가 얼마가 되는가?"라는 질문이 고객사가 가장 중요시하는 질문이라는 사실을 알 수 있다. ROI를 정당화하려면 광고사는 고객사의 마케팅 예산을 사용하므로 '책임져야 할' KPI를 먼저 전략적으로 합의해야 한다. 그러나 오늘날 KPI는 마케팅 커뮤니케이션이 매출에 어떤 영향을 미쳤는지와도 관련이 있을 뿐만 아니라 많은 경우 소비자들이 브랜드에 더 긍정적으로 공감하도록 '브랜드 자산' 혹은 '인식' 지수를 끌어올리는 것에도 관련된다.

마케팅 커뮤니케이션을 실행하는 동안이나 그 이후 매출이 감소하는 원인은 무수히 많다. 예를 들면 가격 전략, 유통 전략, 제품 차별화, 소비자 적합성, 제품 출시 시기와 제품 단계 선택 등 여러 가지 요인이 있다. 매출이 오르내리는 이유도 마케팅 커뮤니케이션과 관계없이 수없이 많아도 광고사들은 궁극적으로 '매출' 결과로 평가받는다. 더구나 광고사가 매출과 관련된 KPI와 ROI를 연결하는 '계획'을 제시하지 못한다면 고객사는 '이치에 맞는' 가설을 정당화할 수 있는 시뮬레이션 논리가 없다는 이유로 광고 프로그램에 투자하지 않는 경향이 있다.

디지털 시대가 도래하기 전, 세상일이 훨씬 더 단순했던 시절에는 브랜드 커뮤니케이션을 담당하는 광고사들의 구조와 운영 역량 역시 더 단순하고 통합적이었다. 전략기획부는 소비자 통찰력을 도출하고, 시장 정보를 선도하며, 커뮤니케이션 계획을 수립한다. 그 옆에서 고객 서비스팀은 고객과의 상호 교류, 분쟁 해결, 보상, 비즈니스 이슈와 관계 등 전반적인 프로젝트 관리를 담당한다. 미디어 기획 및 구매팀은 커뮤니케이션 전략과 관련된 미디어 계획을 수립한 뒤 다양한 유형의 미디어와의 관계와 협상을 통해 실제 미디어 구매를 수행한다. 크리에이티브팀은 소비자 커뮤니케이션과 공감대 구축에 필요한 '창의성'을 북돋우며 그것을 실현한다. 마지막으로 법률, 재무, 인사 부서는 인재 채용, 재무 및 회계 관리, 그리고 물론 잠재 고객의 안정성 점검, 계약 승인에 이르는 법률 문제, CEO의 지시에 따라 CFO가 관리하는 손익 계산서의 관리 등 중요한 지원 업무를 수행한다.

이런 부서들은 현재도 여전히 존재하지만, 모든 것이 너무 빠르게 진행되고 끊임없이 변화한다. 광고사의 각 부서는 ROI가 중요시되고 기술에 집중하는 세상에서 스스로 적응하고 생존하기 위해 운영 형태는 물론 업무 수행에 필요한 역량을 회사가 직면한 역동성과 함께 발전시켰다. 따라서 '변화'만이 그들이 인정할 수 있는 유일하게 변하지 않는 상수常數이다. 따라서 그들의 임무는 변화에 적응하는 것뿐 아니라 근본적으로 변화의 물결을 타고 변화의 요인들을 최대한 창의적으로 활용해 파급력이 큰 브랜드 커뮤니케이션을 창조하는 일이다. 이것은 도태되지 않기 위한 가장 큰 도전이다.

한때 사람들이 대체로 '매력 있고', '재미있고', '창의적'이라고 여겼던 '광고계'가 이제는 해야 할 일이 한층 까다로워졌다. 따라서 직원들의 이직률이 더 높아졌으며, 비즈니스 역동성과 브랜드 커뮤니케이션 개발과 관리의 세부 내용을 꿰뚫고 있는 광고사의 전문가들이 오히려 고객사 책상에 앉아 일하고 있다. 만약 당신이 그들 중 한 명이었다면, 당신은 그 '시스템'이 어떻게 작동하는지 알 수 있으므로 광고사를 통해 볼 수 있고 많은 것을 기대할 수 있다. 그러므로 광고사는 '고객'이 생각할 수 있는 한계를 뛰어넘어 모든 각도에서 아이디어를 고객사에 '지나칠 정도로 전달'함으로써 그들이 '감탄'

할 정도로 결과물을 만들 수 있어야 한다. 왜냐하면, 이제 고객사 자체가 전문가이므로 광고사들이 자신들보다 '더 우수한' 아이디어와 실행 계획을 끌어낼 수 있는 마법의 창조적 조직이라고 전적으로 인정하지 않기 때문이다.

브랜드 커뮤니케이션 광고사 모델, 어떻게 달라졌을까?

우리는 이제 빅데이터, 머신러닝, 인공지능, 플랫폼, 광고 기술, 예측 모델 기반 목표 설정, 매출과 영업 목적의 통합, 데이터 기반 고객 행동 궤적 평가 등의 사용과 효율화 등을 추구한다. 이때 접근성, 속도, 구매, 목표 설정과 검토를 한층 더 단순하게 만들면서 항상 진화하는 기술 인프라와 그 안에 들어 있는 메커니즘은 매우 고차원적이며 복잡하다. 하지만 알고리즘 분석과 학습 곡선 분야는 지속해서 성장할 것이다. 인공지능 분석과 예측 분석에 근거해 어떤 메시지 요소와 어떤 창조적 자극이 어떤 감정을 언제 촉발할지에 대한 '창조성'까지도 해부되고 있는 현실에서 광고사들이 생존해야 하는 세상은 훨씬 더 타산적이고 전략적으로 보증해야 할 일이 많은 세계가 될 것이다.

이것은 빠른 시일에 숙달할 수 있는 재주가 아니다. 더욱이 광고사의 구조, 비전, 서비스가 어디로 갈 것인가에 대한 문제에서 변화의 전술적 측면에 대한 논리를 우선시하는 것은 단추를 잘못 끼우는 것이다. 그 이유는 우리가 '클라우드' 세계에 살든 가상과 현실이 융합된 세계에 살든, 기술적 메커니즘이 아니라 고객 여정의 방향과 인간의 감정을 움직이는 시그니처 스토리와 관련된 통찰력의 원리를 중요하게 여기기 때문이다. 나는 이 명료한 논리가 매우 중요하며 반드시 브랜드 커뮤니케이션의 핵심에 있어야 하고 '광고사 관점'에서 고객에게 올바른 시각으로 설명되어야 한다고 믿는다. 그러지 않으면 광고사를 평가할 때의 기준이 달라진다. 브랜드 커뮤니케이션 광고사가 본질인 아이디어를 창출할 수 있는 창의적 조직인지 여부보다 전술적으로 발전한 브랜딩 기술을 가지고 있는지의 여부에 중점을 두게 될 것이기 때문이다.

그럼에도 불구하고 광고사는 광고 구축의 실행 분야를 '판매'하려면 매우 확실한 '전략' 분야를 갖추고 있어야 한다. 요즘 이런 전략 분야가 맥킨지앤드컴퍼니McKinsey & Company나 베인앤드컴퍼니Bain & Company와 같은 경영 컨설팅 회사들이 지향하는 분야다. 요컨대 전략 기능으로 근본적인 비즈니스 문제를 이해하고 마케팅에 접근할 수 있으며, 고객 비즈니스 전략과 최고경영자 수준의 토론 및 제휴가 일어나는 상위 부서로부터 아래로 마케팅 커뮤니케이션 실행 분야까지 내려오면서 계획을 수립할 수 있다. 마케팅 커뮤니케이션의 앞 단계에서 매우 탄탄한 전략적 요소를 갖추지 않으면 커뮤니케이션 실행이 제대로 이루어지지 않을 것이다. 반대로 '커뮤니케이션 전략' 수준에서 시작한 '창의적인' 측면과 전술의 이행만 일어난다면 광고사는 존경과 파트너십이 오래가지 않는 단지 '납품업자' 또는 '대행업자' 수준으로 전락할 것이다. 그것은 전술만을 추구하는 회사일 것이다. 독특한 기술상 강점이나 도구 같은 역량만을 가진 부차적인 납품업자는 오래갈 수 없다.

통합 광고사들이 고객사의 눈높이에 맞추려면 이전보다 훨씬 높은 수준의 전략과 실행 능력을 결합할 수 있어야 한다. 세계에서 가장 큰 경영 컨설팅 회사 중 하나인 액센츄어Accenture가 전 세계에서 가장 호평 받는 창의적 광고사 중 하나인 드로가 5를 인수했다. 왜 이런 일이 발생할까? 비즈니스 모델 관점에서 거꾸로 설명하면 광고사들이 어려움을 겪고 있는 이유는 커뮤니케이션 전략 수립의 가장 앞 단계를 보유하지 않았기 때문이다. 컨설팅 회사들은 일회성 컨설팅 계약을 넘어 계속 수익을 창출할 '창의적인' 요소와 실행 인프라를 갖추지 못했다. 따라서 컨설팅 회사들은 자신의 내부 전략이 정확하다고 제삼자가 검증할 수 있도록 복잡한 분석과 깨알 같은 글씨로 작성한 1,000쪽짜리 설득력 있는 문서를 만들겠다는 인식을 타파해야 했다.

말하자면 소위 맥킨지조차도 우리의 생각에 동의했다. 게다가 고객사들은 전직 광고사 직원을 마케팅 부서에 채용했으며 또한 컨설팅 회사를 전담할 컨설팅 회사 출신의 분석가, 컨설턴트, 임원들을 기용했다. 전직 컨설턴트들은 컨설팅 회사로부터 기대할 것이 무엇인지, 그들이 어떻게 일하는지, 그들이 어떻게 급여를 받는지를 이해하고 있으며, 과거보다 훨씬 광범위하고 중요한 가치 제안이 없다면 예전 수준에 머물러 있을 것이라는 사실을 알고 있으므로 똑같은 딜레마에 빠진다. 따라서 광고사들은 컨설팅 회사와 합병하고, 컨설팅 회사는 광고사와 합병하며, 광고사와 컨설팅 회사는 자신들 분야와는 다른 기술 플랫폼을 인수함으로써 수익 흐름의 다변화, 내부 비용 절감, 독점 디지털 해법과 인프라 등 모든 분야가 한층 고도화되며 독특해진다. 그렇지 않다면 수익은 광고사 혹은 컨설팅 회사 '밖'으로 흘러나갈 것이다.

그들은 현재 다양한 수준으로 통합되고 있다. 흥미로운 점은 서로 다르게 보이는 무수한 광고사들도 내부적으로 파고들어가보면 같은 그룹의 소속 회사 혹은 주요 광고사의 내부 조직이라는 사실이다. 고객사들은 어떤 분야에 전문 역량이 필요할 때 그 분야 최고의 '전문' 광고사를 찾아내므로 세계적인 오길비Ogilvy와 같이 소위 거대한 단일 조직인 전통적 광고사들은 기회를 놓친다. 따라서 전통적 광고사들은 자신들의 방대한 조직에 추가하여 미국 해군의 특수부대인 네이비 실Navy Seals처럼 특정 경우에 특정 임무를 수행할 수 있도록 우산 광고사 혹은 네트워크 광고사를 조직한다. 그러나 결론은, 현재는 물론 앞으로도 자원 조달 역량을 갖춘 광고사가 되려면 기본적으로 디지털 환경을 이해하고 연결 통찰력에 대한 데이터 해석의 중요성을 이해하는 능력이 필요하다는 사실이다.

최근 글로벌 중요 광고사 네트워크라는 유산을 자랑하는 오길비, J. 월터 톰슨J. Walter Thompson, 영앤루비캠Young & Rubicam과 같은 회사들을 소유한 세계 최대 통신 그룹인 WPP는 그룹 내에 세계 최대 디지털 중심 통합 광고사 네트워크인 분더만 톰슨 월드와이드

Wunderman Thompson Worldwide를 설립함으로써 회사의 핵심 역량과 운영 구조에 획기적인 변화를 불러일으켰다. 여기서 중요한 점은 J. 월터 톰슨은 수십 년 동안 다른 회사들이 벤치마크할 만한 창의적 캠페인을 수없이 만들어왔던 명망 있는 글로벌 광고사 네트워크이며, 심지어 내부적으로 디지털 기능을 갖추고 있다는 사실이다. 그러나 사람들은 그 회사가 디지털 기반 고객관계관리, 인공지능, 예측 분석, 플랫폼, 미디어와 광고 기술 통합 역량을 지속해서 발전시키며 그 중심에 결합형 콘텐츠 스토리를 창의적으로 만들고 전략적으로 미래를 바라볼 수 있는 능력이 WPP만큼 충분하지 않다고 인식하고 있다. 분더만 톰슨 월드와이드의 창의적인 동력은 엄청난 창조적인 광고 이야기를 만들었던 J. 월터 톰슨의 역사적 자산에서 나왔다. 첨단 디지털 분석 기술은 디지털 기반 CRM 프로그램과 전반적인 디지털 서비스로 마이크로소프트Microsoft, 재규어Jaguar, 프록터앤드갬블P&G과 같은 회사에 광고 서비스를 제공한 다이렉트마케팅DIRECT MARKETING의 헤리티지 기반으로 CRM 중심 광고사인 분더만 톰슨으로부터 나왔다. 비록 이것은 '적대적 합병'은 아니었지만 경영권은 디지털 주도형 마케팅 커뮤니케이션 전략과 데이터 지식 기반이 더 강했던 분더만이 장악했다.

J. 월터 톰슨의 장점은 스토리텔링과 부드러운 측면을 지원하는 역할을 한다. 이 사례의 교훈은 액센츄어 같은 경영 컨설팅 회사가 드로가 5와 같은 창의적인 광고사를 사들인 경우에도 적용된다.

표면상 좌뇌의 세계에서 우뇌의 역할

스타벅스 커피가 사용하는 원재료는 커피빈Coffee bean 혹은 최근 부상하는 블루 보틀 커피와 얼마나 다를까? 커피 종류, 로스팅 과정, 유통 방식, 커피 판매장에서 고객이 참여하는 경험 구역 등을 살펴보면 차이점이 있다. 기업 관점에서 물류, 마케팅, 생산과 관련된 공급망 관리 등 모든 요소가 차이점을 낳는다. 그러나 근본적으로 우리가 여기에서 강조하려는 것은 소비자들이 다른 곳을 제쳐두고 스타벅스 리저브나 블루 보틀을 계속 찾아가는 이유가 그들이 좌뇌로 빈틈없이 계산한 분석 결과의 영향보다는 우뇌가 더 큰 역할을 하며, 감성적 공명을 일으키는 공감을 따르기 때문이라는 사실이다.

특정 브랜드의 구매 결정은 기회비용 관점에서 세세하게 분류하고 계산하는 논리적 흐름을 따르는 것이 아니다. 그것은 감성적이며 브랜드의 타당성과 연관성이 이미 소비자의 마음속에 깊이 새겨져 있으므로 구매 결정이 거의 무의식적으로 이루어져 의사결정의 과정과 시간이 엄청나게 단축된다. 그러므로 논리, 분석, 계산, 합리성을 주관하는 좌뇌 측면도 중요하지만 욕망, 꿈, 포부 등 '더 모호한' 우뇌 영역이 소비자 의사결정 시스템의 '본질'이다. 따라서 시인, 예술가, 작가, 배우 등 인간 예술을 담당하며 세상을 감성적인 시각으로 보고 다른 방식으로 해석할 수 있는 우뇌 중심 사람들의 역할이 더욱 중요하게 될 것이다.

로봇공학은 전술적 수단이다. 인간적인 측면은 우뇌에 있다. 그러므로 브랜드 커뮤니케이션은 이론상 우뇌의 감정적인 이야기와 먼저 조화를 이루고 그다음 좌뇌를 통해 전술적으로 전개되는 것이지, 그 반대 방향으로 진행되는 것은 아니다. 오늘날 초점은 투자 수익률, 데이터, 알고리즘, 플랫폼 마케팅 등이 중시되는 기술 기반 영역으로 너무 역전되어 마케팅 커뮤니케이션 광고사의 능력을 종종 어떤 첨단 기술과 그 기술로 만든 캠페인을 기준으로 판단한다. 틀렸다. 올바른 판단을 하려면 먼저 그들이 브랜드를 이해하고 있는지와 시각적 콘텐츠로 소비자의 목소리가 담긴 스토리를 만들어 소비자를 어떻게 '감동'시킬 수 있는지를 검토해야 한다.

요즘 여러 마케팅 자료에 소개된 브랜드 마케팅 사례는 비교적 새롭고 멋진 브랜드로 구성되어 있다. 우리는 디지털, 5G, 전기차 등 4차 산업 기술 활용에 앞장서는 구글, 페이스북, 인스타그램, 넷플릭스, 에어비앤비, 우버, 라인, 알리바바, 아마존, 텐센트, 테슬라 등의 탄생에 관해 이야기한다. 그러나 나는 라이프 스타일의 변화, 유통 패러다임의 변화, 환경과 규제 등 전반적인 경제 및 사회 변화를 포함한 인생의 숱한 소용돌이를 헤쳐 나온 소비자들의 가치를 계속 유지하면서 진화와 변혁을 통해 시간의 흐름을 견디어온 브랜드에게서 배울 점이 여전히 더 많다고 생각한다. 어떤 의미에서 내가 언급한 위의 사례들도 심오한 의미를 담고 있다. 그들은 소비자가 자신만의 공동체를 만들고 원하는 콘텐츠에 대한 욕구를 채워주는 기술 플랫폼 기반의 맞춤형 생태계를 제공함으로써 소비자들이 참여하고 브랜드와의 관계를 유지할 수 있게 해주었다. 그런 의미에서 그것들은 훌륭한 사례다.

하지만 나는 수십 년 전으로 거슬러 올라가 우뇌가 공감대를 끌어낸 위대한 광고 사례로 아디다스의 글로벌 광고 캠페인을 이야기하고 싶다. 그 광고는 나이키에 대항하는 브랜드로서 아디다스의 비전과 신념이 상징하는 의미를 보여주고, 그들의 제품이 무엇으로부터 영감을 받았는지에 대해 소비자들의 마음을 자극해 그들을 감동시켰다. 그것은 글로벌 광고사인 TBWA가 만든 '불가능은 아무것도 아니다Impossible is Nothing'라는 캠페인이었다.

"불가능이란 그들에게 주어진 세상을 탐구하고 변화시킬 힘을 키우기보다 주어진 세상에 안주하는 것이 더 수월하다고 생각하는 소인배들이 크게 떠벌리는 말일 뿐이다. 불가능은 사실이 아니다. 그것은 의견이다. 불가능은 선언이 아니다. 그것은 도전이다. 불가능은 잠재력이다. 불가능은 일시적이다. 불가능은 아무것도 아니다. 포에버 스포츠 – 아디다스."

'불가능은 아무것도 아니다'라는 광고는 아디다스가 2004년 발표한 글로벌 캠페인이다. 당시 아디다스는 나이키가 강조한 스포츠맨십과 승리라는 개념과는 달리 '자신을 더욱 다그치고 한계를 뛰어넘고 새로운 경지를 개척하려는 욕망으로 가득 찬 전 세계 선수들의 자세를 공유'하면서 캠페인에 활력을 불어넣었다.

더 드럼The Drum 출판사가 2016년 지난 120년 동안 광고업계에서 일어난 최고의 광고, 혁신, 이정표를 보여준 광고를 간추려 책으로 엮은《120 마케팅 순간》에서 아디다스 캠페인이 가장 많은 표를 받았다. 진정한 운동선수의 이상에 초점을 맞춘 나이키와는 달리 아디다스는 일을 시작하기만 하면 '불가능'이라는 말을 '가능'이라는 개념으로 뒤집음으로써 장애물을 극복하고 자신의 삶을 변화시킬 수 있다는 소비자 마음속의 의지력에 초점을 맞췄다. 이것은 스포츠 경기에서 승리하는 것뿐 아니라 인생의 몹시 어려운 역경을 극복하고 성공하는 사례에도 적용된다. 이런 캠페인 아이디어에서 창의적인 아이디어가 탄생했다. 역사상 가장 위대한 복서인 무하마드 알리가 등장하는 캠페인에서는 디지털 그래픽으로 복원한 생전의 젊은 알리가 권투선수인 딸과 맞서 싸운다. 이 장면에서 알리의 딸은 정신적인 한계를 뛰어넘어 세계 최고의 선수가 되려고 노력한다. 이것이 바로 아디다스의 상징과 소비자가 아디다스 제품으로 무엇을 성취할 수 있는지에 대한 비전을 보여주는 스토리다.

아디다스는 나이키를 모방하지 않았다. 그들은 운동선수의 사고방식을 가지고 정신과 마음을 쏟으면 무엇이든 가능하다고 믿고, 장애물에 도전하기 위하여 경기장으로 나아갈 수 있다는 비전을 보여주었다. 오프라인에서 디지털로 변한 글로벌 통합 캠페인 덕분에 아디다스의 브랜드 자산과 매출은 급격히 증가했다. 하지만 가장 중요한 것은 광고 문안과 단어 자체의 힘으로 아디다스 브랜드가 무엇을 의미하는지에 대한 시그니처 스토리를 들려주었다는 사실이다. 이것이 우뇌가 하는 역할이다. 감동적인 스토리를 소비자에게 전달하는 방법은 그다음에 뒤따라온다.

따라서 기술이 어떻게 발전하든지 간에, 우리가 4D 시대나 증강 현실과 오큘러스 리프트Oculus Rift(가상현실용 머리 장착 디스플레이-옮긴이) 시대에 살고 있든지 간에 스토리를 감성적으로 전달하는 일을 먼저 해야 한다. 말하자면 우뇌의 일이 우선인 셈이다. 스티브 잡스가 파산 위기에 처했던 애플로 복귀했을 때, 그가 애플의 중요한 글로벌 캠페인인 '다르게 생각하라'를 시작했던 것도 마찬가지 이유에서였다. 그 당시 애플은 아이팟, 아이패드, 아이폰을 생산하기 전이었고, 애플의 상징과 어울리지 않아 생산을 중단해야 할 맥 컴퓨터와 제품들이 수두룩하게 쌓여 있었다. 요약하면, 기술이 발전하거나 더 좋은 성능을 갖춘 더 값싼 제품이 계속 나오기 때문에 가격을 우선시하는 소비자 관점에서 투자해야 한다는 논리는 계속 적용될 수 없을 것이다. 처칠이나 마틴 루터 킹 목사가 사람들에게 전한 말들은 우리가 동경하고 간직하고 싶은 신념이기 때문에 사람들에게 계속 전해지는 것처럼, 우뇌는 시간의 시험을 견뎌낼 수 있도록 감성적으로 연결된 캠페인을 만들어냈다. 브랜드는 이것을 핵심으로 삼아야 한다. 또한 캠페인이 단지 말잔치가 아니라 브랜드가 그 말들을 지지한다는 사실을 증명할 수 있어야 한다.

그러므로 창조적이며 감성적 부분인 우뇌가 더 중요하다. 브랜드는 기능적 측면만을 강조하면 안 된다. 시그니처 스토리에 기반을 둔 콘텐츠는 오직 본질을 유지하며 다른 브랜드와 구별되는 핵심 가치로부터 전략적으로 출발해야 한다. 수십 년 동안 대표적인 고급 스포츠 시계를 만들기 위해 노력해온 태그 호이어Tag Heuer는 '어려움에 굴복하지 마라DON'T CRACK UNDER PRESSURE'라는 실감나는 글로벌 캠페인을 계속해왔다. 태그 호이어는 한때 저가 제품으로 분류되었지만 지금은 고급 대중 스포츠 시계를 만들려고 '노력'하고 있다. 이제 태그 호이어는 더 고급 시계인 브라이틀링Breitling과 같은 제품군에 속해 있다. 수십 년이 지난 오늘날에도 '어려움에 굴복하지 마라' 글로벌 캠페인은 메시지의 특이성을 현지에 맞게 조정하며 계속 업데이트되고 있다.

이 캠페인은 태그 호이어가 디자인이 '매력적'이고 내구성이 뛰어난 설계 덕분에 '압력에도 금이 가지 않는' 시계로서 기능적으로 내구성이 뛰어난 스포츠 시계를 추구하는 차별화 정책과 직접 연결된다. 따라서 소비자들은 인생 투쟁에 등장하는 모든 어려움을 이겨낼 만큼 충분히 강한 실체를 지닌 고급 스포츠 시계라는 가치 제안에 공감했다. 이렇게 '공감'을 기반으로 한 스토리가 감성적으로 고객과 연결되면 브랜드 자산 가치는 상승하고 다른 제품들과 차별화할 수 있다. 소비자의 통찰력과 일치하는 근본 개념을 바탕으로 하는 '시그니처 브랜드 스토리'가 변하지 않는 근본 원리이며, 이것은 브랜드 이미지를 상하게 만든다.

태그 호이어는 지난 몇 년간 더 많이 진화하고 발전했다. 그리고 '어려움에 굴복하지 마라' 문구는 회사의 대표적인 마케팅 메시지를 넘어 스위스 전체 시계 제조사들에게 핵심 방향을 제시하는 지표가 되었다. 소식통에 따르면 태그 호이어는 '어려움에 굴복하지 마라' 캠페인을 통해 젊은 소비자층에 초점을 맞추고 1990년대에 알려진 것처럼 젊은 층이 '살 만한' 가격대의 시계로 돌아갈 것이라고 한다.

세계적인 대기업 유니레버Unilever가 만든 수십 년 된 '화장' 비누인 도브Dove는 '1/4 보습제로 도브는 당신의 피부를 항상 촉촉하게 합니다'라는 선언을 바꾼 적이 없다. 역사적으로 도브가 갖고 있던 가장 큰 문제 중 하나는 P&G의 아이보리Ivory가 여전히 99.44% 순수한 비누라는 구호를 사용하는 데 비하여, 피부를 유연하게 하기 위한 도브의 1/4 보습제는 사실상 피부가 최상의 상태를 유지하도록 수소 이온 농도pH 균형을 맞춘 보습 성분이 일종의 찌꺼기로 남아 있어 완벽하게 깨끗하지 않다는 선입견을 남겼다. 수십 년이 지나고 지금은 비누뿐 아니라 페이셜 클렌징 폼에 이르기까지 무수히 많은 세안 제품들이 쏟아져 나와 경쟁이 치열해졌다. 이에 따라 도브는 일반 소비자들이 모방하고 싶어도 결코 도달할 수 없는 아름다운 슈퍼모델이나 연예인들을 위한 피상적인 브랜드가 아니라, 보통 사람들을 배려하는 비누라는 인식을 강화하려고 노력했다.

도브의 통찰력은 '미스 유니버스' 타입의 외모와 비교해볼 때 '완벽하지 않은' 당신과 당신 친구들처럼, 보통 사람들에게 적합한 비누라는 것이었다. 요컨대 꾸며낸 가짜 미인이 아니라 진짜 미인을 위한 비누라는 것이다. 그래서 그들은 친숙한 소비자와 진정한 공감대를 구축하기 위해 미美의 의미를 재정의하였고, 그것이 도브 브랜드와 연결된다는 믿음을 만들었다. 그 결과 '진정한 미인 캠페인Real Beauty campaign'이 탄생했다. 이 캠페인은 당신에게 몸무게, 나이, 피부결, 얼굴 구조 등 어떠한 결점이 있어도 진짜 아름다운 것은 진정으로 당신 자신이며, 겉이나 내면의 모습을 있는 그대로 받아들이는 마음의 자세를 의미한다.

도브는 어느 모델이 포토샵 조작으로 입이 떡 벌어질 정도로 아름다운 미인으로 변하는 과정을 보여줌으로써 '미인'이 만들어지는 과정을 묘사하는 글로벌 디지털 캠페인을 시작했다. 즉, 그런 미인은 '가짜'다. 반면에 도브가 정의한 '진짜 미인'이란 자기 자신을 있는 그대로 보여주는 사람이며, 같은 논리를 적용해 도브는 진정한 비누 브랜드라는 사실을 강조한다. 이런 통찰력은 여성들이 브랜드를 친근하다고 느끼면 그들은 단지 기능적 효능과 이익만을 추구하는 다른 브랜드로부터 마음을 돌이켜 믿음과 가치 체계를 갖춘 브랜드로 옮겨 갈 수 있다는 발상에서 탄생했다. 브랜드가 실제로 제공하는 경험과 소비자의 삶이 일치하는 시그니처 브랜드 스토리를 캠페인에 담아서 차별화되면서 적합한 공감대를 구축하려는 메시지 전달 전략은 '성공적인 캠페인'을 만든 원동력이 되었다.

도브의 '진정한 미인 캠페인'은 유니레버가 2004년에 시작한 전 세계 마케팅 캠페인이지만, 근본 원리와 소비자 통찰력은 오늘날에도 타당하므로 이 책에서 소개한다. 이 캠페인의 목적은 여성을 아름답게 만드는 것에 대한 개념을 정의하면서 모든 여성의 타고난 자연스러운 신체적 차이점을 긍정하고, 패션 광고에서 묘사된 '완벽한 모델 몸매'를 갖고 싶어 하는 세태에 반대하여 여성들이 자기 자신을 편하게 느낄 수 있도록 자신감을 고취하는 것이었다.

이 캠페인의 첫 단계는 일련의 광고판 광고에 초점을 맞췄고, 독일과 영국에서 시작하여 나중에는 전 세계에 게시되었다. 광고 사진에는 전문 모델 대신 저명한 초상 사진작가인 랭킨Rankin이 찍은 일반 여성들이 모델로 등장한다. 광고사는 길에 지나가는 사람에게 특정 모델이 "뚱뚱한가 아니면 아주 멋진가?" 혹은 "주름이 잡혔는가 아니면 멋진 모습인가?"라는 질문에 투표하도록 했다. 투표 결과를 바로 표시함으로써 광고판 자체를 생동감 있게 활용했다. 광고판 광고와 함께 유니레버는 '여성들을 자기 의심으로부터 해방하고 자신의 진정한 아름다움을 받아들이도록 격려할 수 있는 아름다움에 대한 새로운 정의를 창조할 것'이라는 목표 아래 '도브 리포트Dove Report'를 발표했다. 이 디지털 캠페인은 전 세계에서 경이로운 마케팅 성공을 거두었다.

이 모든 것이 우뇌가 작동한 것이다. 그것은 마음을 움직이는 뇌의 애매한 감정 영역이지 로봇 알고리즘에 의한 분석적 해부 영역이 아니다. 통찰력을 추출하는 데이터와 타당성을 검증하고 확인하는 절차는 알고리즘에서 가장 중요한 사항이지만 우선해서 추구해야 하는 것은 아니다. 15년 전만 해도 사람들이 화장품 브랜드를 생각할 때 고급 브랜드로 가장 먼저 떠올린 것은 샤넬Chanel, 겔랑Guerlain, 라 메르La Mer, 시슬리Sisley 같은 브랜드다. 그외 오리진Origin처럼 가격에 민감하고 목표 고객을 달리 세분한 브랜드도 다수 있었다. 일반적으로 화장품의 원산지를 생각하면 프랑스를 떠올리지만 바비 브라운Bobbi Brown과 맥MAC의 경우 원산지는 미국이나 심지어 이탈리아였다. 화장품 및 피부 관리 글로벌 브랜드와 어깨를 견줄 만한 아시아 화장품 브랜드로는 일본의 시세이도Shiseido 혹은 가네보Kanebo 정도를 꼽을 수 있을 것이다. 그것들은 특히 고급 캐비어를 함유한 라프레리La Prairie처럼 구체적으로 상류층 중년들을 목표 고객으로 설정한 전문 화장품 브랜드이거나 아르마니, 입생로랑YSL, 샤넬 등의 제품군에서 파생한 고급 패션 브랜드다.

최근 몇 년 사이 '화장품'이 '건강'과 융합하여 '피부 관리'라는 용어가 등장함으로써 한국의 K-뷰티는 세계로 퍼져나갔다. 이제 한국은 샤넬이나 로레알 등 글로벌 브랜드들이 다른 시장에 신규 제품을 내놓기 전에 실험용 시범 시장으로 활용하는 중요한 시험대가 되었다. 그 이유는 유럽 여성의 경우 평균 안면 관리 단계가 4.5단계인 데 비하여 한국 여성들은 13.5단계를 거치기 때문에 피부 관리 과정에서 한국 소비자들이 보편적으로 앞서고 있으며, 가장 까다롭다고 알려졌기 때문이다. K-팝을 포함한 K-컬처 붐과 함께 완벽한 피부를 지향하는 유명 연예인들이 출연한 K-드라마가 아시아 특히 중국 같은 거대 시장뿐 아니라 북미, 유럽 등 전 세계에 영향을 미쳤다. 닥터자르트Dr. Jart와 같은 피부 관리 브랜드의 가치를 계산해 보면 그것은 마치 미국의 글로벌 브랜드처럼 보이지만 사실상 한국 브랜드다. 그들은 특색 있는 상품과 BB크림과 같은 대표적인 상품을 성공적으로 출시함으로써 전 세계에 돌풍을 일으켰다.

그들이 이렇게 성공한 원인은 무엇이며, 제품 차별화 측면에서 화장품 성분 변화가 그렇게 큰 차이를 만들 수 있을까 하는 의문이 생긴다. 그 답은 '그렇다' 이면서 또한 '아니다'이다. 존재하지 않는 새로운 범주를 창조하기 위한 사용법, 핵심 성분, 새로운 용도 등 여러 요소와 차별화된 공감대를 보편적으로 구축하기 위한 브랜드 커뮤니케이션 노력이 핵심이라는 사실에서는 '그렇다'라고 답할 수 있다. 이런 맥락에서 닥터자르트의 브랜드 관리 시스템은 인구학적으로 서로 다른 특정 유형의 소비자 목표 집단과 심리적으로 일관된 공감 수준을 유지하려고 노력한다. 따라서 그들은 고객 세분화 이점을 희석하는 바람에 고객이 이탈하지 않도록 명확한 지침에 근거한 정책을 실행하고 있으며 또한 이들 내용을 분명히 잘 관리하고 있다. 그러나 브랜드를 만드는 아이디어는 목표 소비자와 지속해서 감각적으로 연결되는 경험과 이미지로 소비자의 마음을 움직여 감성적 애착을 불러일으키는 우뇌에서 나온다. 그들은 고객의 획득, 유지, 충성 프로그램 개발, VIP 소비자 추적, 수익성 없는 소비자 추출, 가장 잘 팔렸던 제품의 재생산 그리고 유지하지 말아야 할 제품 등을 관리하는 방법을 데이터로 추적하고 분석적으로 평가했다. 따라서 데이터, 분석, 예측 모델, 알고리즘 학습 및 공개 의견 수렴 시험 등을 기반으로 하는 기술 플랫폼은 모두 유용하지만, 그것들은 우뇌가 주도하는 앞단의 감정 촉발 측면과 관련된 방향, 검증, ROI를 정당화하는 좌뇌 영역이다.

한국어로 '태평양'이란 뜻을 담은 아모레퍼시픽Amorepacific은 한때 외국의 경쟁 화장품 회사들이 고율의 관세 때문에 가격을 올리지 않고는 진입할 수 없었던 폐쇄 경제 체제였던 내수시장조차도 이를 방어하려면 삼성처럼 글로벌 브랜드 자산과 다양한 브랜드 제품군을 구축하는 것이 중요하다는 사실을 깨달았다. 또한, 그들은 기업 영업 이익 측면에서 볼 때 싼 제품을 출시하여 가격을 낮추다 보면 결국 아무것도 남지 않는 '물량 위주의 저가 대량 판매 정책'을 펴는 것보다 '브랜드 자산의 힘을 갖춘 고가 정책'을 펴는 것이 투자비용을 정당화할 수 있겠다고 판단했다. 그래서 '개발도상국'으로 진출해야 한다는 일반적인 통념을 깨고 화장품 시장이 가장 발달한 국가에 진출한다는 과감한 결정을 내렸고, 그곳에서 성공 신화를 썼다. 그곳이 바로 미국이다.

그들은 전통적인 미디어에 막대한 마케팅 투자를 하는 기존의 방식을 따르지 않았다. 그들은 인플루언서들이 아모레퍼시픽 제품군에 자연스럽게 공명하고 피부 관리 방식에 신비감을 느끼게 하는 '아모레퍼시픽 방식'과 연결하여 최첨단 스파 시설이 딸린 최고급 체험 매장인 브랜드 이미지 경험 공간을 개발함으로써 매출이 확대된다는 사실을 깨달았다. 가격 전략 역시 이미지를 만드는 요인이다. 제품을 초고가로 유지하면 그것은 대중을 상대로 하는 '포용적'인 정책이 아니라 처음부터 '배타적'으로 상류층을 겨냥한 정책이다.

그들은 아시아와 한국에서 발견한 독특하고 특별한 성분 요소가 들어 있다고 강조하면서 색다른 제품으로 미국 소비자들을 공략했다. 유명인들이 아모레퍼시픽 쇼핑백을 들고 이미지 브랜드숍을 돌아다니는 현상을 통해 동양, 특히 한국이 제공할 수 있는 차별화된 본질과 혁신성을 자세히 보여준다. 머지않아 소문이 나고 광고 효과가 서서히 나타나기 시작했다. 일단 차별화된 포지셔닝, 메시지 전달, 콘텐츠, 포장을 포함한 제품의 이미지, 향과 질감 등 전반적인 감각과 사용법이 연결된 개별적인 '시그니처 스토리'를 담은 고가의 브랜드 상품군으로서 모태 브랜드의 이미지가 확립되자, 그들은 헤라HERA, 이니스프리INNISFREE 등과 같은 다른 제품군을 차별화하기 위한 전략적 계획을 고안한다. 이런 소식은 K-컬처의 붐을 타고 중국 시장을 넘어 아시아 태평양 시장으로 퍼져나갔으며 아모레퍼시픽은 아시아인의 피부 관리를 위한 화장품이라는 가장 수익성이 좋은 브랜드로 자리 잡았다. 아모레퍼시픽이 제품을 개발할 때, '아시아의 얼굴'이 되겠다는 비전을 갖고 모든 나라 사람의 다양한 피부에 적용할 수 있는 제품을 만들겠다는 것이 목표였는데, 이는 전 세계적으로 아시아인은 빨리 늙지 않고 피부 결이 티끌 하나 없이 깨끗하다는 믿음 때문이었다. 일본의 시세이도는 수십 년 세계 시장에 진출하여 아시아인들을 위한 것이라고는 했지만 특히 '일본인 위주'로 생각했다. 아모레퍼시픽은 이런 차별적인 이미지 포지셔닝과 공감에 착안했다.

좀 더 저가 브랜드인 빌리프BELIF의 각 제품은 출시된 지 불과 몇 년밖에 안 되었지만, 실제 수백 년 전에 살았던 허브 전문가로부터 영감을 얻어 허브 조제 기법 유산을 완전히 상속받아 200년 전통을 가진 브랜드처럼 스토리를 만들어 홍보한다. 더 나아가 한국 내수시장에서도 비용을 절감하고 국제적 감각을 키우기 위해 특정 성분의 포함 여부를 단순히 YES, NO 칸에 표시하도록 하는 등, 화장품 본체와 포장 용기에 영어를 사용했다. 예를 들어, 동물실험은 'NO', 천연 허브는 'YES', 인공 색소 없음은 'YES'로 표시함으로써 '신뢰'라는 영어 단어에서 e자를 빼고 만든 빌리프 브랜드가 상징하는 것과 제품의 실제 성분이 일치하도록 만들었다. 그 덕분에 모든 것이 투명해지고 소비자들은 판매 직원들의 장황한 설명을 듣지 않더라도 자신의 피부에 가장 잘 맞을 뿐 아니라 피부 유형에 적합한 제품을 제대로 구매했는지를 명확히 알 수 있다. 이렇게 제품의 구성 내용을 YES/NO 형태로 표시한 결과, 긍정적인 측면들이 고객에게 매우 간단하게 전달되고 즉각적으로 인식될 수 있었다.

또한 기본적으로 정직, 진심, 진실이라는 빌리프의 핵심 가치를 비전통적인 방식으로 전달하는 브랜드 커뮤니케이션도 시도했다. 회사는 브랜드의 '신뢰와 정직'이라는 이념을 고객이 공감하였는지 확인하기 위해 빌리프 제품을 담은 100개의 종이 가방에 GPS 태그를 부착하여 지하철에 무작위로 배치했다. 그런 뒤 가방이 없어졌는지, 지하철 유실물 센터로 전달되는지를 소셜 미디어를 통해 직접 확인할 수 있는 콘텐츠를 만들었다.

처음에는 가방들이 모두 사라졌다. 유튜브를 보던 소비자들은 아무것도 반환되지 않아 실망했을 것이다. 그리나 곧이어 GPS가 내장된 가방들이 한 장소에 모여드는 것이 숫자로 표시되었다. 그곳은 바로 지하철 유실물 센터였다. 그것은 사람들에게 정직, 투명성, 신뢰라는 가치가 살아 있다는 사실을 보여주는 계기가 되었다. 빌리프라는 브랜드로서의 가치와 그것이 무엇을 상징하는지에 대한 커뮤니케이션은 메시지 전달을 강조하는 주입식 광고나 전통적으로 해

오던 대형 매체를 통한 홍보 형태가 아니라 콘텐츠 개발이라는 비전통적인 방법으로 만들어지고 확대되었다. 따라서 브랜드 커뮤니케이션이 올바른 방식으로 이루어지려면 대량 데이터 분석과 분석기법을 적용하기 전에 감성적 측면을 관장하는 우뇌가 먼저 움직여야 한다. 고객 여정 지도가 이 사례에 적용되었고 기존 충성고객뿐 아니라 잠재 고객에게도 타당한 가치 시스템을 심리적으로 연결하여 빌리프 제품을 구매하는 고객 유형을 보여준다.

밀레니얼 세대를 대상으로 한 아모레퍼시픽의 이니스프리INNISFREE 계열의 피부 관리 제품과 화장품은 세계에서 가장 잘 팔리는 화장품 중의 하나다. 이니스프리 광고에 K-팝 연예인들이 출연하여 이니스프리는 제주도가 상징하는 천연 자연에서 추출한 성분을 사용한다고 선전한다. 제주도는 영양분이 가득한 화산섬이다. 이니스프리는 제품 성분을 입증하는 시그니처 스토리 콘텐츠로 이 사실을 지난 수년간 매우 일관된 방식으로 모든 커뮤니케이션에서 사용했다. 라네즈LANEIGE, 헤라, 이니스프리와 같은 브랜드 제품군은 브랜드 스토리 구성과 실행에서 다른 브랜드와 분명한 차이가 있다.

Case Study

빌리프의 브랜드 수성법

빌리프는 미국에서 출시된 이후 지속적으로 파장을 일으키고 있다. 그러나 피부 관리에 관한 인기가 높아지면서 새로운 K-뷰티 브랜드가 역시 미국에 진출하고, K-뷰티 모조품이 속속 등장하면서 빌리프 브랜드의 매체 점유율, 시장 점유율에 커다란 위협을 주고 있다.

빌리프는 '빌리프 K-뷰티 단어 도전'이라는 모바일 전용 마이크로 사이트microsite(특정 목적과 콘텐츠에 집중한 소규모 웹사이트-옮긴이)를 통해 소비자들을 교육함으로써 빌리프를 K-뷰티와 보습補濕의 거장으로 확실히 자리 잡기 위하여 디지털 마케팅 캠페인을 벌였다. 여기에는 재미있는 쌍방향 비디오 콘텐츠, 제품 시험, 표본 추출, 선물하기, 게임 등이 동원되었고, 모두 통일된 하나의 목소리를 낸다. 허브스팟HubSpot에 따르면 소비재의 평균 기회당 과금CPL(판매 기회가 발생한 횟수로 비용을 계산하는 온라인 광고비용 책정 방식-옮긴이)은 38달러인 데 비하여 이 캠페인으로 취득한 이

메일 주소를 기준으로만 100만 달러 이상의 투자 수익을 올렸으며, 캠페인 기간에 화장품 판매는 약 20% 증가했다.

이 모든 현상은 매력적인 라이프 스타일인 패션, 음악, 예술, 음식, 오락과 함께 K-컬처가 전 세계로 퍼져나가는 상황에서, 다른 주요 우수한 화장품 생산업체들이 그 즈음에 세계에 진출한 덕분이다. 이로 인해 K-뷰티 현상과 마케팅이 함께 교묘하게 어우러져 '한국산'이 이제 더 이상 이류 OEM 브랜드가 아니라, 품질이 좋고 가격의 정당성이 입증된 제품이라는 공감을 불러일으켰다.

브랜드 커뮤니케이션의 과제와 기회

마케팅 담당자들은 모두 브랜드 커뮤니케이션에 반드시 전략적 일관성이 있어야 한다고 생각한다. 이것은 기본적으로 소비자가 핵심 브랜드의 본질, 메시지가 가진 목표, 브랜드의 핵심적인 혜택을 수용하고 받아들이는 방식에 일관성이 있어야 브랜드를 적절하게 유기적으로 만드는 강력한 감성적 공명이 전체적으로 발생한다는 것을 의미한다.

인터넷이 지금처럼 발전하기 이전 시대에는 이러한 '전략적 통합'이 글로벌 마케팅의 이미지, 분위기와 방식, 메시지와 현지 적응이 기본적으로 동일하다는 것을 확인하는 정도였다. 즉 근본적이며 매우 단순한 차원이었다. 물론 시장과 브랜드 자산, 채택률의 상황에 따라 일부분에서 메시지 전달 방법과 이미지가 수정되었지만, 인쇄 광고, TV 광고, 옥외 광고, 이벤트 판매 촉진 행사 등이 동일한 외관과 느낌이 나타나도록 준비했다. 그때만 해도 여전히 조립형 통합 수준에 머물렀을 뿐이었다. 따라서 이러한 일관성을 추적하기 위해 삼성과 같은 대기업들은 일관성 평가 시스템을 구축했다. 글로벌 차원에서는 책임 있는 개인이나 자회사들을 일관성 유지 정도에 따라 평가했다. 또한 현지 차원에서는 사용하는 콘텐츠와 광고물들이 로고부터 색상에 이르기까지 전략적 통합 요건의 기본 원칙이 일관되게 표현되고 느껴지는지를 측정했다.

그러나 지금은 고객 여정의 틀, 고객 접점, 문화적 함축, 그리고 경쟁사와의 관계를 고려한 브랜드의 위치에 기초한 '어떻게'의 측면을 훨씬 더 신중하게 고려해야 한다. 지금 우리는 유기체 안에서 세포가 확장하는 속도처럼 고객의 참여와 확대가 하룻밤 사이에 일어나는 시대에 살고 있다. 따라시 지침, 리뷰, 시스템 구축에 근거한 브랜드 일관성 통제의 통합 방식을 사전에 규정하는 방식은 이제 구식이 되었다. 우리는 지금 마케팅 담당자들이 감성적으로 하나로 융합하였거나 사용자들이 조직적으로 만들어낸 수많은 온라인 콘텐츠와 오프라인 통합 콘텐츠, 거기에 추가하여 소비자 스스로 브랜드 일관성과 브랜드 목소리를 만들어내는 시대에 살고 있다. 그렇다면 이제는 이것을 어떻게 통제하고 관리해야 할 것인가?

긍정적인 측면은 브랜드 확장과 도달 범위가 세계적으로 일어날 수 있다는 사실이다. 하지만 부정적인 측면은, 제품이나 브랜드의 부정적인 영향마저도 마치 바이러스가 확장하는 속도처럼 디지털을 타고 하룻밤 사이에 전 세계로 확산할 수 있다는 사실이다. 따라서 위기 관리 정책 역시 디지털 게시물을 생성하는 것처럼 종전과는 다른 방법으로 실행되어야 한다. 게다가 예전에는 전통적인 미디어에 부정적인 내용이 실리면 광고마케팅 관리팀이나 광고마케팅 대행사가 협상을 통해 이를 차단하거나 없앨 수가 있었다. 하지만 요즘엔 개인 계정이나 블로그에 실린 글은 함부로 지울 수가 없다. 스마트폰이 존재하지 않았던 이전의 오프라인 세계와는 달리, 가상 세계에서 부정적인 콘텐츠가 실타래처럼 연결되고 얽혀 있어 수백만 명이 순식간에 접속하므로 사실상 통제할 수 없는 상황이 생겨난다.

오늘날에 사람들이 인터넷을 하루 24시간 일주일 내내 사용함으로써 스마트폰이 개인 생활의 일부분이 되었다. 스마트폰을 단순히 전화 통화에만 사용하는 것이 아니라 통합 미니컴퓨터로 사용하기 때문이다. 사람들은 스마트폰으로 사진 촬영, 콘텐츠 저장, 콘텐츠 사용, 게임 등을 할 수 있고, 수많은 기존 산업을 한순간에 구식으로 만들 수 있는 앱을 이용하며 특히 찾고자 하는 모든 정보를 순식간에 검색하고 파악할 수 있다. 스마트폰 때문에 거짓을 말할 수 없다. 상대방은 실제로 2초 만에 정보를 확인할 수 있기 때문이다.

따라서 브랜드 관리와 통합 점검은 완전히 새로운 차원에서 이루어져야 한다. 소비자들의 기분을 거스르지 않는 방법으로 통제하며, 소비자들이 브랜드에 대해 항상 긍정적인 자세를 취하고 전략적으로 타당한 체험 증언을 통해 브랜드를 옹호하도록 장려하며, 고객 수가 확대할 때 다른 그룹과 활발히 소통할 수 있도록 하는 것이 중요하다. 이것은 브랜드 위기 관리의 상황에서도 마찬가지다.

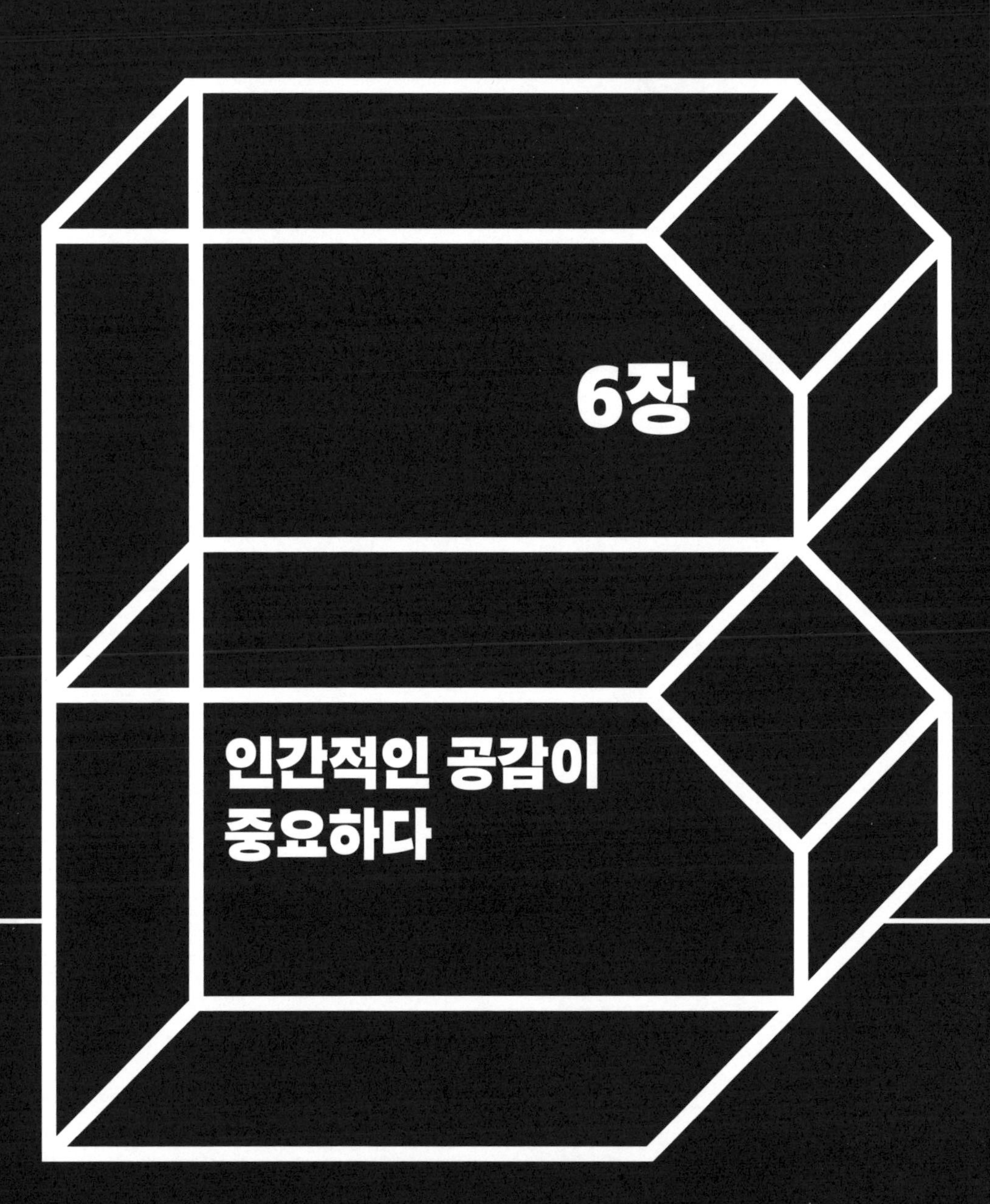

6장

인간적인 공감이 중요하다

BRAND

다양한 시장과 문화에서 브랜드 공감대 구축하기

사람들은 시장을 유럽, 북미, 아시아 태평양, 북아시아, 중동, 아프리카, 중남미로 구분하는 경향이 있다. 시장을 지역별로 구분하는 방법은 기업 내부 차원에서는 의미가 있을지 몰라도, 최근엔 더 중요하게 생각해야 할 것들이 있다. 바로, 마케팅에서 허용되고 안 되는 규제 제도, 정부 정책, 문화, 가치, 참여 방식, 라이프 스타일, 우선순위, 정치적 견해, 사회 시스템, 종교적 신념 등이 모두 나라마다 다르다는 사실이다.

기업들은 어느 한 국가에서 '시범적'으로 사용해 성공한 마케팅 계획을 다른 나라 시장으로 진출하는 프로세스의 표준 형태로 사용하여, 여기에 현지 지역 요소들을 반영해 변형한다. 시장 통찰력, 브랜드 위치, 유통 역학, 경쟁 상황 등은 물론 무엇보다도 고객의 라이프 스타일 여정이 시장 환경과 일치한다면 성공 확률이 더욱 높아질 것이다. 그러나 만약 그것들이 시장 환경과 다르다면 마케팅 계획은 성공하지 못할 수 있다.

어느 한 나라에서 엄청난 성공을 거둔 마케팅 계획이 '동일한 지역'으로 분류된 다른 나라에서는 작동하지 못한 이유가 궁금할 것이다. 게다가 비용 절감을 실현하고 현지 소비자의 마음을 움직일 '보편적인 통찰력'에 기초한 콘텐츠는 세계적으로 작동할 것이라는 믿음이 있다. 글로벌 캠페인을 실시할 때는 이것과 정확히 같은 방식이지만 잠재적으로 특정 시장을 좀 더 겨냥한 미디어로 변형하여 실시한다. 하지만 문제는 콘텐츠 자체가 작동하지 않을 수도 있다는 점이다. 효과가 있는 것도 있고 없는 것도 있다. 따라서 콘텐츠 개념에 대한 사전 테스트를 통해 각 시장에 대한 아이디어를 만들고 현지화해야 할 정도를 계산해야 한다. 이것은 핵심 세계화 전략 방향에서 시작하지만 특정 국가와 관련 있는 문화적 맥락을 반영해 완전히 새로운 브랜드를 구축하는 캠페인을 포함할 것이다. 따라서 해당 국가의 목표 집단과 공명할 수 있도록 스토리, 메시지에 사용하는 언어 등 모든 감각 요소를 포함해야 한다.

이제 본사 사람들은 일단 현지에서 만든 캠페인을 보고 나면 그 내용이 '지나치게 단순하다' 혹은 '관련성이 없다' 혹은 품질이 '좋지 않다'라고 주장할지 모른다. 그러나 그들이 깨달아야 할 것은 콘텐츠 친화력과 공감 구축은 해당 국가의 목표 소비자 그룹에 의해 이루어지는 것이지, 지구 반대편에 앉아 있는 사람이 무엇이 좋아 보인다거나 나빠 보인다고 판단할 내용은 아니라는 사실이다. 그들은 무엇보다도 마케팅 계획이 특정한 방식으로 만들어져야 하는 이유, 현지의 기대 기준, 전략적 통찰력에 대한 합의, 메시지 연결 방법 등을 이해해야 한다. 미디어 참여 관점에서 어떤 특정 미디어가 미국이나 다른 나라에서 사용하는 글로벌 미디어 플랫폼과 소셜 미디어보다 현지 시장에서 본질적으로 더 강력하게 소비자와 연결되는 이유도 알고 있어야 한다. 현재 우리는 소비자들이 디지털에 자유롭게 접근하여 엄청난 양의 지식을 축적하고, 연구와 조사를 기반으로 자신만의 통찰력을 갖추고 있으며, 여행도 마음껏 하는 세상에 살고 있다. 따라서 기업들이 소비자들을 속일 수 없으므로 커뮤니케이션은 반드시 진실해야 한다.

예를 들어, 다른 나라에서는 구글이 명백하게 사실상의 검색 엔진인 데 비하여 한국에서는 네이버가 지배적인 검색 엔진이다. 한국인들은 필요한 정보와 검색 목표를 찾기 위해 매우 뛰어난 여러 검색 엔진과 함께 네이버를 사용한다. 네이버는 라인LINE 플랫폼 서비스와 연계하여 사용자 경험의 기술과 기능뿐 아니라 특히 귀여운 라인 캐릭터의 콘텐츠를 활용해 다른 APEC(아시아태평양경제협력체 Asia Pacific Economic Cooperation) 시장으로 광범위하게 확장하며 생산적으로 활동하고 있다. 네이버와 다른 미디어 플랫폼이 혼합된 생태계에 대한 지식이 없다면, 한국인이 아닌 마케팅 담당자들은 왜 구글이 최적의 사용 검색 엔진이 아닌지가 궁금할 것이며, 다른 시장의 미디어 방향을 모방해야 한다는 논리에 대해 의문을 제기할 것이다. 다음으로 오프라인과 온라인 인프라 모두를 포함한 시장의 기술 발전 수준은 최첨단에서 초급 단계까지 상당한 차이를 보일 수 있다. 따라서 어떤 시장에 공급되는 제품이 획기적인 최첨단 기술의 특징을 보일지 모르지만 시장 인프라 차이 때문에 다른 시장의 사용 기준으로 판단하면 전혀 쓸모없는 것일 수도 있다. 그러므로 소비자의 '필요'와 핵심 역량이 브랜드 출시 시점에는 중요하지 않았지만 미래에 중요하게 된다면 브랜드를 차별화하는 방법은 달라져야 한다.

그렇다면 신제품 출시에 투자하는 것이 가능한가에 대한 질문이 등장한다. 신제품이 브랜드 후광 효과를 불러일으키는 이미지 향상 제품이 될 수는 있지만, 공감대를 구축하는 판매 제품은 하위 모델이 될 수 있다. 사실 세계에서 가장 큰 시장인 인도와 중국은 다른 시장들과 차이점이 항상 돋보인다. 초점은 시장 규모와 문화 시스템의 차이에 있다. 중국과 인도의 생태계에서 브랜드를 연결하기 위하여 사이코그래픽스psychographics(소비자의 행동 양식과 가치관 등을 심리학적으로 측정하는 기술-옮긴이)와 인구통계학적 관점으로 세분화한 각 하위 집단과 이들의 구체적인 참여 전략을 완벽하게 설명할 수 없다. 꿈에 그리던 최고급 제품을 사려는 중국 소비자들에게 우리가 단순히 유럽에서 얼마나 인기 있었는지에 대한 메시지를 전파할 수는 없다. 예를 들어 개인주의가 아니라 가족 중심적이고 섬세한 문화 시스템에 사는 인도 소비자들의 생활에 브랜드가 어떤 영향을 미쳤는지에 대한 통찰력을 근본적으로 제시하지 않고, 미국 브랜드가 최고 중의 최고라고 인도 소비자들에게 장담할 수 없다. 따라서 시그니처 스토리의 내용은 현지 지역 차원에서 공감대를 구축하기 위해 신중하게 표현되어야 한다.

마지막으로 글로벌 마케팅 담당자는 해당 시장에 대한 KPI를 기준으로 현지 시장에 맞는 브랜드 캠페인이 맞는지를 판단해야 한다. 또한 생산 표준은 물론 다른 시장에서는 작동하지 않거나 호소력이 없지만 특정 시장에서는 타당한 이유가 있어 효과적으로 작동하는 감각적 측면까지 아울러 주변 사항들을 관찰해야 한다.

무엇이 효과가 있고 무엇이 효과가 없는지를 묻는 간단한 질문도 마케팅 담당자의 심리적 상태나 인구학적 관점에서 판단해서는 안 된다. 그것은 소비자들의 가치, 포부, 삶의 궤적, 미디어 접점, 생활양식, 멋지고 좋고 나쁜 것을 결정하는 가치관 등 소비자들의 심리적 요소에서 시작해야 한다. 어른들이 5살짜리 어린아이들을 겨냥해 어쩌면 유치할 정도로 아주 단순하게 제작된 아이스크림 광고를 본다면, 그들은 "헉, 이게 뭐지?"라고 말할지도 모른다. 광고에 나타난 장면, 색깔, 간단한 신호 등이 어른이 아니라 아이들의 필요와 연결되기 때문에 같은 광고를 보고도 아이들은 다르게 생각할 것이다. 글로벌 브랜드 마케팅 커뮤니케이션에서 다른 나라의 문화로 각색할 때 이런 유형의 사고방식을 고려해야 한다. 다시 말해 모든 것이 똑같게 보이도록 하나의 모양, 하나의 느낌, 하나의 메시지를 만드는 것이 아니라, 현지 시장과 생생하게 공명하는 고차원적인 핵심 브랜드 비전과 메시지를 담아 목표 고객에 대한 마케팅을 맞춤형으로 실시해야 한다는 것이다. 그러려면 마케팅 담당자는 시장의 진화와 함께 움직이고 고객들의 목적에 맞는 스토리를 도출함으로써 지속해서 공감대를 구축할 수 있는 마케팅 플랫폼을 개발해야 한다.

어느 조직이든 성공적인 글로벌 마케팅 부서를 갖추기 위한 핵심 기준 중 하나는 '마케팅' 이전에 '글로벌', 즉 세계화가 무엇을 의미하는지를 근본적으로 이해하는 것이다. 사람들은 '세계화'를 선진화라고 해석하는 경향이 있다. 왜냐하면 선진국인 미국이 대표적으로 혁신의 모든 범주를 선도하고 있으며 미국은 '세계화'를 의미하는 여러 민족으로 구성되어 있기 때문이다. 하지만 그것은 '세계화'가 아니라 '미국화'다. 이는 '기회와 자유의 땅'이라는 용어에서 나타난 것처럼 미국이 상징하는 것을 이해하고 도덕적 가치를 갖고 '미국인'으로서 삶을 살며 국가 시스템에 순응한 것을 의미한다.

'세계화'한다는 것은 다른 문화의 차이점을 수용하고 그것들을 흡수하며 재해석함으로써 비록 다른 문화라고 할지라도 상호 이해와 관계 구축, 커뮤니케이션이 일어날 수 있도록 공감하고 연결하며 소통하는 것이다. 그것은 비강제적, 비국수주의적 차원에서 솔직함, 이해심, 공감에 관한 것이다. 따라서 매출 증대를 위한 전면적인 브랜드 구축 전략을 수립하기 전에 세계화에 대한 접근 방법과 절차를 분명하게 이해하고, 각 시장의 해당 요인들이 본사의 방침 혹은 방향과 맞는지를 점검하는 절차를 사전에 신중하게 검토해야 한다.

나는 한때 이름 있는 시카고의 글로벌 광고사에서 근무한 적이 있다. 그때 운 좋게도 세계적으로 가장 유명한 프랜차이즈 브랜드의 광고 업무를 담당했다. 우리 광고사는 그 브랜드의 본부 역할을 했다. 따라서 핵심 브랜드 전략은 시카고 밖에서 개발되었으며, 우리는 미국이 다문화 마케팅이 필요한 다원화 국가이므로 다양한 민족이 운영하는 광고사와 마케팅 대행사들에 광고 전략을 요약하여 설명했다. 우리는 통합과 품질 관리를 담당하면서 네트워크 광고사로 전 세계 시장을 세분화하는 글로벌 브랜드 플랫폼과 아이디어 방향을 고안했다. 어느 기획 담당 임원은 "우리가 세상을 대표하니까 그들이 우리를 따라와야 한다"라고 주장했다. 그런 주장이나 마음 자세는 치명적으로 나쁜 결과를 가져오므로 세계화에 반대되는 말이다. 이것이 벌써 20여 년 전의 일이다. 그 회사에도 분명히 변화가 있었을 것이다. 그러나 그런 마음 자세를 가진 사람은 전 세계가 하나로 연결된 지금과 같은 디지털 세계에서는 성공할 수 없다. 우리는 예전처럼 상명하복식 세계가 아니라 문화적 존중, 소통 능력, 관련성을 높이기 위해 차이점을 수렴하고 최적화하며 관련 절차를 간소화하는 능력 등이 필요한 세계에 살고 있다.

협업을 위한 공감이 필요하다

사업 협상이든 술을 마시기 위하여 다른 문화권 사람들이 모인 것이든 간에, 사람들 사이에 어떤 종류의 유대감과 좋은 공감대를 구축하려면 각 개인의 문화적 차이점을 존중하고 이해해야 하며, 그것을 소통하는 '노력'이 있어야 한다. 이것은 다른 무엇보다 적극적으로 확실히 다루어야 하는 문제다.

만약 이것을 고려하지 않으면 단순한 의사결정 과정이 복잡해질 수 있고 무엇보다도 해석이 잘못될 수도 있으며, 의사소통이 틀어지고 때로는 무례하다는 감정이 생길 수도 있다. 상대방이 우리의 행동을 이해한다고 가정하거나 기대할 수 없다. 따라서 모든 사람이 원만하게 의사소통할 수 있도록 배우고 이해하고 노력해야 한다. 즉 존경, 절차, 이해력 등이 균형 있게 작용하여 공감대를 구축하며 신뢰로 이어지는 것을 의미한다. 단기적으로, 문화적 장벽을 뛰어넘는 공감을 통해 거래가 성사될 수 있다. 당사자 간의 참여는 모든 사람이 같은 상황에 있지만 공유한 목적과 목표에 관한 사고방식은 독특할 수 있다는 믿음을 기반으로 시작할 수 있다.

종종 이런 사실을 가볍게 여기거나 단순히 이해하지 못한 채로 아이디어를 제시하거나 다른 문화에 있는 상대방을 설득하려고 할 때가 있다. 그런 상태로 사업 관계를 구축하려는 접근 방식을 취하다 보면 상대방이 실제 화가 났어도 알아채지 못하거나, 그들에게 오해와 불신을 일으킬 만한 어떤 잘못을 저질렀는지 인식도 못한 채 넘어갈 수도 있다.

한국 기업이 글로벌 미국 광고사와 마케팅 설명회를 하는 상황을 예로 들어보자. 설명회에 한국 기업에서 10명, 미국 광고사에서 5명이 참석했다. 한국 참석자 10명은 고위 임원이 중앙에 앉고 양측에 다른 임원과 관리자들이 서열에 따라 앉는다. 미국 참석자는 별다른 생각 없이 섞여서 앉는다. 회의가 진행되면서 미국 측은 참석자 모두 미디어, 크리에이티브 개발, 고객 참여 운용 구조와 같은 전문 분야에 관해 고객 서비스 방법, 아이디어, 방향에 대해 이른바 자신들의 '견해'를 발표한다. 물론 가장 고위 임원이 회의 운영을 주도하지만, 보통의 경우 회의에 참석한 모든 사람이 일반적으로 자신의 전문 분야에 관한 의견을 제시한다. 그러지 않는다면 회의에 참석하지 않았을 것이다. 즉 미국인들의 사고방식은 의견이 없으면 회의에 참석할 이유가 없다는 것이다.

하지만 한국의 경우엔 조금 다르다. 리더만 목소리를 내고, 리더가 참석자들에게 특정 상황에 대해 어떻게 생각하느냐고 의견을 물어봐야 그제야 목소리를 낼 것이다. 요컨대 회의에 참석한 10명 중 오직 한 사람만이 회의를 이끌고 의견을 이야기한다. 미국인의 관점에서 보면 다른 9명이 회의에 이바지하지 않는다면 그들이 왜 그 회의실 안에 있는지 궁금할 것이다. 한국인이 보면 리더가 조직을 대표해 목소리를 내는 것이 의전에 맞는 행동이며 존경심의 표출이라고 생각한다. 회의실 안에 있는 나머지 사람들이 의견이 없는 것이 아니다. 이것은 기업과 문화의 차이를 모두 보여주는 사례다. 한국 회사는 회의 석상에서 부하 직원이 발언한다면 가장 높은 고위 임원에게 감히 의견을 제시한다고 무례하게 생각할 수도 있다.

또 다른 예는 저돌적인 태도와 부드러운 태도에 관한 예다. 가령 일본의 기업 문화에서는 실제 비즈니스 대화나 '거래'가 이루어지기 전에 '신뢰'를 위한 '관계 구축'이 필요하다. 따라서 일본인들은 일반적으로 매우 공손하지만 주로 업무 시간 후에 저녁 식사를 하면서 더 가볍게 만나는 것이 훗날 함께 일하는 데 중요한 '공감대 구축'과 '서먹서먹함을 없애는 데' 이바지할 것으로 생각한다. 하지만 미국 광고사나 기업의 경우 출장자가 일본에 도착하면 곧장 고객 회사로 달려가 주요 안건에 대한 일정을 협의하고 의견을 제시하며 힘 있게 악수하고 주요 논의와 합의를 끝마친 '다음'에 '결속'의 시간에 적절히 참여한다는 규칙을 따를 것이다. 사실상 이런 방식은 일본의 기업 문화와 '반대'다. 따라서 이런 문화적 규약과 가치를 이해하지 못한다면 상호 이해와 업무 개시 과정의 가장 근본이 되는 인간적인 이해 단계부터 글로벌 파트너십이 구축되지 못할 것이다.

다른 문화를 접하기 전에 복장, 몸짓 등 문화적 요소를 분명하게 검토해야 한다. 예를 들어 서구 문화에서는 상대방이 악수를 힘차게 하고 눈을 똑바로 바라보면 그로부터 자신감, 열정, 적극성을 느낀다. 하지만 연장자를 존경하는 일본과 한국 등 일부 아시아 문화권에서 하급자는 손을 슬며시 내밀어 악수하고 눈을 직접 마주치지 않는다. 또한 자신의 고위 간부들과 함께 참석한 회의에서 의견을 말하는 것도 무례하게 비칠 수도 있다. 서양 문화권에서는 그런 몸짓과 행동은 유약하거나 자신감이 부족한 징후로 오해하고, 눈을 마주치지 않는 모습에서는 뭔가 투명하지 않다고까지 생각한다. 따라서 다른 나라의 문화 규약과 가치를 이해하고 존중하며 통합하는 것이 중요하다.

공유 목표를 위한 글로벌 작업

젊고 열정적인 관리자들은 외국에서 일하고 싶어 한다. 국제적 견문을 넓히고, 다른 문화를 배우며 해외의 매력적인 라이프 스타일을 경험한다는 측면에서 이것은 매우 값진 경험이 될 수 있다. 다만, 새로운 근무지가 같은 회사의 네트워크에 있더라도 본국 밖에서 근무할 때 겪게 될지도 모를 위험과 단점을 미리 인식하고 이를 대비하고 극복하는 것이 중요하다.

브랜드 커뮤니케이션 관리에 성공하려면 세 가지 핵심 분야에서 뛰어나야 한다. 첫째, 역할과 책임의 범위를 분명하게 이해해야 한다. 둘째, 다수의 이해관계자가 참여하는 조직에서 새로운 구성원과 내부적 혹은 외부적으로 잠재적인 공감대를 구축하려면 문화적 통합을 위한 역할이 필요하다. 그리고 마지막으로 브랜드 관리 관점에서 직무 기술서가 요구하는 새로운 임무를 수행할 수 있는 능력인 균형 역할을 잘해야 한다.

당신이 어느 특정 현지 시장에서 글로벌 브랜드를 구축하는 데 탁월한 능력을 갖춘 마케팅 담당자라고 해보자. 글로벌 브랜드를 구축해야 할 곳은 한국 시장이다. 본질적으로 당신은 한국 마케팅 담당자로서 그리고 한국인으로서 한국 시장에 대한 이해 수준뿐 아니라, 문화적 색채가 짙은 한국 시장에서 성공적으로 통찰력을 추출하고 그것을 전략화하며 통합할 수 있는 능력이 탁월하다고 인정받을 수 있다. 한마디로 브랜드 커뮤니케이션 계획을 세우는 것이든,

팀으로 함께 일하는 것이든, 현지 지역 차원에서 모든 분야의 공감대가 서로 연결되어야 한다. 만약 당신이 현지 시장을 벗어나 근무한다면 새로운 시장의 관점에서 다른 측면을 볼 수 있는 능력이 있어야 한다. 지역 본부 차원의 브랜드 관리라면 여러 현지 시장 차원에서 브랜드를 운영하는 역량을 길러야 한다. 예를 들어 아시아 태평양 지역 본부의 담당자는 가장 먼저 각 현지 시장에 대한 회사의 전략적 원칙, 소비자의 호응도, 현지 조직의 운영 방식, 특정 시장의 다양한 경쟁 상황에 대한 브랜드 입장, 그리고 현지 자회사의 영업과 마케팅 목적이 무엇인지를 이해해야 한다. 현지 시장마다 목표가 있지만, 이것은 거슬러 올라가면 아시아 태평양 지역 차원의 브랜드 구축과 매출 목표로 이어지고, 이것은 다시 상부 조직인 글로벌 본부의 원칙으로 연결된다. 이것은 선형 깔때기를 타고 아래로 내려오는 것처럼 복잡한 과정을 거쳐야 하며, 이를 헤쳐 가려면 다양한 수준의 항법 능력을 갖춰야 한다. 특정 시장에 맞는 브랜드를 올바른 방식으로 이끌기 위한 단일 공유 목표를 구축하려면 내부 정치, 즉 다양한 사람들의 서로 다른 의제와 관점 등을 이해할 수 있어야 한다. 따라서 이러한 이해, 준비, 노력 등이 없다면 통합 역할은 없어질 수 있으며, 브랜드 관리를 통해 올바른 방식으로 매출을 구축해야 하는 책임도 잘못될 수 있다.

현장 수준에서 경쟁하는 것이 아니라 프로젝트의 전략적 일관성을 보장해야 하므로 특정 시장의 목소리를 지역 본부 수준에서 올바른 방식으로 전달하는 관점 또한 중요하다. 만약 어떤 사람이 지역 본부에서 근무하는 것이 아니라 다른 현지 시장으로 파견된다면, 그것은 대부분 그가 이전에 담당했던 시장에서 고객 공감대 구축을 위해 브랜드 커뮤니케이션을 구축하고 활성화하는 데 성공적으로 큰 성과를 거두었기 때문이다. 똑같은 논리가 모든 시장에 적용되지만 문화, 정치, 사회, 규제, 관계 민감성 등을 반드시 세심하게 고려해야 한다. 비록 업무 처리와 보고 체계가 글로벌 통합 절차로 운영되는 글로벌 기업이라 할지라도 나라마다 문화적 차이가 있으므로 각 현지 시장의 사무실에서 일하는 속도와 절차, 관점의 도출 방법이 다르다. 따라서 당신은 한국이나 미국에서 일하는 수준으로 인도나 일본에서 일하는 것을 기대할 수 없다.

이제 다국적 기업에서 '정치'가 무엇을 의미하는지를 살펴보기 위해 내가 고위 임원으로 있었던 글로벌 마케팅 광고사에 관해 이야기하려고 한다. 이 사례는 내가 앞에서 언급한 요소들을 다양한 방식으로 보여준다. 내가 젊었을 때 본사뿐 아니라 해외 자회사에서 여러 가지 브랜드 커뮤니케이션 관리 업무를 수행했다는 사실을 생각하면, 나의 경험에 포함된 시사점과 대안 선택은 나름대로 의미가 있을 것이다. 뉴욕 본사는 일본 요코하마에 본사가 있는 세계 최대 자동차 회사를 담당할 임원으로 나를 선발했다. 원래 이 광고사의 현지 팀에 소속된 현지인이 일본 국내 시장을 담당했지만, 고객사의 글로벌 커뮤니케이션 전략 개발, 관리, 글로벌 제휴에 관한 전반적인 운영은 광고사의 뉴욕 본사가 맡았다. 그곳에서 전략, 크리에이티브, 미디어, 디지털 분야의 전문가들로 구성된 광고사 최고 임원들이 일본에 본사를 둔 글로벌 고객사를 사실상 담당했다. 시간대가 차이가 나기 때문에 제대로 된 통합과 실시간 참여가 이루어지지 않아, 나는 일본 고객사의 본사와 글로벌 광고사의 뉴욕 본사를 연결하는 고위 경영진으로 통합 리더 역할을 맡았다.

일본은 원전 폭발 사고로 어수선한 분위기였지만 나는 도쿄에서 근무하려고 한국을 떠나 일본으로 갔다. 그 당시 뉴욕 간부들이 내게 말해주지 않은 사항이 여러 가지 있었다. 첫째, 내가 새로운 직책을 맡기 전에는 전임자들이 6개월씩만 근무했다는 사실이다. 둘째, 내가 맡은 역할은 현지 광고사 CEO의 부수적인 역할이었다. 다시 말해서, 일본인 CEO는 글로벌 고객사를 담당하는 수장으로 뉴욕과의 업무 연락을 책임졌지만, CEO 직책을 유지하는 동안 그 역할을 제대로 수행하지 못했다. 또 다른 사항은, 내가 팀으로 결속하는 역할을 해야 하는데도 16년차 베테랑 크리에이티브 담당 임원과 함께 일해야 한다는 사실이었다. 그 사람은 다른 생각을 하고 있었다. 나의 역할로 인해 자신의 고객 연결 역할이 약해질 것이며, 따라서 자신의 본래 임무인 '크리에이티브 콘텐츠 관리'만을 맡게 될 수도 있다고 판단했다.

그래서 결국 나는 내가 현지 광고사에서 상임 임원으로 일하는 것을 원하지 않는 적대적인 현지 CEO와 마주하는 상황에 놓이게 되었다. 또한 그곳에는 글로벌 본사에서의 나의 지위뿐 아니라 고객과의 실적 때문에, 특히 나이로 볼 때 자신의 역할이 위협받을 것이라고 생각하는 본사 파견 베테랑 크리에이티브 담당 임원도 있었다.

나는 역동적으로 소용돌이치는 회사의 한가운데에 있었다.

일본인 CEO는 내가 도착하자마자 기술적으로 나의 지원팀을 해체했다. 나는 함께 일할 직원들을 스스로 찾아야 했다. 그는 지원팀을 다른 부서로 이동시키고 나에게는 고객사를 하나도 넘겨주지 않았다. 동시에 크리에이티브 담당 임원은 내가 축출된 일본인 CEO와 협력하고 있다는 거짓 정보를 뉴욕 본사에 전달하였다. 만약 그때 내가 모국에 있었다면, 나 자신의 네트워크와 관계망을 이용해 모국어로 항의할 수 있으므로 그 과정을 중단시킬 수 있고, 항의 자체도 훨씬 더 강력하게 했을 것이다. 그때 내가 배운 것은 '겉으로 보이는 것이 전부가 아니다'라는 사실이다. 현재 처한 상황이 실제보다 명함만 화려해 보일 수 있다. 어느 조직이나 수입과 혜택이 커지면 위험도 같이 커진다. 소득이 현저히 높아지면 책임도 더 커지고, 회사를 떠나야 할 위험도 더 커진다. 그러므로 기업 문화, 운영 역학, 관계 역학, 보고 체계, 구체적인 책임과 평가 기준, 수행 방법 등을 사실에 근거한 입증 자료와 함께 미리 서면으로 합의하고 명확하게 정의해야 한다.

애석하게도 기업의 승진 사다리를 오를 때, 특히 브랜드 커뮤니케이션이 중요한 마케팅 분야에서는 CMO의 임기가 그리 길지 않다. 마케팅 조직을 이끄는 CMO의 역할은 '비용' 부문으로 간주한다. 영업팀처럼 매출을 증대해 돈을 직접 벌어들이는 것이 아니라 브랜드 자산을 이용해 고객들과 연결함으로써 매출을 증대하려고 투자하기 때문에 마케팅 부서는 돈을 쓰는 부서다. 유통 문제든 가격 전략 문제든, 기업 사업 전략의 전반적인 계산 착오든 간에 매출이 감소하는 이유는 무수히 많다. 그러나 매출 감소는 대부분 가시적으로 제품을 생산하는 것도 아니고 객관적으로 검증되지 않은 콘텐츠와 전략 등 무형의 프로젝트를 수행하는 마케팅 부문에 영향을 미친다. 어떤 조직이든 매출 증가와 영업 이익이 가장 중요하다. 그 중앙부 핵심에 마케팅이 있다. 만약 매출이 줄면 그 비난의 화살은 곧바로 마케팅 쪽으로 향한다. 가장 마지막에 산출되는 영업 이익은 공급자 비용과 유통업체 비용, 그리고 다른 여러 요소의 영향을 받아 결정되기 때문이다. 브랜드 커뮤니케이션은 무형의 스토리 구축을 통해 고객과의 공감대를 구축하고, 소비자의 마음속에서 가시화되므로 고객이 제품을 구매하고 다시 구매하도록 소비자의 마음을 움직일 수 있는 어떤 형태의 조치가 필요하다. 따라서 내부 부서와 외부 당사자 등 다수를 통합하는 능력 외에 근본적으로 전략적이고 분석적이며, 유연한 창의적 사고 능력의 조합이 필요하다.

글로벌 브랜드 커뮤니케이션에서 광고사의 역할

모든 마케팅 고객들은 그들의 광고사들이 브랜드 자산을 활용하는 것뿐 아니라 매출에 이바지하는 최고의 브랜드 커뮤니케이션 전략, 콘텐츠 구현, KPI 측정 도구를 개발하기 원한다. 매출 변동에 영향을 미치는 요인은 마케팅을 포함하여 무수히 많다. 따라서 마케팅이 매출 상승과 하락의 유일한 원인이 될 수는 없다. 잘못된 브랜드 커뮤니케이션을 부추기는 잘못된 마케팅은 의심할 여지없이 브랜드에 대한 소비자의 호감을 저해할 것이다. 올바른 마케팅은 고객과의 연결을 구축하는 데 도움이 되지만, 근본적으로 브랜드 경험은 입증된 제품 성능을 통해 이루어져야 한다.

삼성은 수십 년 전에 저가 제품을 대량으로 생산하던 OEM 회사에서 벗어나 자체 브랜드를 사용하는 고가 제품 제조회사로 변모하였다. 이를 달성하기 위해 삼성은 전담 글로벌 광고사에 "전 세계 소비자들을 대상으로 한 브랜드로서, 전 세계가 삼성의 가치에 공명할 수 있는 영감이 깃든 브랜드 광고를 개발해달라"고 요청했다. 광고 제목을 '전 세계가 우리에게 영감을 불어넣어준다'라고 결정했다. 그 광고는 뛰어난 품질의 중량감 있는 작품이었으며, 세계 3대 광고제 중 하나인 뉴욕 페스티벌New York Creative Festival for advertising의 '음악 작곡' 부문에서 상까지 받았다. 그것은 삼성이 세계의 아름다움에서 어떻게 영감을 받는지를 표현하고, 삼성의 혁신적 우위를 보여주는 '개념' 제품을 선보임으로써 삼성 브랜드를 홍보하려고 했다. 지금은 고인인 당시 삼성그룹 회장은 CNN에서 이 광고를 한 차례 본 뒤 경영진에게 광고를 즉각 중단하라고 지시했다. 그 이유는 만약 삼성이 광고에서 보여준 경험을 고객들에게 제공하지 못한다면, 광고 내용은 사실이 아니고 거짓말을 하는 것이기 때문이었다. 고객들이 삼성 광고를 보고 그런 '훌륭한' 제품을 구매하러 매장에 갔는데, 그런 제품은 존재하지 않았던 것이다. 그것은 마치 당시 매우 저가였던 현대자동차가 BMW 같은 고급 자동차 제조사보다 더 우수한 자동차를 생산할 것이라고 홍보하는 것과 같다. 지킬 수 없는 약속이란 회사 내부의 환상에 불과하다.

이 예화의 교훈은 브랜드의 약속은 진실하며, 고객의 경험과 연결돼야 한다는 것이다. 이러한 생각은 그 당시에도 진실이었지만, 경쟁자들이 무수히 존재하고 고객들이 언제 어디서든 인터넷을 통해 더 다양한 지식을 습득하며 제품을 사용한 후에 브랜드에 대한 긍정적 의견과 부정적 의견을 모두 증폭시킬 수 있는 지금 시대엔 그 어느 때보다 한층 더 올바른 생각이다. 수년에 걸쳐 구축한 브랜드라 해도 치명적인 소문이 인터넷을 타고 하룻밤 사이에 바이러스처럼 퍼져나갈 수 있기 때문에 이런 사태 자체가 마케팅 조직에 두려움을 준다. 위기관리가 어느 때보다도 어렵고 힘든 일이 되었다.

우리는 이제 소비자들이 브랜드 옹호자로서 백기사white knight가 되기도 하고, 어쩌다 브랜드에 등을 돌리면 최악의 원수가 되는 시대에 살고 있다. 따라서 온라인, 특히 소셜 미디어를 적절하게 관리하는 것이 상당히 중요하다. 브랜드가 상징하는 제품이 어떤 위치에서 실제로 어떻게 가치를 제공하는지가 어느 때보다도 중요해졌다.

광고사가 '마케팅 커뮤니케이션' 또는 '브랜드 커뮤니케이션 전문가'로 인정받고, 고객사들과 소속사에서 '창의적인 전문가'로 전폭적으로 존경받던 시절이 있었다. 그들은 기술 혁신과 융합에 기반한 데이터, 인공지능, 성과 마케팅, 디지털 분석, 플랫폼, 소셜 미디어 등이 등장하지 않았던 디지털 시대 이전에는 사실상 광고만 했기 때문에 '광고 대행사'로 불렸다. 하지만 시대가 바뀌었다. 광고사가 담당하는 범위가 훨씬 더 복잡해지고 다양해졌다. 요약하면 광고사의 책임 지수가 여러 측면에서 훨씬 높아졌다.

글로벌 기업들은 전 세계 네트워크를 보유한 글로벌 광고사들과 함께 일하려고 한다. 그 이유는 글로벌 광고사들은 자신들의 글로벌 브랜드를 위하여 전 세계에서 표준화된 서비스 제공이 가능하며 전략적 일관성, 콘텐츠 관리, 자원 조달 표준, 비용, 자체 네트워크와의 커뮤니케이션 등을 전 부문에 걸쳐 동일한 수준으로 통합할 수 있을 것으로 믿기 때문이다. 사실, 그것은 타당한 생각이다. 글로벌 고객사를 담당하는 광고사 본사가 글로벌 네트워크의 품질 표준을 관리하고 모든 광고물을 통합하며, 그들을 대신해 매일 각 광고사의 현지 광고사와 고객사의 현지 자회사들의 관리를 책임지는 중심 역할을 하기 때문이다. 예를 들어 거대 광고사 지주회사인 IPG의 자회사인 맥캔 에릭슨McCann Erikson은 수십 년 동안 코카콜라 광고를 담당했다. WPP 그룹의 자회사인 오길비 앤드 매더Ogilvy & Mather는 수십 년 동안 유니레버Unilever를 담당했으며, 프랑스 퍼블리시스 그룹Publicis Groupe의 퍼블리시스 네트워크는 로레알L'Oréal과 르노Renault의 전 세계 광고를 담당했다.

최첨단 신기술, 미디어, 콘텐츠 융합, 훨씬 더 강력한 전략적 기술, 그리고 데이터 분석 및 디지털 기술 등에 대한 다양한 자원 조달 능력에 관한 요구사항이 등장하면서, 대형 광고사들은 KPI에 기반을 둔 성과를 달성하기 위해서 고객사들이 요구하는 속도를 따라잡을 수 없었다. 따라서 한때 많은 '광고사 사람'이 근무했던 고객사들은 글로벌 광고사의 활동에 다른 형태로 참여하기로 했다. 일단 단독 글로벌 광고사 네트워크가 원스톱 솔루션을 제공할 경우, 이제 고객사들은 전문 분야와 관련한 특정 마케팅 커뮤니케이션을 수행하기 위해 기본적으로 '업계 최고 중의 최고'를 원한다.

따라서 광고사들은 수입收入 유지와 방어 차원에서 필요 역량이 '회사 내부'에 없다면 고객사의 요구를 충족하기 위해 인수 · 합병을 단행하고, 인재 집단의 포트폴리오를 전환하거나 변경하면서 전략적 제휴를 시행하고 합작 법인을 설립한다. 현지 광고사들이 글로벌 기업들과 개별적으로 계약하려고 한다면, 다양한 광고사를 거느린 글로벌 지주 광고사들은 글로벌 고객사들의 마케팅 커뮤니케이션 요구사항을 충족하려고 '맞춤형 광고사 네트워크 참여 시스템' 구축을 위한 계약을 그들과 직접 체결할 것이다.

예를 들어 지주 광고사들은 디지털 부문은 디지털 전담 광고사, 광고 부문은 네트워크를 많이 보유한 더 전통적인 광고사, 적응 등의 현지화 부문은 유통 관리 전담 광고사, 전략 부문은 브랜드 컨설팅 광고사가 진담하는 구조를 고객사에 제안할 것이다. 가령 닛산을 위한 '닛산 유나이티드', 삼성을 위한 '팀 삼성', 애플을 전담하는 말MAL(Media Arts Lab의 약자–옮긴이)이라 불리는 옴니콘 그룹Omnicom Group의 TBWA의 자회사처럼, 글로벌 광고사들은 한 가지 표어나 브랜드로 '그룹 내' 서로 다른 광고사들을 통솔하기 위해 리더십 역량을 갖춘 중앙 집중식 팀을 구성할 것이다.

글로벌 고객사 관점에서 보면 이것은 특히 마케팅 역량, 미디어 관리, 예산 전용, 인력, 정치적 영향력의 행사 등 모든 것을 갖춘 글로벌 지주 광고사가 전담하는 이 '통합 혼성팀' 안에 자신들이 필요로 하는 모든 역량이 존재한다는 사실을 다시 확인하는 신호였다. WPP 그룹은 세계적인 담배 회사인 브리티시 아메리칸 타바코British American Tobacco, BAT의 전담 글로벌 네트워크로서 G2 월드와이드G2 Worldwide와 오길비 액션Ogilvy Action을 갖고 있다. 두 광고사는 서로 다른 시장에서 균형 있게 활동했지만, BAT를 최우선 순위 고객으로 대우하는 '지오메트리Geometry'라는 전담 광고사 네트워크로 개편되었다. 그러나 이런 통합 네트워크를 갖춘다 해도 고객들은 '절대 완전히 만족하지 않으며' 다른 경쟁 광고사 네트워크는 언제나 존재한다. 그룹 차원의 광고사들과 개별 전문 광고사들은 통합 네트워크 구축에서 합의한 영역의 '재능 있는' 사업은 물론 잠재적으로 '범위를 벗어난' 사업을 따내려고 고객사의 문을 두드린다. 경쟁으로 인한 수익 감소를 막기 위해 WPP는 지오메트리가 뺏기고 있는 어떤 특정 광고물을 취급하는 '신디시스Synthesis'라는 또 다른 그룹을 만들어 다른 광고사와의 경쟁으로 인한 손실을 방지할 수 있었다. 따라서 브랜드 커뮤니케이션 구축 분야에서 소규모 광고사는 물론, 글로벌 광고사도 끊임없이 발전하는 다양한 기능과 네트워크 서비스를 보유한 초대형 광고사 네트워크에 맞서 고객을 확보하려는 경쟁을 한층 치열하게 치러야 한다.

특히 글로벌 광고사와 계약으로 인해 좋든 싫든 통합 광고사의 현지 광고사들과 협력할 수밖에 없는 고객사의 현지 자회사들 측면에서 볼 때, 현지 광고사의 성과가 기준에 미치지 못하면 이런 방식으로 일하는 것이 종종 마케팅 담당자들을 좌절시킨다. 동시에 글로벌 광고사의 역할은 자원을 전환하든 다른 방식으로 탄알을 더 많이 제공하든, 현지 광고사의 서비스를 일관성 있고 합리적으로 유지하도록 보장하는 것이다.

오늘날 특정 분야에 관해 글로벌 광고사와 함께 작업하더라도 마케팅 접점의 활동 영역이 너무 광범위하고 전문적이며 변화도 빠른 속도로 진행하므로 고객사들 역시 다양한 전문 광고사 '집단'을 활용할 수 있는 체계를 갖추고 있다. 마케팅팀의 역할은 모든 것이 시너지 효과를 내도록 확실하게 광고사들을 통합하는 것이다. 그들은 서로 다른 손익 계산서와 보고 구조를 가진 광고사들을 격려하여 개별적으로는 효과적으로 보여도 종합해 평가하면 비효과적인 사일로식 활동이 아니라, 경험적 공감 플랫폼을 구축하기 위해 서로 연결, 공유, 통합해서 작업할 수 있는 환경을 구축한다. 글로벌 고객사들은 대부분 비용 변수와 비용 절감의 효율성에 대한 광고사의 성과 평가를 전담할 제삼자 '평가 기관'을 이용한다. 따라서 오늘날 광고사들은 더욱 복잡하고 어려운 상황에 놓였다. 일반적으로 이런 평가 기관의 실무팀은 양쪽의 사정을 속속들이 다 알고 있으며 모든 세부 사항에 매우 정통한 전직 광고사 고위 임원과 고객사 직원들로 구성된다. 업무 범위에 따라 그들은 광고사 인건비 구조 협상부터 제작비, 미디어 구매 효과와 관련 비용까지도 검토할 수 있다.

경쟁 시장의 긍정적인 면은 틈새시장을 담당하는 광고사가 특정 분야에서 진정한 역량을 발휘할 경우, 고객사와 더 오래 일할 수 있다는 사실이다. 고객사의 시험을 통과해 '승인'을 받는 것이 가장 어려운 부분이다. 과거의 성과가 입증되지 않는다면 광고물의 수준이 불확실하므로 대부분 고객사는 새로운 광고사와 일하는 것에 회의적이다. 따라서 그들은 업무 통합의 흐름이 유연하고 광고물의 품질 수준도 이미 알고 있는 기존 광고사와 계속 일하고 싶어 한다.

기술 전문 광고사 vs 창조적 광고사

매출 전환과 고객 획득을 포함한 투자 수익의 핵심은 분석 도구의 전략적 사용, 데이터 기반 통찰력의 추출과 평가, 올바른 전략 수립 등을 포함한 데이터와 디지털 전략을 이해하고 관리하는 것이며, 또한 이 모든 것을 조화롭게 연결하는 콘텐츠를 생성하는 것이다. 따라서 '창조력'으로 크게 인정받은 역사적으로 유명한 광고사는 필요한 분석적 측면을 반드시 통합할 수 있어야 한다. 이를 달성하기 위해 세계적으로 인정받는 창조적 광고사 중 하나인 J. 월터 톰슨은 고객 활동 데이터베이스인 'CRM'을 판매하는 디지털 및 데이터 중심 글로벌 광고사인 분더만과 합병하여 분더만 톰슨 월드와이드를 만들었다.

이 새로운 법인의 이름이 '톰슨 분더만'이 아니라 '분더만 톰슨'

이라는 사실에 주목하라. 전반적인 기관 운영, 구조 조정, 역량 구축 측면에서 주도권은 월터 톰슨이 아니라 분더만에 있다. 분더만은 기술 융합과 분석 분야에서 매우 유능하지만, 고객과 올바른 수준의 공감대를 구축하기 위해서는 스토리텔링의 힘인 콘텐츠 창조력을 결정하는 굉장한 아이디어가 필요하다. 각 광고사 네트워크는 각기 나름의 장단점이 있으므로 좌뇌와 우뇌처럼 함께 활동한다. 요즘 고객사들은 마케팅 예산 대비 수익을 최대한 크게 하려고 콘텐츠를 만들고 확장하는 데 소셜 미디어와 디지털 수단에 의존하므로, 여기에 적합한 플랫폼과 미디어 채널의 유형에 초점을 맞춘다. 이것은 어느 정도 옳은 선택이지만 신중하지 않으면 재앙이 될 수 있다. 무엇보다도 최우선 과제는 고객의 욕구, 라이프 스타일, 접점을 이해하는 것이 중요하며, 브랜드가 연결고리가 된 이야기를 통해 근본적으로 영감을 얻고 동기부여가 될 만한 핵심 통찰력과 계기를 포착할 수 있는 행동 궤적 등 고객 여정을 이해해야 한다. 그러지 않으면 마케팅 예산을 단지 전술적 관점으로 사용하여 장기적인 브랜드 구축과 매출 전환을 달성할 수 없을 것이다. 다르게 말하면, 브랜드 스토리를 통한 공감대가 출발점이 아니라면 그것은 더 큰 숲을 생각하지 못한 단기적인 매출 증대 전술에 불과하다.

누구나 창조적인 콘텐츠에 관해 이야기할 수 있지만, 그것은 주관적이다. 만약 브랜드 스토리의 아이디어에 대한 의사결정 과정에 수많은 이해당사자가 참여한다면 결국 잎도 나뭇가지도 없는 나무 몸통만 남게 될 것이다. 부정적으로 '여겨지는' 모든 측면을 재조정한다면 콘텐츠 스토리의 창조적인 핵심 아이디어와 스토리, 그리고 집중도는 희미하게 될 것이다. 한편, 마케팅 성과 평가, 데이터 관리, 디지털 채널의 유지 보수, 앱 개발, 기타 플랫폼 개발 등 마케팅 관리의 IT 관련 측면을 다룰 때 기술, 프로세스, 전반적인 UI User Interface 및 UX User Experience 측면에 대한 전문적 지식을 이해해야 한다. 일반 '고객사'는 IT 관련 내용을 이해하고 확실한 관점을 정립하는 데는 그다지 능숙하지 않으므로 개발 전문가와 데이터 전문가 등 전문 기술 집단의 도움이 필요하다. 따라서 초기에는 고객 시스템에 진입하기가 어렵지만 일단 연결되면 IT 기반 광고사들은 고객사의 전체 디지털 및 IT 생태계, 모든 영역으로 실타래처럼 얽혀 있는 비밀 영역과 데이터를 포함한 시스템 인프라와 철저하게 통합할 수 있으므로, 소위 '창조성 기반 광고사'보다 고객사와 더 오래 일할 것이다. 즉 IT 기반 광고사들은 고객의 내부 시스템에 더 깊게 연결되어 있으므로 계약 기간이 길어지거나 계약이 연장될 확률이 더 높아질 것이다.

반면 '창조성 기반 광고사'는 누구나 평가 투표에서 한마디씩 할 수 있으므로 하룻밤 사이에 계약이 해지되고 새로운 광고사로 대체될 수 있다. 아이러니하게도 전자상거래, AI용 알고리즘을 만들 수 있는 정도까지 데이터와 고객 사이트 관리를 전담하는 IT 기반 광고사들은 그들이 필요하다고 알고 있지만 부족한 영역인 미디어 출구에 그들의 데이터를 훨씬 더 많이 활용하려고 한다. 이것이 그들이 일한 대가로 돈을 받는 백엔드 효과를 제어하는 능력과 분석적인 측면을 연결하는 스토리텔링의 우뇌 영역이다. 따라서 이런 유형의 광고사들은 파트너 제휴를 맺거나 인수 · 합병 등을 통해 '소프트' 측면 역량과 '하드' 측면 역량을 조직적으로 또는 비조직적으로 융합함으로써 사업을 성장시키기 위한 혼성 모델을 만들고 있다. 분더만 톰슨 사례는 이런 현상만을 보여주는 것은 아니지만, 그것은 '브랜드 스토리 구축 능력'이 성과 마케팅을 지향하는 데이터 기반 분석 역량과 결합할 수 있다는 사실을 알려준다. 매일 기술이 점점 더 발전하고 구조는 더 복잡해지지만, 디지털 분야의 효율성을 추적하고 구축하는 일은 예전보다 더욱 확실해지고 투명해졌다. 이는 전 세계적으로 불가피한 현상이다. 디지털 보급과 구축의 시장 성숙도는 시장별 역량 요건의 형태에 따라 차이가 있을 것이다.

하지만 그것은 시간문제로, 각 시장의 위치와 인프라에 따라 어떻게 균형을 잡고 우선순위를 정할지에 대한 단계적 절차가 중요할 것이다. 고객의 디지털 참여율은 말할 것도 없이 디지털 인프라와 시스템이 취약한 시장에서는 디지털 기반으로 프로그램하는 미디어 목표 설정 전략 모듈을 적용할 수 없다. 반면 디지털이 고도로 발전한 시장에서는 실실적 의미에서 이 방법을 전략적으로 적용할 수 있다. 그러므로 전 세계가 매일매일 AI 진화를 향해 나아가고 그에 따라 정교한 데이터 관리가 이루어진다는 사실과 관계없이 고객사의 마케팅 조직은 협력 광고사 시스템을 설정할 때 무엇이 옳은 일이며, 언제 그리고 어느 정도까지 일해야 하는지를 알아야 한다.

7장

소비자의 마음을 움직이는 방법

BRAND

창조적인 감동 스토리가 필요하다

〈모비 딕Moby Dick〉, 〈스파이더맨〉 더 나아가 〈스타워즈〉 시리즈까지 수십 년 전에 만들어진 영화들을 다시 상영하는 이유는 무엇일까? 배트맨 프랜차이즈는 1960년대부터 등장했지만 이를 각색한 영화 시리즈는 20년 넘게 계속 나오고 있다. 우리가 소비자로서 내용이나 줄거리가 어떻게 될지 뻔히 알면서도 여전히 다시 제작한 영화를 보러 가는 이유는 무엇일까? 그 이유는 영화 속에 있는 '공감'할 수 있는 연결고리가 우리의 기억 속에 녹아 있어 그것들을 몇 번이고 다시 끄집어내 한결같은 감격을 느끼고 싶기 때문이다.

오늘날 브랜드 커뮤니케이션은 콘텐츠의 사전 마케팅 단계 전에 시작한다. 〈배트맨〉 영화를 홍보하기 위해 제작사는 영화 줄거리와 그것이 어떻게 묘사되는지에 대한 내용과 심지어 출연진이 누가 가장 적합할지도 광범위하게 조사한다. 타블로이드 신문에는 〈다크 나이트〉나 〈배트맨〉 혹은 〈스파이더맨〉의 '주인공'이 왜 바뀌었는지에 관한 이유가 실릴 것이다. 그러나 사실 배우가 그만두거나 해고되는 것 이상의 전략적 이유가 훨씬 더 많다. 박스오피스 숫자로 드러난 영화의 고객 공감률이 한 가지 주요 이유가 될 것이다.

영화 개봉 전에 경이감을 고취하기 위해 선전 활동은 예산이 많이 들어간 영화의 경우 심지어 1년 전부터 시작하여 열성 관객, 단골 고객, 신규 고객 등 모든 종류의 그룹을 대상으로 고객 확대의 붐을 일으키고 영화 관람을 권장하는 게임이나 전술을 수수께끼처럼 제시한다. 예를 들어 〈데드풀Deadpool〉, 〈슈퍼맨〉 또는 〈다크 나이트〉와 같이 '만화' 관련 영화들을 코믹콘Comic Con과 다른 관련 행사에서 발표함으로써 전 세계에 널리 알린다. 영화 제작 전에 이야기의 작은 단편들을 제공하고 매우 자연스럽게 영화 장면을 조금씩 일부 노출하여 액션 장면에 등장한 배트맨의 '의상 디자인' 같은 것에 대한 고객 반응을 수집한다. 마케팅 담당자들은 이를 참작하여 영화를 실제 제작할 때 더 많은 고객들을 끌어당길 수 있도록 필요한 요소들을 수정한다. 또한 젊은 밀레니얼 세대를 향해 더 세분화할 것인가, 아니면 이른바 핵심 브랜드 플랫폼을 희석하지 않고 다른 연령계층으로 대상을 확대할 것인가와 같이 누구로부터 '브랜드 공감'을 얻어야 할지에 대한 전략적 의사결정을 내린다.

슈퍼맨이 날아오를 때, 관객들은 마치 자신이 날아다니는 것 같은 감정을 느끼고 환호한다. 〈슈퍼맨〉은 선이 악을 이기고 항상 낙천적이며 동기부여가 되는 행복한 영화의 상징이었지만 최근 개봉한 〈맨 오브 스틸Man of Steel〉과 〈배트맨 대 슈퍼맨〉의 DC 후속 합작 속편에서는 달리 인식되고 있다. 두 영웅은 슈퍼히어로로 등장하지만, 우리와 같이 자신 속의 악마와 논쟁을 벌이는 일반인이다. 따라서 아이들이 좋아했던 슈퍼히어로 영화를 어른 중심적이고, 더 어둡고, 더 심오한 콘텐츠로 만들었다. 어른들은 영화가 상영되는 2시간 내내 충성심, 사랑, 우정, 배신, 악에 대한 선 등 자신의 다양한 인생 문제와 투쟁하는 주인공의 모습에 무의식적으로 공감할 수 있었다. 앞에서 언급했던 마블 유니버스의 예처럼 이것은 아이언맨, 캡틴아메리카, 원더우먼 캐릭터들에게도 똑같이 적용된다. 그것들은 실존하지 않는 창조물이지만 관객들은 실제 사람인 것처럼 공감한다.

사람들이 10대 때부터 노인이 되서도 데이비드 보위David Bowie의 〈스페이스 오디티Space Oddity〉나 엘튼 존Elton John의 〈굿바이 옐로 브릭 로드Goodbye Yellow Brick Road〉를 반복해서 듣는 것처럼 프랜차이즈는 사람들의 마음에 감동을 주는 근본적인 기본 원리를 지키며 수십 년 동안 존재했다. 사실상 그것은 브랜드로서 고객들의 특별한 기억과 든든한 메커니즘의 일부가 된다. 데이비드 보위는 그 자체로 브랜드이며, 그의 음악은 콘텐츠다. 그것들은 비틀스의 음악이나 휘트니 휴스턴Whitney Houston 혹은 마이클 잭슨Michael Jackson의 음악처럼 일관성을 갖고 있다. 그래서 전설이 되는 것이다. 앨범의 처음부터 끝까지 궁극적으로 하나의 모습으로 통일시키는 강력한 공감대 구축 공식에는 전략적 일관성이 있다. 이것은 자동차, 패션과 같은 상업적 브랜드와 모든 종류의 고관여 산업이 고객 감성과 연결되어야 하는 것과 마찬가지다.

톰 크루즈Tom Cruise를 세계적인 슈퍼스타로 만든 중요한 영화는 30년 전 〈탑건Top Gun〉이다. 〈탑건〉은 엄청난 재능을 지녔지만 통제 불능의 젊은 전투기 조종사 매버릭Maverick의 이야기로, 조연으로 출연한 발 킬머Val Kilmer를 세계적인 슈퍼스타로 만들었었다. 〈탑건〉의 후속편이 2021년에 개봉될 예정이다. 후속편에서는 60세 가까이 된 톰 크루즈가 23세의 '매버릭'으로 나올 수 없으므로, 지난 30년 동안 매버릭의 모험에서 고객들이 놓친 이야기에 초점을 맞춘다. 영화의 사전 홍보는 실제로 영화가 개봉되기 3년 전부터 시작되었다. 스타들이 나와서 후속편의 '잠재력'에 대해 이야기하고, 스타워즈 프랜차이즈가 1977년 〈스타워즈Star Wars〉를 개봉한 이후 시리즈와 후속편 작업을 계속하는 것처럼 X세대, 밀레니얼 세대, Z세대에 이르기까지 신·구세대의 광범위한 관객을 모두 확보하기 위해 10대들의 감정을 자극해 전 세계 사람들의 영화에 대한 기대감을 높이고 화제를 불러일으키고 있다. 그것은 모두 공감과 관련이 있다.

미키 마우스Mickey Mouse, 도날드 덕Donald Duck 같은 애니메이션 캐릭터나 건담Gundam 같은 일본 애니메이션 거대 로봇들을 볼 때, 그들을 좋게 생각하는 이유는 간단하다. 스토리 구성이 신중하며 이미 오래전에 등장한 캐릭터들이기 때문에 영화나 프랜차이즈에 영향을 미칠 만한 스캔들이 발생할 모든 가능성이 배제되어 있기 때문이다. 당신은 미키 마우스가 살인을 저지르거나 매춘부들과 바람을 피우는 것과 같은 타블로이드판 부정적 기사를 접할 수 없다. 초대형 글로벌 영화가 전 세계에 출시될 때 주연 배우가 마약 문제, 스캔들 혹은 범죄 활동 등에 연루되었다고 상상해보라. 그것은 영화의 브랜드 이미지에 치명적인 영향을 미치고 고객들과 연결하려던 공감은 시작부터 단절될 것이다. 그것은 처음부터 패배한 게임이다.

우리는 왜 더 날렵한 제품 특징을 지닌 고급 스케이트보드를 갖고 싶어 할까? 스케이트보드는 수십 년 동안 존재해왔고 스케이트보드 대회가 열리고 스타들이 탄생하는 문화로 자리 잡았다. 스케이트보드의 역학 구조는 간단하다. 바퀴 달린 작은 널빤지에 균형을 잡고 파도타기하듯 지면을 지나치면 된다. 10대 시절 어린 친구들과 이리저리 방향을 바꾸어 가며 얼굴에 부딪히는 바람결을 느끼면서 즐겁게 지냈던 경험이 스케이트보드 타기의 전부다. 좀 더 고급 단계로 가면 스케이트보드 경기장에서 공중제비와 '전율' 넘치는 위험한 묘기가 펼쳐진다. 디지털 게임의 등장으로 아이들은 집에서 친구들과 스타크래프트StarCraft를 하거나 스마트폰으로 디지털 연결을 통해 괴물들을 함께 쳐부수는 MMORPG 게임을 즐긴다. 따라서 주로 밖에 나가 공놀이를 하거나 숨바꼭질하며 놀던 패러다임이 바뀌었다.

그러나 스케이트보드 타기와 같은 아날로그적 경험은 예전처럼 살아 있지만 스케이트보드를 활용되는 방법은 더욱 발전했다. 전기 자전거처럼 전기 동력 장치를 장착한 스케이트보드는 기존 보드와 비슷해 보인다. 하지만 현대 고객의 요구에 맞게끔 공기역학적으로 '냉각기' 수준으로 진화하여 더 안전하고, 더 빠르고, 더 멋있는 디자인으로 등장했다. 원칙적으로 시대가 바뀌었지만 스케이트보드, 롤러블레이드, 롤러스케이트, 스케이트 등을 열망하는 감성적 요소는 예전처럼 여전히 강하게 남아 있다. 새로 나온 제품들은 혁신적으로 다르게 보이거나 비슷해 보이지만 '복고풍' 기능 면에서 훨씬 진보했다. 요컨대 신·구 기술이 융합된 것으로, 진정한 스케이트보드 타기를 경험할 수 있는 장점을 그대로 간직하고 있다. 우리는 브랜드 커뮤니케이션에서 기능적 발전만을 강화하는 것이 아니라 기본적인 공감대를 기억해야 한다. 스케이트보드를 타러 가는 이유와 특히 이것을 즐기는 젊은 세대를 이해해야 한다. 그러므로 가상 세계가 아니라 현실 세계에서의 경험은 언제나 중요하다.

페달이 전기로 움직이는 전동 자전거 시대에 우리는 왜 아직도 일반 자전거를 찾는 것일까? 전기차와 자율주행차의 추세와 함께 스케이트보드와 마찬가지로 자전거도 디자인 변화와 사실상 페달이 필요 없는 기능적 변화를 거치고 있다. 그러나 이 경우도 체력 단련 과정에 적합하고 오르막길을 오르는 도전에서 근육을 강화함과 동시에 경사면에서 페달을 밟을 때 아드레날린이 솟구치는 느낌을 받을 방법에 대한 의문이 생긴다. 따라서 제조업체들은 이 두 가지 기능을 모두 할 수 있는 하이브리드 전동 자전거를 고안했다.

당신이 할리데이비슨Harley Davidson의 굉음을 내며 산악도로를 달리거나 이탈리아 두카티Ducati 스포츠 오토바이로 경주로를 최고 속도로 돌진하고 싶을 때 전동 오토바이를 이용하면 되는 것처럼 산악자전거 타기 혹은 스포츠 자전거 타기를 좋아하는 자전거 애호가들에게 전동 자전거는 진정한 의미에서 진짜 자전거가 될 수는 없는가? 마케팅 담당자는 페달 밟는 것을 쉽게 만들거나 편의상 특정 부분에 전동 장치가 필요하다는 사실을 고려해야 한다. 그러나 때로는 고통스럽지만 보람 있는 경험을 가져다주는 전통 자전거 타기를 좋아하는 사람들의 욕구를 근본적으로 어떻게 해결할 것인가를 고민해야 한다. 아날로그 계보의 자전거가 아니라 전동 자전거를 마케팅할 때 전통 자전거를 타는 공감대가 계속 살아 있는가? 이것을 고민하여 당신은 그런 제품들이 제공할 경험적 요소와 스토리를 신중하게 만들어야 한다. 그러지 않으면 사람들은 당신의 메시지가 가치 없다고 생각해 공감하지 않을 것이다.

배터리로 작동해 엔진이 필요 없는 전기차에 귀에 익은 공랭식 엔진 소리가 필요한 이유는 무엇인가? BMW M2는 BMW의 스포츠 라인 M 사업부가 만든 역동적 외관의 스포츠카다. 압도적인 힘을 자랑하는 괴물 같은 M 엔진을 장착한 최신 BMW M2 컴피티션Competition 모델과는 달리 1, 2세대의 개선 모델에서 'M' 로고가 아닌 'M에 의해 동력을 공급한다'라는 의미로 조정된 엔진이라는 점에서 진정한 M은 아니다. 최초의 BMW M2는 터보차저turbocharger가 달려 있지만 포효하는 스포츠카의 '굉음'은 부족했다. 따라서 가짜 사운드 버튼을 설치했다. 재규어Jaguar는 이것을 입문 수준의 F형 스포츠

카에 장착해 실제로는 고마력 차종의 소리를 낼 수 없지만, 운전자들이 가짜 사운드로 스포츠카를 모는 '느낌'을 즐기도록 만들었다.

이제 상징적인 포르쉐를 살펴보자. 포르쉐는 상징적인 '포르쉐' 엔진 소리를 내는 천연 공랭식 엔진을 없애고 보다 효율적이고 고성능 '터보 엔진'을 내장했다는 점에서 혁명적인 718 박스터와 카이맨 시리즈를 만들었지만, 부족한 것은 포르쉐 마니아들이 사랑하는 포르쉐 엔진 소리였다. 왜 그럴까? 포르쉐 자동차에 대한 정서적 통합 경험은 페달을 밟을 때 울려 퍼지는 엔진 소리와 함께 시작하기 때문이다. 제조업자들은 그것을 보충하기 위해 노력했다. 포르쉐의 혁신적인 신형 전기 스포츠 세단 타이칸은 최대한 소음을 줄일 수 있었지만, 강력한 전통 엔진을 장착한 원래의 공랭식 자동차처럼 사자같이 으르렁대는 소리를 만들 수 있는 가짜 사운드 버튼을 장착했다. 마세라티Maserati는 무겁고 교향곡 같은 엔진 소리로 유명하다. 메르세데스 S500의 문 닫는 소리, 엔진 소리, 시동 거는 소리 등 모든 것이 '경험'에 맞게 조정되어 있다.

이와 관련하여 브랜드 커뮤니케이션의 몰입 경험을 생각한다면 숲을 상상해야 한다. 지저귀는 새소리, 얼굴을 스치며 지나가는 부드러운 바람 소리, 바위에 부딪혀 반짝이는 순수한 햇빛, 나무들이 만들어내는 그림자, 공중에 퍼져 있는 소나무 향기, 마음을 깨끗하게 해주는 신선한 산소, 하늘에 유유히 떠다니는 구름, 유구한 세월을 지내느라 이끼로 뒤덮인 작은 바위 사이로 소용돌이를 만들며 솟구치는 시원한 시냇물 소리 등이 그 숲을 온통 뒤덮고 있다. 이런 감각적 요소들이 조화를 이루며 하나가 되지 않는다면 진정한 공감적 의미가 있는 브랜드를 경험할 수 없다. 그러므로 우리는 경험 요소에서 빠뜨린 것을 찾아내고 자유를 만끽하기 위해 언덕 위 리조트나 산에 가는 감정까지 연결할 수 있다. 이것은 상업적 브랜드에도 똑같이 적용된다. 모조품이나 가짜는 진짜(실제)처럼 좋지 않을 것이며, 당신이 감정적으로 느끼고 싶은 핵심과 관련된 포괄적인 다중감각적 경험은 중앙집권화되고 통합되어야 한다.

우리가 지금 디지털 음악을 들을 수 있는데도 1950년대에 만들어진 아날로그식 스테레오를 즐기는 이유가 무엇일까? 제2차 세계대전 당시 폭스바겐Volkswagen이 만든 원조 비틀Beetle이나 1950년대 RCA가 만든 턴테이블에는 어떤 미적·정서적 감각이 스며들어 있다. 비틀은 둥글고 단순하며 철제 무당벌레처럼 보이기 때문에 사랑스럽다. 수십 년이 지나 출시된 뉴비틀은 원조 비틀의 핵심 아날로그 플랫폼을 기반으로 인기를 끌고 있으며, 이제 폭스바겐은 1940년대의 비틀과 사실상 똑같은 외관의 전동 비틀을 생산한다.

폭스바겐은 자사의 클래식 모델을 현대식 전기차로 전환하는 등 지속 가능한 기술에 대한 투자를 계속하고 있다. 환경 친화적이라고 대우받는 가장 최근의 대표적인 자동차 모델은 '폭스바겐 그룹 컴포넌트Volkswagen Group Components'가 'e 클래식eClassics'과 협력하여 전동화한 VW 비틀이다. 개조된 e-비틀은 1단 기어박스와 폭스바겐의 모든 전기차에 사용하는 'e-업!' 배터리를 장착했다. VW 비틀은 오래된 것과 새로운 것을 결합해 고풍스러운 느낌을 그대로 유지하면서 현대식으로 업그레이드했다.

e-업! 전동 장치로 e-비틀은 36.8킬로와트시kWh 배터리로 81마력을 낸다. 따라서 차량 무게는 전통적인 비틀에 비해 훨씬 더 무거운 1,280킬로그램으로 증가했다. 최신 전동 장치는 차량의 무게를 줄이는 데 거의 도움이 되지 않았다. 그러나 폭스바겐은 차량 무게가 늘어났지만 빠른 가속을 방해하지 않는다고 발표했다. 스로틀throttle(엔진의 실린더로 유입되는 연료 공기의 혼합 가스양을 조절하는 장치-옮긴이)을 올리면 e-비틀은 4초 이내에 시속 0km에서 50km로 올라가며 약 8초 이내에 시속 80km까지 가속된다. 마지막에 e-비틀은 최대 속도 시속 150km로 달린다. e-비틀은 1회 충전으로 200km를 이동할 수 있으며 고속 충전이 가능하다. 고속 충전기로 한 시간 만에 약 150km를 이동할 양의 전기를 충전한다. 원조 비틀에 대한 감성적 경험이 그대로 남아 있어 브랜드의 이미지를 희석하지 않고 업그레이드된 것이 핵심이다.

사람들은 오래된 차를 복원하기 위해 많은 돈을 지급하거나, 만약 그것들이 존재하지 않는다면 상징적인 셸비 코브라Shelby Cobra의 복제차를 비싼 가격에 살 것이다. 한때 CD와 디지털 음원 다운로드의 출현으로 시대에 뒤떨어진 것으로 대접받던 턴테이블이 다시 돌아왔다. 게다가 아날로그 외양에 혁신적인 기술 기능을 결합해 여전히 단순하면서도 기능상 발전한 고급 턴테이블은 대부분 디지털 플레이어보다 훨씬 비싸다. 우리는 이것을 현대식 용어인 뉴트로newtro(옛것을 새롭게 즐기는 경향, 복고풍–옮긴이)라고 부르지만, 이런 현상의 이면에 숨어 있는 것은 특정한 디자인과 사물들에 대해 보편적인 공감대와 개인적인 감성적 유대감이 존재한다는 사실이다.

스티브 잡스와 그의 팀이 1984년에 만들었던 최초의 매킨토시는 구식이지만 여전히 군더더기가 없는 디자인이 두드러진다. 애플을 사용하는 사람들에게 추억, 친근함, 디자인적으로 심플을 강조하던 기억을 되살려준다. 이것은 결국 매끈하고 정제되고 무엇보다도 단순한 애플 제품들의 현재 플랫폼, 애플뮤직의 소프트웨어 생태계 경험, 그것들이 사용자 경험적 관점에서 활용되는 방식 등을 정의한다. 똑같은 현상이 70년대 소형 복고풍 자동차였던 수십 년 된 미니Mini를 현대식으로 개조하는 데도 마찬가지로 일어나고 있다. 미니는 BMW 그룹 일부로서 여전히 예전처럼 인기가 좋다. 여기서 핵심은 비록 제품들이 내부가 극적으로 업데이트되고 디자인 관점에서 외관이 발전했지만, 원래의 브랜드가 소비자에게 반향을 일으켰던 사용자 경험 가운데 핵심 경험과 가치가 지속적이고 일관성 있게 더 확대되었다는 점이다.

따라서 기술 발전 덕분에 산업 역동성의 패러다임에 변화와 혁명이 일어났다. 디지털카메라의 등장은 코닥KODAK과 같은 전통적 필름산업을 추월하고 관련 산업들을 하룻밤 사이에 쓸모없이 만들어 버렸다. 여러 산업에 위협을 주는 앱이 우리 주변에 넘쳐난다. 건강 검진, 골프 강좌는 물론 수많은 게임 플랫폼들은 닌텐도, 소니의 플레이 스테이션, 마이크로소프트의 X박스 매출을 급감시켜 결국 그들은 전략을 수정해야 했다. 이런 변화에도 불구하고 중요한 핵심인 '고객 경험'은 변하지 않는다는 사실이다.

고객 경험의 필요성은 분명히 존재하고, 그것을 어떻게 가장 잘 충족시킬 것인가 하는 것이 브랜드가 극복해야 할 과제다. 예전에는 스마트폰이 모바일 게임의 속도, 선명도, 음향, 게임 품질면에서 플레이 스테이션을 따라갈 수 없었다. 하지만 이제 5G의 등장과 그래픽, 사용자 인터페이스, 경험 설계가 발전하는 바람에 그 말이 더는 맞는 말이 아니다. 스마트폰을 블루투스로 대형 스크린 TV에 연결해 그 어느 때보다도 실감나게 게임을 즐길 수 있으며, 콘솔 기능을 하는 스마트폰은 게임을 제어하는 조이스틱 역할도 한다. 이처럼 브랜드 경험은 지속 가능해야 한다. 그것은 특히 미래가 어떻게 변화하든 상관없이 고객 요구와 관련이 있을 때만 지속할 수 있다.

소니가 오래전에 AI 로봇 애완 강아지로 개발을 시작해 지금은 반응 메커니즘이 고도로 발전한 아이보AIBO를 구매할 수 있는데도 사람들이 강아지나 고양이를 기르는 이유는 무엇인가? 사람들은 어떤 부분에서는 가상으로, 혹은 AI 프로그램을 통해 경험을 복제하려고 한다. 아마도 머지않은 장래에 감성적인 유대감을 구축할 수 있을 만큼 진짜처럼 거의 완벽한 로봇 개나 로봇 인간이 출현할 수도 있을 것이다. 현재도 포르쉐 스포츠카, 맞춤형 할리데이비슨 오토바이, 심지어 당신이 좋아하는 추억이 담긴 재킷처럼, 고객이 한번 브랜드를 사랑하면 무생물도 마치 살아 있는 생명체처럼 느껴진다. 이 말은 AI에 관한 토론에도 나온다. 기본적으로 AI는 데이터 정비를 통해 똑똑해진다. 즉 기계가 질문과 답변의 메커니즘과 관련한 수많은 시나리오를 배우고 발전시켜 알고리즘을 정비하고 정제하여 실제 사람이 그것들을 대할 때 기계가 아니라 상호작용이 가능한 진짜 사람 혹은 진짜 애완동물이라고 느낄 수 있도록 만든다. 이를 달성하려면 실제 인간의 모든 감정을 유발하는 요소들을 AI에 반영하고 설득력과 신뢰성을 갖출 수 있도록 관련 기술은 발전해야 한다.

그러나 다시 강아지를 기르는 것에 적용해보면 우리는 강아지를 돌보고, 먹이를 주고, 산책시키고, 자라고 노는 것을 보고, 수명을 다해 죽는 것을 본다. 하지만 그 강아지에 대한 우리의 추억을 소프트웨어와 하드웨어를 지속해서 업데이트하고, 수선하고, 유지함으로써 영원히 움직일 수 있는 로봇 강아지로 대체할 순 없다. 인간과 생명체는 모두 반드시 죽을 수밖에 없다는 사실이 진정한 의미에서 우리가 살아 있고 유기적인 존재가 되는 이유다.

만약 우리가 어디서나 스타벅스 커피나 블루 보틀 커피를 마실 수 있다면, 그것이 고급스럽다거나 친근하다고 느낄 수 있을까? 그렇지 않다. 만약 영화처럼 당신이 기르는 강아지를 10마리 복제하여 영원히 살도록 만들 수 있다면, 이것이 당신의 강아지를 더 특별하게 만드는가? 그렇지 않다. 당신의 강아지를 특별하게 만드는 것은 강아지가 죽었을 때 당신의 가슴을 미어지게 만드는 가슴 아픈 슬픔과 살아 있을 때 공유했던 따뜻한 경험의 집합이다. 죽음을 애도하는 이유도 마찬가지다. 가장 중요한 것은 경험적 플랫폼이며, 그것들을 가슴속에 함께 융합시키는 이야기들이 중요하다.

사람들이 4D 체험 공간이 설치된 장소에 앉아 가상현실 체험을 통해 다른 나라에 갈 수 있는데도 바다를 그리워하며 휴가를 떠나는 이유는 무엇일까? 나이키의 정통 클래식 스니커즈와 컨버스

Converse 스니커즈가 아직도 팔리는 이유는 무엇일까? 우리는 최종적으로 우리 자신에게 이렇게 물어본다. 이 모든 것이 브랜드 공감대를 구축하는 것과 무슨 관계가 있는가? 우리가 현재나 미래나 당연하게 생각하는 모든 '일상적인' 활동 뒤에 숨겨진 생각을 이해하는 것이 왜 그렇게 중요한가?

우리가 인간으로서 시간과 관계없이 절대 변하지 않는 근본적인 경험을 동경하기 때문이다. 그것은 사람들이 공감하는 시를 읽거나, 오래전에 작고한 음악가의 심금을 울리는 음악을 듣거나, 우리의 영혼을 울리는 수백 년 된 그림을 감상하면서 영감을 얻는 이유다.

또한 이것들을 상업적으로 만드는 것이 마케팅 경험의 핵심이다. 우리는 감각적인 경험과 함께 중요한 순간을 기억하는데, 긍정적인 기억은 반복을 통해 우리의 머릿속에 계속 남아 있으며 더 자유롭고 더 행복해지기 위해 마음속에서 그것들을 끊임없이 다시 경험하려는 욕구가 있다. 그것을 더 잘 결합하면 그 순간은 더 즐거워진다. 뇌는 이것을 잘 기억한다. 그 기억에는 기술이 소비자들을 편리하게도 하고 불편하게도 하며, 힘을 실어주는 일들이 있다. 하지만 핵심은 우리보다 나이 많은 세대들과 연결될 수 있는 콘텐츠를 자극할 수 있는 실제 경험과 감정이 들어 있다는 사실이다.

어린 자녀를 데리고 동물원에 가면 아이들이 신기해하고 즐거워한다. 이것은 함께 즐거움을 경험함으로써 가족의 결합을 의미하기도 하지만 우리가 어렸을 때 부모님들과 함께 경험했던 순간들을 재현하는 것이기도 하다. 해변에 가서 바위에 부딪히는 파도를 보고 부서지는 파도 소리를 들으며 해초와 바닷물 냄새를 맡고 머리 위로 날아다니는 갈매기를 향해 과자 부스러기를 던져주던 경험은 VR이나 인공적으로 만든 기술 시스템이 제공할 수 없는 값진 순간들이다. 그것들은 우리를 자유롭게 만들어 주고 모든 감각을 다시 일깨워주고 우리의 가치, 기억, 열망을 더 확장하여 기운을 다시 찾고 용서하고 다시 사랑할 수 있도록 만들어준다.

따라서 브랜드를 구축하는 데 유행하는 것, 콘텐츠로서 지속 가능한 것, 그리고 무엇보다 사람들을 정서적으로 하나로 묶어주는 것이 무엇인지를 이해해야 한다. 이런 경험의 순간들이 사실상 스토리가 되기 때문이다. 그 안에는 우리가 생각하지 못한 스토리도 들어 있다. 그러므로 브랜드에 대한 핵심 경험과 그것이 소비자들에게 필요하다는 감정을 불어넣어 브랜드의 제품이나 서비스를 구매하도록 하는 방법을 연결할 수 있는 능력이 관건이다. 스토리가 뜬금없이 만들어지고 아무런 사전 준비 없이 상상할 수 있는 것은 아니다. 그것들은 시작과 끝이 있는 의미 있는 상황의 결합이며, 기본적으로 해결책인 브랜드로 귀결된다. 브랜드는 말하자면 감정의 경험이 일어나게 해주는 공감 결합 조직이다.

에어팟Air Pod은 블루투스 기능으로 성가신 헤드폰 연결선 없이 멋진 음향을 즐기게 해주었고, 그것은 헤드폰과 스피커 시장의 패러다임을 바꾸어놓았다. 이 에어팟의 핵심 가치는 위대한 음악을 즐기는 동안 자유로운 동작을 제공하는 것이다. 에어팟에서 생산되는 음악의 질이 디자인이나 기능적 혁신과 무관하다면 핵심 경험은 서로 연결되지 않을 것이다. 우리는 에어팟을 통해 자유와 기쁨을 동시에 얻을 수 있다. 그런 감정은 두 개가 하나로 뭉쳐야 더 의미가 있다. 우리가 잊지 말아야 할 것은 당신이 에어팟을 끼고 좋아하는 음악가가 작곡한 음악의 비트를 들으면서 공원을 산책하다 보면 순간의 기쁨을 더해주는 감각을 체험할 기회가 생긴다는 사실이다.

그런 감각은 음악 없이 산길을 그저 거닐거나 지나치는 자동차 소리를 들으며 해변을 달릴 땐 결코 느낄 수 없는 것이다. 브랜드를 구체화한 제품은 경험을 가장 좋게 현실(실제)로 만들어주기 때문에 브랜드에 대한 공감을 발전시켜야 한다. 그것은 마치 여행에서 즐거

움을 주는 것은 장소가 아니라 여행한다는 행위 자체인 것처럼 목적에 대한 수단이다. 즉 해외 목적지에 도착하기도 전에 해외여행을 준비하는 데서 즐거움을 느끼는 것과 같다. 우리를 기다리고 있을 놀라움에 대한 기대감과 여행 준비 과정이 실제로 목적지에 도착해서 그리워하던 풍경을 보고, 음식을 맛보며, 심지어 현지 사람들과 어울리는 것보다 훨씬 더 인상적이다.

유행이나 트렌드에 대해 말할 때 한국에서의 '버블티' 열풍을 한 예로 들 수 있다. 사람들은 마치 영화 개막식에 온 것처럼 어떤 고급 브랜드의 버블티 판매점 앞에서 긴 줄을 서곤 했다. 그러다 몇 달 후엔 상점 안이 거의 텅 비어 있었다. 물론 여전히 다른 형태로 달콤한 버블티 맛을 음미하고 싶어 하는 사람들도 있겠지만 열풍은 끝났다. 가게들이 일주일 내내 거의 텅 비어 있는 것을 보면 운영비가 충당되지 않아 분명히 손해를 보았을 것이다. 따라서 이 경우, 문제는 브랜드 커뮤니케이션이 얼마나 훌륭한지가 아니라 근본적으로 지속할 수 있는 수요 기반 투자의 실상이 무엇이며 미래가 어떻게 변화할지에 대한 전망이 중요했다.

어떤 사람은 이 사태를 보고 프랜차이즈 운영 전문가들이나 식음료 업계의 고수들이 영업 전망에 관한 시뮬레이션을 했는지 물어볼 수도 있다. 아마 시뮬레이션을 했을 것이다. 그들은 전략적인 근거와 5년간의 시장 분석 및 예측 로드맵을 제공했을 것이다. 그러나 전쟁에서와 같이 양쪽 군 모두 최고의 전략과 전술을 구사하므로 사실 어느 쪽이 승리할지 모른다.

우리는 오랫동안 고민하고 시뮬레이션한 마케팅 전략과 전술을 구사하더라도 의도한 결과를 제대로 얻을 수 있을지는 결코 알 수 없다. 그러나 시나리오 기획과 장단점에 대한 시사점을 고려하지 않았다면 '마케팅 담당자'의 관점에서 경이로운 것처럼 보이는 브랜드 캠페인도 다른 시장에 적용해보면 제대로 역량을 발휘하지 못하고 같은 결과를 얻지 못할 수도 있다. 그것은 비록 특정 시장에서 고객에 대한 사전 테스트나 시범 테스트를 거쳤다 하더라도 마찬가지며, 공감이라는 것이 매우 감정적이고 의도한 대로 방향을 유지하려면 창조적인 영향력 이상의 것이 필요하기 때문에 그렇다. 단지 영향력을 발휘하는 목적을 위해서만 창조적인 영향력을 구사하려고 한다면 그것은 최악의 상황이다. 멋진 글로벌 캠페인을 벌였지만 매출 증대에 이바지하지 못한다거나, 창의적인 아이디어는 기억되어도 그것이 어떤 브랜드였는지 기억하지 못하는 것과 마찬가지다. 이 경우 마케팅 투자를 엄청나게 했지만 이들 소비자에게 감정이입이란 없을 것이다. 공감대 구축의 여러 단계에서 전혀 소비자들의 마음을 움직이지 못하고, 그들을 단지 피상적으로 공략한 것이 된다.

마케팅 담당자와 파트너 광고사의 역할

역사적으로 볼 때 광고사가 브랜드 커뮤니케이션 맥락에서 마케팅 커뮤니케이션 광고사, 광고마케팅 대행사 혹은 또 다른 이름으로 불렸든 간에, 그들이 '창조성' 영역에 있어서 특별히 차별화된 전문지식을 가진 것으로 알려졌던 때가 있었던 건 사실이다. 광고물 제작은 주관적이며 마케팅 담당자와 강력한 공감대를 구축하여 다양한 매체를 통해 고객을 위해 개발하고 실행해야 하므로 어려운 작업이다.

마케팅 담당자의 역할은 기업의 비전을 이해하고, 브랜드 전략을 주도하며, 내부적으로 다른 부서와 협력하여 고객의 참여와 충성도 구축을 통해 매출을 높이고, 브랜드 가치를 활용하는 사업 전략을 추진하는 것으로 정의할 수 있다.

광고사는 구체적인 정서적 연계가 이루어진 소비자의 목소리가 반영된 중요한 창의적 아이디어와 메시지 전달 전략을 중심으로 커뮤니케이션 전략과 전술의 전개에 관한 보고 단계에서 참여한다. 점점 마케팅 담당자와 광고사의 구분선이 모호해지고 있다. 이제 마케팅의 역할이 광고사의 역할과 거의 하나가 되는 수준까지 진화했기 때문이다. 두 가지 역할이 단절된 것이 아니고 어느 하나가 다른 것보다 우위에 있는 것도 아니므로 공동으로 작업해야 한다. 왜냐하면 아이디어를 만들고 그것을 구체화할 콘텐츠를 실행하며 KPI를 달성했는지 확인하려면 많은 요소가 작용하기 때문이다. 광고와 매출의 상관관계를 분석하고, 고객을 제공하는 가치에 따라 분류하고, 관련된 통찰력을 얻기 위한 검토 과정을 실시한다. 가치를 제공하지 못해 불필요한 고객은 데이터 검색과 개선을 통해 정비될 것이며, 이런 고객 평가 데이터는 전략적 목표 설정용 CRM, 전자상거래, 모바일 거래, 그리고 다른 여러 용도로 활용될 것이다.

고객사들은 '전술적 전문가'보다는 좋은 의미에서 '통합' 파트너와 일하고 싶어 하므로 광고사에 어떤 책임과 능력을 기대하는지를 명확하게 정의해야 한다. 대부분의 고객사는 '통합 파트너십'이라는 단어를 좋아한다. 그러나 현실적으로 제대로 작동하는 진정한 통합 파트너십을 구축하려면 광고사와의 관계뿐 아니라 역학관계 등 여러 가지 요소를 고려해야 한다. 나는 고객사 측과 광고사 측 모두에서 일해본 경험이 있다. 이런 경험에 비추어 나는 고객사의 역할이 운영상 광고사의 역할과 현저히 다르다고 생각하지 않는다. 마케팅 부서는 기획팀, 제품개발팀, 시장정보팀, 조달팀, 인사팀, 영업팀, 회계팀 그리고 심지어 법률팀은 물론 더 나아가 여러 단계의 다양한 파트너와 주도면밀하게 일해야 한다. 게다가 심지어 자신의 네트워크인 자회사, 지역 본부, 글로벌 본부 등과도 긴밀하게 협력해야 한다. 고객사는 통합 운용을 위한 비즈니스 모델을 만들어야 하므로 광고사보다 작업이 훨씬 더 복잡하다. 광고사 사람들은 고객사 편에서 일하기가 더 쉽다고 생각할지 모르지만, 통합 기술이 필요하다는 사실을 고려하면 그것은 절대 사실이 아니다.

오늘날 고객사는 완전히 수평 조직으로 일하므로 감독 부서를 내부적으로 설치하는 대신 파트너 '광고사' 역할뿐 아니라 마케팅팀의 확장 조직으로 일할 수 있는 광고사를 찾는다. 광고사들은 이런 사실이 신규 고객 및 기존 고객과 관계를 구축하고 사업을 확장하는 데 필수적인 기술과 역량이라는 것을 알고 있지만, 또한 그들의 전문 분야도 아니라는 것을 알고 있다. 요컨대, 광고사들은 고객사들이 마케팅 측면에서 원하는 일을 추진하는 데 필요한 회사 내부의 정치적 · 전략적 영향력이 없으며, 정보에 접근할 수 있는 권한이나 능력도 없다. 따라서 통합 태스크포스팀task force team(어떤 특별한 목표를 정하여 각 부문에서 인재들이 모여 프로젝트를 진행하는 일종의 특별 기획팀-옮긴이)으로 제대로 일할 수 있도록 그들에게 완전한 권한이 주어지지 않는다면 간접적으로 최선을 다할 수밖에 없다.

프로젝트를 함께 추진하기 위한 '프로젝트팀'은 대부분 고객사와 광고사의 핵심 인력으로 구성된다. 문제는 책임의 시작과 끝이 어디인가에 달렸다. 고객사가 매출 하락의 책임을 광고사에 전가하는 모호한 분야가 많으며, 광고사들 또한 처음부터 고객사가 자신들을 잘못 안내했다고 비난하는 사례도 많다. 광고사와 고객사의 역학관계에서 기능적 사일로는 가장 나쁜 것이며, 마케팅 최고 책임자는 누가 무엇을 담당하고 어느 정도까지 해야 하는지를 결정하는 데 매우 중요한 역할을 한다.

또한, 내부에 전문 기능이 없는 광고사는 자신이 담당하는 특정 업무를 선택적으로 통제하지 못하거나 고객사에 완벽한 결과물과 증거를 제시하지 못한다면 신뢰를 모두 잃고 책임을 지게 된다(광고사가 자체적으로 이런 전문 기능을 갖추려면 비용이 들기 때문에 다른 광고사와 협업을 하든가 제휴를 맺는다). 나이키는 수십 년 동안 고도의 전략적인 차원에서 그들의 대표 글로벌 광고사로 포틀랜드에 본사를 둔 '와이든+케네디Wieden+Kennedy'와 함께 일했다. 와이든+케네디는 브랜드 커뮤니케이션의 관점에서 광고는 물론 신제품 개발 아이디어에서 신제품 출시까지 고객사와 함께 작업한다. 나이키의 피트니스 생태계는 의류와 운동화를 넘어 자신들의 제품을 피트니스 센터와 연결하는 기술을 활용하는 것은 물론, 스포츠맨십 가치를 추구하며 체력 향상 촉진 시스템으로서 디지털 영역인 앱과 모바일에도 서로 연결되어 있다.

따라서 광고사 보수 제도도 광고사 참여 수준이 달라짐에 따라 바뀌었다. 예를 들어 광고사들은 자원 조달을 근거로 한 수수료 방식, 커미션 방식 혹은 혼합 형태로 제품 판매와 수익 증대가 서로 연결된 성과급 방식으로 일한다. 이 경우 광고사의 수익이 매출 증대와 연결되어 있으므로 광고사들은 더 많이 참여하고 더 열심히 일해야 한다. 고객사의 매출 증대는 고객 만족과 나이키 경험을 보완하는 운동화, 앱, 도구 등 그들이 개발에 참여했던 제품의 반복 구매를 통하여 이루어진다. 책임을 기반으로 하는 보수 제도는 점점 더 복잡해지고 계량화되고 있다. 미디어 기획 담당으로 고객사 담당 임

원과 크리에이티브 인원 몇 명만 배치하고 5천만 달러짜리 TV 광고의 15%를 커미션으로 받던 방식은 미국과 같은 선진 시장은 물론 대부분의 시장에서 오래전에 사라졌다.

일부 시장에서는 아직도 많은 고객사가 기본적으로 광고사 보수를 커미션 방식으로 지급하므로 예상 손익과 매출 원천 비율의 변동이 매우 불분명하다. 만약 광고사들이 수수료 방식을 따르면 고객사의 마케팅 예산의 증감과 관계없이 업무의 범위와 인력 소요 시간에 비례하여 보수를 받는다. 그러나 커미션 방식을 따르면 광고사는 몇 달 동안 밤낮으로 일할 수도 있고 마케팅이 제대로 실현되지 않는다면 마케팅 예산이 삭감되며 광고사는 타격을 입게 될 것이다.

예를 들어 한국에서는 마케팅 예산의 상당 부분이 마지막 분기에 집행된다. 그 이유는 전략적으로 계절적 요인이나 구매 관련 문제를 고려하는 것이 아니라 한 해가 끝나기 전에 반드시 예산을 모두 사용해야 하기 때문이다. 따라서 연간 수익을 예측할 때 광고사 최고 경영진은 3분기까지 비용을 완전히 보상받지 못하더라도 자원을 투입해야 하고, 그런 뒤 고객사가 4분기에 예산을 집행하기만을 기다려야 한다. TV 광고가 지배적이었던 시절에는 몇 달 만에 광고사들은 계약 비용을 모두 보상받고 표준 수수료와 이윤이 포함된 광고 대행 커미션율 17.65%를 부과한 활성화 프로그램에 따라 인쇄 광고물 몇 가지와 주요 TV 광고를 한두 편 제작하여 높은 수익을 올렸을 것이다. 그러나 고객사들은 커미션 방식으로 막대한 예산을 지출할 때 광고사가 15%라는 높은 TV 광고 대행료율 덕분에 실제로 이익을 많이 창출하고 있다는 사실을 알고 있으므로 기본적으로 디지털과 활성화를 위한 마케팅 제안과 프로그램 구현을 전체 패키지의 일부로 포함해 무상으로 작업해 달라고 요청한다. 고객사가 TV 광고에 1억 달러를 지출할 경우, 광고사는 커미션을 15% 받으므로 10만 달러짜리 디지털 프로그램 개발과 20만 달러짜리 이벤트 아이디어 구현은 무상으로 제공하여도 여전히 막대한 수익을 올릴 수 있다. 그래서 그런 일들은 공짜로 여겨졌다.

그런데 문제는 광고사 보수 제도가 이제 더는 커미션 방식이 아니라는 사실이다. 게다가 소매 기반 마케팅 효율화 프로그램을 구매하기 위한 현장 경로를 갖춘 모바일과 디지털로 이행하는 전략적 효과 관점에서 보면 TV 광고는 이제 중심 매체로서 시장 표준이 아니고 대부분 부수적인 매체로 인식되거나 효과가 없는 상태에 이르렀다. 이러한 매체 전환은 많은 광고사의 지속 가능성을 위험하게 만든다. 그 이유는 TV 광고 개발과 비교할 때 디지털 지향 프로젝트와 활성화 프로젝트에 필요한 자원 조달 비용, 간접비, 인건비를 충당할 수 없기 때문이다. 그들은 고객사들이 P&G와 같은 글로벌 기업이 처음으로 도입해 광고사 보수 제도의 표준이 되었던 수수료 방식을 도입하도록 설득해야 했다. 수수료 방식의 개념은 마케팅 미디어 예산이 얼마인지와 관계없이 특정 광고에 투입된 작업 시간을 기준으로 광고사가 구체적으로 보상받는 것이다. 예를 들어 광고를 세 번 하면 X달러의 금액을 받지만, 그러지 않으면 보상을 받을 수 없다는 조항이 계약서에 들어가 있으므로 수수료 방식 계약이 그렇게 느슨한 것만은 아니다. 그것은 매우 정확하다. 게다가 특정 목표를 달성하지 못하면 분기 또는 반년마다 성과를 검토하여 광고사는 책임지고 일정 금액을 반환해야 한다는 내용이 들어 있을 정도로 엄격한 KPI 조항도 있다. 그러므로 광고사들이 살아남기조차 힘든 세상이 되었으며, 성공한다는 것은 그야말로 이차적인 문제가 되었다.

예전처럼 세상이 단순했던 시절에는 마케팅 커뮤니케이션에 필요한 모든 사항에 관한 '원스톱 솔루션'을 얻기 위해 주력 광고사 한 곳과 계약했다. 그들은 기업의 정체성 시스템 고안, 경험적 영역의 소매 마케팅 디자인, 광고 전략과 광고물, 미디어 기획, 미디어 계약, 광고 효과 연구 등 모든 분야를 담당했다. 오늘날 이런 역량은 매우 전문적으로 발전하여 고객사들은 광고사 그룹이 맞춤형 모델로 전문 광고사들로 구성된 통합팀으로 참여하지 않는다면 다른 전문 광고사 집단을 이용할 것이다. 비록 광고사의 역할은 계약상 특정 범위에 한정되지만 비즈니스 구축 관점에서 고객사의 수익 파이를 증대시키는 것은 언제나 광고사의 임무다. 그러므로 일단 다른 광고사가 하는 특정 분야에 부족한 점이 생긴다든지 또는 다른 전문 광고사가 한 일에 대해 고객사가 불평한다든지 하는 잠재적인 틈이 보이면 경쟁 광고사가 해결책을 찾으려고 최선을 다할 것이며, 입찰 혹은 관련되는 모든 수단을 동원해 일감을 따내려고 노력할 것이다.

따라서 진정한 아이러니는 단일 고객을 위해 서로 다른 전문 광고사들이 협력하고 있지만, 사실상 그들은 항상 서로 경쟁하고 있다는 사실이다. 예를 들어, 오늘날 우리는 "TV 광고를 개발할 필요가 있다"라고 말하지 말고 "굉장한 이야기를 기반으로 한 TV 광고를 개발해야 한다"라고 말해야 한다. 그 과제에 어떻게 접근하는지에 대한 의견은 서로 다르다. 만약 주력 TV 광고사가 '굉장한' 아이디어를 담은 콘텐츠를 개발하지 못한다면 이 문제를 해결한 디지털 광고사나 다른 광고사가 그 부문에서 해당 TV 광고 개발사를 이길 기회를 얻을 수 있을 것이다.

말하자면 우리는 브랜드 광고를 30초 이상 촬영한 뒤 30초, 25초, 15초까지 편집하는 시대에 살고 있다. 이것을 온라인에서 1분짜리 열정적인 이야기로 진행하거나 15초짜리로 발췌하여 편집할 수 있다. 전통적 광고사에서 일했던 유능한 크리에이티브팀과 기획자를 보유한 디지털 광고사가 그 일을 할 수 있다는 것은 의심의 여지가 없다. 디지털 광고사를 하도급 업체로 두고 일하던 전통적 광고사가 그들과 합병하거나, 거꾸로 디지털 광고사들이 원대한 계획과 전략적인 통찰력으로 무장하여 데이터, 기술, 플랫폼, 마케팅 커뮤니케이션 실행 등 디지털 중심 전술적 수단이 부족한 전통적 광고사들을 매수하는 추세다. 그래서 비록 그들이 이론적으로 단일 고객을 위한 한 팀이라고 할지라도, 광고사들 사이에는 전쟁이 끊임없이 벌어지고 있다.

그뿐만 아니라 고객사 관점에서 보면 이런 현상 덕분에 모든 일을 처리해주는 '충직한 광고사'를 하나만 이용하던 시절보다 광고사들이 작업을 더 잘하려고 더 적극적으로, 더 능동적으로 일한다는 사실을 알게 된다. 광고사들은 고객사가 언제나 대체 광고사를 선택할 것이라는 사실을 알고 있으며, 그 반대로 고객사들도 파트너십 체제로 계약한 광고사 '집단' 안에서 광고사를 선택할 권리가 있다는 것을 알고 있다.

글로벌 광고사의 운영법

글로벌 광고사는 기본적으로 전 세계 시장에 진출한 글로벌 고객사에 서비스를 제공할 수 있는 글로벌 네트워크를 갖춘다. 또한 그들은 현지 광고사를 키우기 위해 현지에서 비즈니스도 유치한다. 기존 고객을 '키우면서' 다시 말해 기존 고객과의 비즈니스 영역을 확장하면서 혹은 경쟁을 통해 새로운 비즈니스를 수주한다는 의미인, 일감을 '사냥'함으로써 수익을 창출한다.

디지털이 세계를 정복하지 못했던 90년대까지만 해도 우리는 페이스타임Facetime이나 스카이프Skype 없이 팩스와 전화가 주도하는 세상에 살았다. 그때는 모든 사람이 하루짜리 회의를 하기 위해 비행기를 타고 지구 반 바퀴를 돌아갔으며, 글로벌 광고사들은 비즈니스 구축 능력면에서 역사상 가장 정점에 있었다. 예를 들어 WPP 그룹에 속한 오길비 앤드 매더 월드와이드Ogilvy & Mather Worldwide는 90년대 중반 PC와 서버 시장을 지배했던 통합 글로벌 IBM사를 유치했으며 옴니콤Omnicom 그룹에 속한 DDB 월드와이드는 맥도날드의 전 세계 마케팅 커뮤니케이션을 담당했다. 만약 당신이 WPP, 옴니콤, 퍼블리시스, IPG와 같은 초대형 광고사 그룹의 우산 아래 있는 다양한 광고사들의 수익을 지주회사 수준으로 통합하는 방식으로 글로벌 고객사와 작업할 수 있다면, 다른 독립 광고사나 경쟁 광고사들은 글로벌 고객사를 신규 고객 유치 대상으로 삼을 수 없다. 그것이 바로 글로벌 광고사들이 고객사와 글로벌 계약을 체결하는 이유다. 초대형 글로벌 광고사들은 이 계약을 통해 고객사의 브랜드를 위해 자신들의 전 세계 네트워크가 제공하는 지원을 집중하고 통합하겠다고 보증한다.

하지만 현실 세계에서 고객사들은 특정 마케팅 광고물에 대해서는 자신들이 가진 파트너 '집합'과 함께 작업하면서 글로벌 계약에 전혀 구애받지 않기도 한다. 또한 고객사 본사의 중앙 통제에서 벗어난 마케팅 예산은 현지 시장으로 내려갔다. 그뿐 아니라 그들은 광고사들을 통제하고 지휘하기 위해 자금력을 행사하기보다는 후견인으로서 브랜드의 일관성 유지를 위한 전략적 조정과 효율적인 통제의 사령탑 역할을 더 많이 하려고 한다. 따라서 광고사 관리의 자율성이 더 많이 주어졌으며 현지 차원의 광고 구성이 많이 일어날수록 글로벌 광고사의 자회사들보다 중간 규모의 독립적인 광고사와 신규 광고사들에 기회가 더 많이 제공되는 일이 발생했다.

새로운 기업들의 등장과 운영 체계의 축소와 변화는 글로벌 고객사들을 구식으로 혹은 무력하게 만들거나 비즈니스 모델을 변경하도록 만들었다. 그것은 IBM이 PC와 하드웨어 비즈니스를 접고

솔루션 비즈니스로 진출한 사실에서도 알 수 있다. 글로벌 광고사들은 주된 수익원으로서 기존 서비스를 제공할 뿐 아니라 새로운 일을 만들 정도로 번듯하게 일할 수 있는 임계 수준의 업무량을 주는 글로벌 고객사들에만 의지할 수 없었다. 명목상 종업원이 10만 명인 '글로벌 광고사'라고 불릴 수 있지만, 이것은 각 현지 광고사가 글로벌 계약서에 기초하여 글로벌 본사로부터 고정 수입의 80%를 지원받는 특권을 부여받았다는 것을 의미하지 않는다. 물론 하룻밤 사이에 터득할 수 없는 담배에 관한 전문 경험과 매우 정교한 전략적 제휴와 통합 기술을 갖춘 광고사가 필요한 초대형 BAT 사를 전담하는 WPP의 지오메트리Geometry처럼 특별한 사례도 있다.

따라서 현지 광고사들이 모기업 고객을 항상 유지하면서 미디어 매체 유통을 전담하고 있는 일본 미디어 시스템 운영 기업인 덴쓰Dentsu 혹은 삼성의 제일기획, LG의 HS애드, 현대 기아차 그룹의 이노션처럼 재벌의 사내 광고사와 비슷한 형태가 아니라면, 우수한 자원 확보를 위한 대규모 투자, M&A, 인프라 구축, 스핀오프 자회사 설립, 신기술 시스템 구매 등을 위한 투자 자금은 말할 것도 없이 기본적인 운영 자금도 마련할 만한 안정적인 고정 고객 기반이 없으므로 그들은 틈새시장에 한정된 전문 업체로서 전술 제작 업체가 되거나 사업을 접을 수밖에 없다.

분더만은 중국에서 디지털 중심 광고사로서 재규어랜드로버Jaguar Land Rover 그룹의 모든 마케팅 커뮤니케이션을 담당하고 또한 마이크로소프트의 현지 광고도 담당했을 때는 광고사 네트워크 사업을 유지할 만큼 성과가 좋았다. 그러나 재규어랜드로버는 삼성이 제일기획을 만들었던 것처럼 런던에 본사를 둔 스파크 44Spark 44라는 자체 사내 광고사를 만들어 전 세계의 재규어랜드로버 광고를 담당하도록 했다. 이에 따라 분더만 수익의 대부분은 자연스럽게 재규어랜드로버 그룹의 사내 광고사로 이전되었다.

몇 년 후 분더만은 현지 고객으로서 마이크로소프트를 잃는 시련을 또다시 겪었다. 이런 일이 발생하면 현지 글로벌 광고사는 마이크로소프트의 현지 예산 수준에 맞춰 수익을 내든가 아니면 새로운 현지 고객을 발굴해야 한다. 이런 사태로 갑자기 목표를 달성하지 못하는 일이 발생하면 현지 광고사뿐 아니라 글로벌 광고사 전체에 파장을 일으킨다. 따라서 특히 중국이나 일본과 같은 거대 시장에서 커다란 손실로 타격을 입고 운영 손실을 보전할 만한 대체 고객을 즉각 확보하지 못하면 현지 광고사의 모든 경영진은 현지 비즈니스를 더 많이 유치하라는 압력을 받는다.

다른 회사처럼 광고사에서도 해고될 가능성은 언제나 존재한다. 만약 수익이 비용을 감당할 수 없다면 인력을 유지할 수 없다. 즉 회사나 광고사는 매출이 감소하더라도 적어도 운영 수익을 내기 위해서는 직접비를 줄여야 한다. 만약 당신이 담당하는 고객사의 비즈니스가 없어지고 전환 배치될 수 있는 다른 자리가 없다면, 당신은 비용을 일으키는 존재로 전락하고 CEO는 전화를 걸어 당신을 내보내려고 할 것이다. 안 그러면 회사는 당신이 선임이면 선임일수록 경비 지출 속도가 더 빨라져 손실을 더욱 크게 볼 것이다.

이렇게 말하는 편이 훨씬 이해하기 쉬울 것이다. 당신이 예를 들어 한국에서 사내 광고사에 근무한다면 다른 팀이나 부서로 배치될 가능성과 적어도 즉시 해고될 가능성이 훨씬 적을 것이다. 하지만 만약 당신이 독립 광고사나 현지 광고사에서 근무한다면 특정 개인이나 팀을 유지하기 위해 신규 고객 유치를 통한 현금을 만들어내거나 다른 분야의 비용 절감을 통해 대체 비용을 즉시 보전해야 한다. 어느 분야든 조직에서의 생존 확률은 동료 및 상사와의 관계, 상사 앞에서의 직접 보고 횟수, 고객과 공급업체, 규정 준수 등 수많은 요소에 달렸다. 따라서 실제로 무엇이 옳은지에 대한 정답은 한 가지만 있는 게 아니다.

그렇지만 한 가지 확실한 것은 당신이 마케팅 담당자이든, 광고사 임원이든, 매출을 증대하고 브랜드 자산을 형성하려면 변혁의 시대에 고객들 스스로 브랜드 옹호자가 되어 계속 구매할 수 있는 브랜드 공감 구축이 생존과 번영에 진정으로 유일한 해답이라는 사실이다. 이를 통해 광고사들은 단순히 칸 국제 광고제Cannes Advertising Festival의 '창의성' 부문 황금사자상 수상이 아니라, 실질적인 마케팅 효율성으로 평가받는 위대한 통합 마케팅 광고를 만들어낸다. 따라서 고객 공감을 투명하게 구축하고 고객들의 마음을 움직여 매출 성장에 이바지하는 위대한 광고를 만들면, 그것은 입소문을 타고 광고사의 능력을 확장하여 더 많은 고객사를 유치할 가능성을 높일 것이다. 이는 비즈니스를 유치하기 위해 단순한 관계 구축, 거래 교환, 비용 협상 등을 의미하는 것이 아니다.

수십 년 전부터 WPP, 옴니콤, 인터퍼블릭, 퍼블리시스 등 거대 광고 지주사 그룹의 일원이 된 사치 앤드 사치Saatchi & Saatchi, DDB, TBWA, 오길비 등 원래 '유명했던' 광고사들이 광고사 네트워크의 설치 지역을 확대한 이유는 기본적으로 본사가 소재한 국가 밖에서 영업하는 글로벌 고객사에 서비스를 제공하기 위해서였다. 이런 글로벌 고객사들로부터 현지 운영 비용을 충당할 만큼 충분한 비용을 보전 받는 광고사들은 세계로 진출하는 고객사와 비즈니스를 계속하고 글로벌 차원에서 서비스를 제공하려면 불가피하게 확장해야 했다. 그렇게 하지 않으면 이런 글로벌 고객사의 현지 수익은 다른 '현지' 광고사로 갈 것이며, 어떤 시장에서 다른 광고사 네트워크나 현지 광고사가 일을 맡아 더 잘 수행한다면 글로벌 광고사 자체 네트워크 전체에 영향을 미칠 것이다. 비즈니스 측면에서 보면 특정 시장에서는 글로벌 광고사가 한정된 범위의 서비스를 제공함으로써 수익을 창출하지 못할지 모르지만 고객사의 전체 손익은 글로벌 광고사 본사 차원에서 통합해 판단하므로 특정 시장의 손실은 다른 시장의 대규모 수익으로 상쇄되어 전체적으로 보면 수익을 낼 수 있다. 따라서 인도와 중국 같은 거대 시장이 광범위하게 성장하여 영업 상황이 좋을 때는 소규모 시장을 기반으로 한 글로벌 광고사는 전 세계적으로 통합한 고객사의 수익 규모가 작으므로 실적이 그다지 좋지 않아 우회적이긴 하지만 '현지 고객' 개발을 통해 매출 성장을 이루고 수익을 내는 것이 중요하다.

따라서 한국, 중국, 스페인과 같이 현지에서 일하는 글로벌 광고사 임원의 역할은 두 가지다. 하나는 P&G, IBM 등과 같이 전 세계를 대상으로 영업하는 고객사에 '글로벌 표준'이라고 불리는 완벽한 수준의 표준화된 서비스를 제공함과 동시에 전 세계 글로벌 광고 계약 수수료를 지급하기 위한 '글로벌' 본사의 예산 대신 '현지 예산'을 보유하고 있을지도 모를 이들 현지 고객사로부터 수익을 더 많이 '생산'하는 것이다. 또 다른 하나는 현지 고객으로부터 새로운 수익원을 만드는 것이다. 경기가 좋고 글로벌 고객사들이 대규모로 광고비를 지출하며 그 지출 규모가 글로벌 광고사의 사업 목표를 초과하거나 같은 수준이라면 광고사들은 특별히 크게 걱정할 필요가 없다. 1990년대 중반 아시아 경제 위기, 즉 IMF 위기 때 소규모 현지 광고사들은 문을 닫았지만 아시아에 있던 글로벌 광고사들은 광고비를 미 달러화로 받아 실제로 이익을 더 많이 보았다.

그러므로 여러 가지 이유에서 현지 고객사들의 요구에 잘 대응하는 것이 광고사의 현지 임원과 대표자의 매우 중요한 임무다. 첫째, 대체로 글로벌 고객사들이 글로벌 광고사의 이익 대부분을 제공하고 있으며, 만약 한 특정 시장에서 실적 저조에 대한 불만을 심각하게 제기되는 것같이 불행한 일이 발생한다면 그 파급효과는 글로벌 통합 계약에서 규정한 '고객 만족 지수'에 영향을 미쳐 글로벌 광고사의 전 세계 성과에도 타격을 준다. 둘째, 한때 풍족했던 글로벌 광고사 예산이 삭감되거나 글로벌 고객사의 사업이 타격을 받아 마케팅 예산이 감소할 경우를 대비해 글로벌 광고사들은 새로운 현지 사업을 개발하는 것이 중요하다. 만약 광고사들이 글로벌 본점 차원에서 전담 서비스 제공을 위한 '연간 수수료 기준'으로 계약한다면, 현지 예산이 삭감되든 안 되든 상관이 없으며 수입은 안정적으로 발생한다. 하지만 그런 경우가 아니라면 계약은 기본 수수료는 보전해주지만 다른 수수료는 현지에서 수행하는 프로젝트 기준으로 지급하는 혼합 형태가 된다. 그러므로 광고사들은 안전성을 확보하며 운영비를 충당하고 이익을 내기 위해 더 많은 수익을 가져다줄 현지 고객을 크게 늘릴 필요가 있다.

어느 회사나 마찬가지로 광고사의 매출인 청구 금액보다 영업 이익률이 더 중요하다. 어떤 광고사가 5,000만 달러를 벌었지만 비용이 5,000만 달러 1센트였다면 그들은 손해를 보고 영업한 셈이다. 따라서 새로운 고객을 유치하고 일손이 많이 들어가는 고객 사업을 시작할 때 필요 규모를 정하는 것이 중요하다. 이를 신중하게 결정하지 않으면 나중에 업무 부담이 예상을 뛰어넘고, 고객을 만족시키기 위하여 자원을 계속 투입해야 하므로 특정 고객 유지 비용 대비 수입 수수료인 '추정 수익'을 계산해보면 실제로 손실이 더 크게 발생할 수 있다. 따라서 광고사는 특정 고객 계정에서 '손실'을 보게 될 것이다. 이익 목표를 달성하기 위해서는 새로운 고객을 유치하거나 한정된 팀 인원을 최대한 활용해 일을 더 많이 함으로써 조달 비용을 낮추면서 비용을 절감해야 한다. 이런 일이 악순환하면 탈진한 직원들이 발생할 수도 있다. 광고사 경영진은 이를 방지하기 위하여 특정 사업의 이익률을 고려하여 적정 수익에 대한 작업 범위의 균형을 잘 유지해야 한다.

현지 광고사들이 다른 '글로벌 광고사'와 이미 계약한 글로벌 고객사로부터 신규 비즈니스를 유치하는 것은 분명히 한계가 있다. 이는 고객사와 광고사가 본사 차원에서 글로벌 종합 계약을 체결해 일정 기간 전 세계 자회사들을 구속하기 때문이다. 그러나 잠재적으로 어떤 일회성 활성화 프로그램이나 심지어 글로벌 보상을 계산하는 요소의 계약 '범위 내'에 속하지 않는 디지털 작업과 같이 전 세계에서 공통으로 구속받는 것이 아닌 계약 '범위 밖' 일감이 있다. 이런 것들이 글로벌 고객사에 대해 실행 가능한 새로운 사업 분야가 될 것이다. 더욱이 규모가 더 작고 글로벌 수준의 광고사 네트워크 계약을 체결할 수 없는 '다국적' 고객사가 있을 수 있다. 이 경우 현지에서 프로젝트에 직접 입찰하고 광고사 계약을 체결할 수 있다. 이런 회사들이 잠재 고객일 것이다. 마지막으로 현지에서 사업하는 현지 내수 기업들도 유치 대상 고객사가 될 것이다.

그 모든 것의 아이러니한 점은 예를 들어 파키스탄의 한 현지 광고사의 역량이 인도 광고사의 표준에 미치지 못할 수도 있다는 것이다. 다만 P&G와 같은 글로벌 고객사라면 국가와 상관없이 같은 수준의 표준화된 '세계적인 품질 서비스'를 제공하는 것이 중요하다. 이러한 갈등을 해소하고 현지 차원에서 내부적으로 조정할 수 없는 해결 방법을 명확히 하기 위해, 광고사 네트워크는 '지역 본부'를 설치했다. 그들은 고객 만족도 지수, 현지 광고사가 글로벌 광고사의 비전에 따라서 올바른 방향으로 운영되고 있는지, 지역마다 차이가 있는 우선순위를 반영한 지역 목표, 시장 인프라와 고객 우선순위, 비즈니스 목표에 초점을 맞춘 서비스 제공 등 각 현지 광고사들의 운영상 동력을 감독한다. 기본적으로 광고사의 지역 본부는 현지 광고사 대표를 위한 운영위원회를 의미한다. 그들은 손익 진행 상황, 고객 진행 상황, 지역 본부의 지원이 필요한 문제 등에 대하여 보고한다. 그들은 또한 현지 차원의 광고 제작 시 광고사의 헌신 정도와 규모를 보여주기 위해 지역 본부와 글로벌 본부의 영향력을 동원한다. 이것은 기본적으로 광고사 네트워크의 강점을 보여주는 일종의 '과시'다.

'글로벌 고객사가 없는 글로벌 광고사'라는 말은 기본적으로 현지 광고사는 글로벌 광고사와 계약을 체결한 고객사에 매여 있지만 현지 시장에서 글로벌 고객사의 매출은 아예 없거나 최소한의 수준일 수 있다는 의미다. 다르게 말하면, 그들은 글로벌 고객사를 위해 서비스를 제공하고 조정자 역할을 하기 위해 여전히 현지에 존재해야 하지만 특히 다른 고객과 새로운 비즈니스를 통해 수익을 만들지 못하면 적자 상태로 운영될 것이다. 새로운 사업을 유치해야 할 목표가 커질수록 현지 광고사의 대표이사와 경영진은 어려움을 겪는다. 특히 대표이사는 광고사로서 최소한의 규모를 유지하고 새로운 일감을 능숙하게 유치할 수 있다는 실력을 보여주어야 한다. 그러나 현지 광고사들은 대부분 새로운 계약을 유치하여 비용을 충당하고 이익을 창출할 수 없으면 자원 할당이나 신규 채용을 할 수 없으므로 이러한 '불황'과 싸우고 제한된 인력으로 새로운 사업을 찾으려고 안간힘을 쓰고 있다.

글로벌 광고사들의 현지 광고사들에 또 다른 중요한 시사점은 이를테면 수입의 80%를 글로벌 고객사로부터 버는 상황에서 글로벌 통합 계약이 종료되고 새로운 광고사가 선발되면 사실상 영업을 종료해야 한다는 사실이다. 현지 광고사가 손실을 보전하기 위해 현지에서 다른 고객사를 확보하지 못한다면 그들은 영업을 축소하고, 인력 감축, 임대료가 싼 사무실로 이전, 작은 일이지만 인쇄비 절감을 위한 이면지 사용, 문구류 구매 중지 등 자구노력을 해야 하며 그 노력의 증거를 지역 본부 경영진에게 보고해야 한다. 다른 모든 산업과 마찬가지로 경기가 좋지 않을 때는 오로지 기존 고객사에 의존하던 광고사들은 불가피하게 모든 묘안을 짜내야 한다. 광고사의 수익은 고객사의 마케팅 예산과 직결되므로 고객사는 광고사를 흥하게도 하고 망하게도 한다.

레오 버넷Leo Burnett과 같은 글로벌 광고사는 맥도날드, P&G, 필립 모리스와 같은 유수의 글로벌 고객사들과 수십 년 동안 함께 일하는 행운을 누린다. 이제 현지 시장에서 고객사의 영업이 크게 성장하고 글로벌 광고사가 글로벌 통합 계약에 따라 모든 마케팅 커뮤니케이션 작업을 수행하면 광고사 수입의 상당 부분이 여기에서 나오며, 계약서에서 정하지 않은 추가 작업도 글로벌 고객사로부터 단독으로 획득할 수 있다. 그들은 목표 달성 혹은 최소한의 영업 규모를 유지하기 위해 신사업 구축에 관한 방대한 계획서를 격월로 작성하여 보고하거나 다른 6개 광고사에 대항해 입찰에 참여하지 않아도 된다. 이런 경우 다른 글로벌 광고사는 현지 차원이나 글로벌 차원에서 글로벌 통합 고객을 보유하는 사치를 누리지 못한다. 계약을 맺어도 그것은 지역적이거나, 몇 개의 작은 시장을 담당하거나, 마케팅 커뮤니케이션 범위는 방대하지만 단지 특정 작업 영역에만 국한하여 전 세계 업무를 하도록 제한될 수 있다. 이럴 때 글로벌 광고사의 현지 광고사는 고객 명단을 보여주면서 '세계 굴지의' 글로벌 고객사가 있다고 자신을 소개할 수도 있지만, 그것은 사실상 그들의 수익에 크게 도움이 되지 못하고, 단지 새로운 사업을 유치하는 데 '신뢰성'을 구두 지원하는 정도로 받아들여질 뿐이다.

고객사 없는 글로벌 광고사

한국에서 세계적으로 유명한 한 광고사의 전무이사가 되었을 때, 나는 앞으로 다가올 사업 상황이 최상의 상태가 아니며 내가 맡은 임무는 그 상황을 반전시키는 것이라는 사실을 깨달았다. 기본적으로 현지 광고사의 CEO인 글로벌 광고사의 전무이사가 스스로 물러나지 않으면 후임을 선임하는 방법을 쓴다. 그 이유는 광고사 업무가 안정된 상태에서 절대로 CEO 교체가 일어나지 않기 때문이다. 그러므로 내가 임명되었을 때 관례에 따라 나의 전임자가 물러났다.

나는 회사의 손익 계산서를 살펴보았다. 회사는 목표 대비 마이너스 90%인 상태였다. 즉 손익분기점보다 비용이 90% 초과하고 있었다. 이것은 엄청난 비율이다. 여기서 할 수 있는 유일한 조치는 인건비 등 직접비를 포함한 운영 경비를 대폭 줄이고 임대료가 더 저렴한 건물로 이사하는 것이었지만 사무실 임차 계약 기간이 아직 남아 있었다. 다른 방법은 최소한의 직원으로 신규 비즈니스를 유치하여 회사를 재구축하는 것이었다. 내가 맡은 글로벌 광고사의 현지 광고사는 고객으로 글로벌 고객사 하나만 있고 현지 고객사는 전혀 없었다. 게다가 그 글로벌 고객사의 예산은 본사 예산 혹은 지역 본부 예산이 아니라 모두 현지 예산이었다. 이는 예산 집행의 불확실성이 증가하며 우리의 매출 변동이 발생할 수 있다는 사실을 의미한다. 하지만 우리가 한국에서 서비스를 제대로 제공하지 못하면 글로벌 고객사의 다른 시장에 영향을 미칠 수 있으므로 우리는 현지 고객사에 자원을 계속 공급해야 했다.

나는 이 단계에서 과잉 인력을 정리했으며 광고사 업무 범위를 재조정하고 실제로 국내 시장에서 경쟁력이 있다고 자랑할 만한 것이 아무것도 없을 때 '글로벌 광고사 네트워크의 힘'을 내세워 '글로벌 신용'으로만 무장하고 처음부터 새로운 비즈니스를 끊임없이 다시 구축했다. 한국 시장에서 제공하는 새로운 비즈니스 모델은 글로벌 사업 궤도에 맞춰 구성하여 신규 사업 유치를 위한 계획을 공격적으로 실행했다. 장기적인 전략 목표를 내세우고 한가하게 기존 고객이라는 안전망을 활용해 신규 비즈니스를 구축하려 하지 않았다.

시절이 좋을 때는 모두가 행복하고 광고사는 일하기 즐거운 직장이다. 하지만 고객사가 지출을 최소화하거나 고객이 떠나가는 등 영업 상황이 좋지 않아서 광고사의 수익을 올리기 위해 이리저리 뛰어다녀야 하면, 정말 불행한 직장이다. 실제로 아이디어를 내고 열심히 일하는 재능 있는 직원들을 유지하기 위한 비용을 어떻게 충당할 수 있을까? 광고 업무는 단추를 한 번 누르기만 하면 무수히 복제할 수 있는 플랫폼이 아니다. 그것은 마케팅 원칙에 따라 고객의 비즈니스 문제를 해결하는 맥락에서 고객 통찰력을 브랜드 통찰력으로 연결하는 아이디어를 창조함으로써 역사적으로 경험을 축적한 비즈니스 모델이다.

따라서 어느 광고사에 근무하기로 할 때, 회사 문화에 더하여 고객들의 안정성에 대한 평가가 가장 중요하다. 만약 광고사가 전 세계 네트워크를 갖춘 글로벌 광고사라면 더 창의적이거나 분석적인 전문 업무 중심 문화 그리고 직원들에게 직접적인 영향을 미치는 현지 CEO의 개인적인 성격 등, 광고사의 전반적인 문화에서 유래하므로 회사 분위기는 모두 다르다.

글로벌 광고사 네트워크 기반 조성과 시사점

글로벌 광고사 네트워크의 운영 규약과 문화뿐 아니라 시간과 투자 수준을 고려할 때, 현지 광고사 설립은 조직적으로 또는 비조직적으로 이루어진다. 조직적으로 설립한다는 것은 회사를 운영할 대표자를 찾고, 직원을 한 명 한 명씩

모집하고 사무실을 찾는 등 운영 체제를 처음부터 마련하는 것을 말한다. 비조직적으로 설립한다는 것은 현지 광고사를 인수하여 글로벌 광고사 네트워크 이름으로 브랜드를 다시 붙여 빠르게 네트워크 운영 체제를 확립하는 것을 의미한다. 두 번째가 더 복잡하지만 특히 현지 광고사를 좋은 가격에 인수하고, 그들의 기존 고객 명단을 확보하고, 현재의 안정적인 수익을 향후 훨씬 더 많이 확대할 수 있다고 기대한다면 더욱 유리한 방법이 될 수도 있다. 그러나 한 가지 조심해서 다뤄야 할 사항은 합병 후 과도기 단계에서 고객 유지와 밀접한 관계가 있는 최고의 인재를 확보해야 한다는 사실이다. 이는 작업 및 운영 규약, 조직에 내재한 문화 등 현지 광고사가 역사적으로 가진 문화의 균형 혹은 변천과 동시에 일어난다.

현지 광고사의 문화는 글로벌 광고사 네트워크 문화의 유연성 정도에 따라 그것과 조화를 이룰 수 있도록 종종 다시 조정되어야 한다. 프랑스 퍼블리스 그룹의 경우, 그들은 현지 광고사를 인수하고 자신들의 로고를 사용하도록 했지만, 현지 광고사의 문화가 조직 안에 그대로 남아 있도록 허용했다. 그러나 WPP의 그룹과 유명한 오길비 네트워크와 같은 광고사의 경우, 글로벌 비전과 문화, 규약, 절차, 보고 체계 등 운영 구조와 조화를 이루는 문제가 훨씬 더 일관성이 있고 엄격하게 다루어진다. 그것들은 현지 시장에서 고객 유지 혹은 고객 확대 가운데 어디에 무게를 두느냐에 따라 장단점이 있다. 태생이 원천적으로 현지 광고사이고 현지 시장에서 훨씬 강한 위치에 있다면 현지 광고사의 문화가 꾸준히 강화되면서 무리 없이 글로벌 광고사의 문화와 섞이는 과도 단계를 거칠 것이다. 만약 인수된 현지 광고사의 위치가 글로벌 광고사의 후광 이미지보다 취약하거나 부정적이라면, 새로운 글로벌 광고사가 인수해서 모든 것이 바뀌었다는 사실을 반영해 신속하게 전환하는 것이 더 좋다.

세계 4대 광고 그룹의 지주회사인 옴니콤 그룹과 퍼블리시스 그룹은 한때 합병을 통해 세계 최대의 광고 지주회사가 됨으로써 규모가 가장 큰 광고 그룹인 WPP를 물리치려고 했었다. 합병 후 통합 과정은 계획대로 진행되지 않았다. 그것은 디지털, 광고, 홍보, 활성화, 미디어, 플랫폼 등을 비롯해 수많은 전문 광고사들을 관리하는 것은 물론 회계 통합과 재무 통합에 이르기까지 모든 것을 포함하는 글로벌 운영의 방향에 전반적인 영향을 미치는 경영진과 이사회 구성원들 사이에 문화적 갈등이 발생함으로써 화학적 융합에 문제가 생겼기 때문이었다.

창업자를 포함한 카리스마 넘치는 현지 경영진이 그들의 독특한 경영 스타일, 타고난 재능, 고객 및 미래의 수익원과 관계망을 구축하고 특정 방식으로 운영하는 현지 광고사를 인수할 때도 이런 요인들을 신중히 고려해야 한다. 그들이 전 세계에 공통으로 적용하는 제약 조건으로 인해 과거의 운영 방식에서 크게 벗어나야 한다면 충돌이 발생할 수 있으며, 합병 후 통합 과정에서도 문제점들이 심각하게 나타날 수 있다. 따라서 특정 시장을 포함하는 글로벌 통합 계약에 기초하여 중요한 글로벌 고객사들의 요구를 충족시키기 위해 비조직적 합병을 즉시 실행할 필요가 없다면 현지 광고사 설립은 다른 많은 산업처럼 초기 단계에서는 전략적 제휴와 합작 투자 형태로 이루어진다.

회사의 CEO나 설립자는 매수 계약의 모든 내용이 책임 있게 끝날 때까지 몇 년 동안 근무해야 한다는 계약 조건에 따라 회사에 남아 있을지 모르지만, 그 외 핵심 인물들은 일반적으로 매수 계약의 구속을 당하지 않으므로 회사를 떠날 수 있다. 따라서 직원들이 능력은 있지만 변화된 피합병 광고사에서 일하고 싶지 않아 회사를 떠난다면 회사 설립자가 경영진에 잔류한 것과는 관계없이 회사 전체 영업에 부정적인 영향을 미칠 수 있다. 직원들의 이탈은 광고사가 가장 중요시하는 일의 품질에 직접적인 영향을 미치기 때문이다.

국내 최대 삼성 계열사인 제일기획과 같은 사내 광고사도 자체 운영 자회사를 갖고 있지만 한국 광고사로서 일본의 덴쓰Dentsu처럼 현지 시장에서 현지 사업체로 성장한다는 것은 쉬운 일이 아니므로 M&A를 통해 현지 유력 광고사나 적어도 이름 있는 광고사들을 인수했다. 같은 원리가 여기에도 적용된다. 제일기획은 인수한 광고사의 원칙과 핵심 직원 유지 문제가 균형을 제대로 이룰 수 있는 계획을 수립할 필요가 있었다.

M&A 통합 후 광고사에 대한 타당성과 관련하여, 우리는 일관된 '공감' 브랜드 경험을 유지한 사례를 인도의 타타 그룹Tata Group이 인수한 재규어랜드로버 그룹에서 찾아볼 수 있다. 비록 인도인들이 재규어랜드로버를 소유했지만, 원래 영국제로서 유산, 문화, 이미지는 여전히 변함이 없으며 도리어 타타 그룹의 투자로 이것들은 희석

없이 다음 단계로 발전시킬 수 있는 동력을 얻었다. 이것은 인수한 회사의 후광 효과보다 인수된 회사의 영향력이 그 시장에서 더 약하거나 더 강하다면, 시장 상황의 맥락에 따라 광고사들이 어느 조직의 문화를 따라야 하는지를 고려해야 하는 사례다.

글로벌 기업들이 글로벌 광고사들과 일하는 방법

글로벌 기업들은 오랫동안 통합 광고사 네트워크를 한 곳만 이용하는 것이 비즈니스 성과와 브랜드 구축에 장단점이 있다는 사실을 깨달았다. 예를 들어 모든 마케팅 커뮤니케이션이 한 광고사 안에서 만들어진다면, 그것들은 크리에이티브나 전략 분야에서는 강할지 모르지만 데이터 분석이나 디지털 부문은 약할 수도 있다. 따라서 이런 현지 광고사들은 WPP나 옴니콤과 같은 지주사 수준의 그룹과 협력하여 고객사를 위한 '최상의' 전문 광고사들을 맞춤형으로 제공한다. 예를 들어 전략 기획에 대해서는 브랜드 전략 광고사, 중앙 혹의 현지에서의 크리에이티브 개발과 현지 적용에 대해서는 글로벌 크리에이티브 개발과 유통 전담 광고사, 소셜 마케팅과 통합 디지털 광고에 대해서는 네트워크로 모든 것을 통합하고 웹사이트와 네트워크 연결을 관리하는 디지털 글로벌 광고사, 글로벌 차원에서 할인과 보너스를 더 많이 받아 결과적으로 투자 수익을 올리려는 개별 고객사를 위해서는 '공동 구매력'으로 훨씬 더 효과적으로 미디어 구매를 할 수 있는 글로벌 미디어 광고사를 구성해 제공한다.

그런데도 고객사들은 이런 '이상적인 모델'을 갖추어도 작업 결과는 그다지 훌륭하지 않으며, 전 세계에 표준화된 서비스를 제공하는 데 일관성이 없다는 사실을 깨달았다. 따라서 고객사들은 각 기능에서 최고의 실력을 갖춘 광고사들을 모아 네트워크로 '풀'을 구성해 이용하거나, 네트워크가 없어도 최고 수준인 현지 광고사 몇 군데를 독립적으로 활용하기도 한다. 이 경우 통합 역할이 훨씬 더 중요하다. 따라서 고객사는 대표 '통합' 광고사를 지정하여 '다양한' 네트워크 광고사들이 소속 지주 광고사와 상관없이 서로 협력하고 일관성을 유지하며 작업할 수 있게 통합하는 역할을 하도록 했다. 한마디로 그들은 경쟁과 협력을 동시에 하는 것이다. 예를 들어 '디지털 광고 제작'이라는 단일 주제에 대해 고객사들은 광고사들의 '풀'을 이용해 출시 캠페인 전략과 콘텐츠 제작에 대한 경쟁 구도를 조성하고, 그중에서 가장 적합한 것을 선택하여 실행할 수도 있다.

이 시대 고객사는 긍정적인 브랜드 자산 지수가 역사적인 수치에 비해 얼마나 상승했는가 하는 감상적인 측면을 중시하는 것이 아니라, 브랜드 공감 투자에 대한 매출의 상관관계인 ROI를 절대적인 목표로 삼고 있다. 따라서 광고사가 경쟁력 있는 최첨단 전략, 디지털, 창의적인 분석 기술을 더 많이 보유하는 것이 훨씬 더 중요해졌다. 매출 하락과 상승의 원인은 수없이 많으므로 광고사는 평가 기준에 대한 계약을 체결하기 전에 이들 요소를 미리 따져보고 검토해야 한다. 광고사의 성과급 체계는 KPI 목표의 영향을 받는다. 고객사들이 계약한 작업의 결과가 기대에 미치지 못하거나 규정된 계약 조건에 해당한다고 판단하는 경우에는 광고사가 일정 금액을 반납해야 한다는 평가를 받을 수도 있다.

마지막으로, 고객사들은 특히 광고사 네트워크가 전부 관여하는 글로벌 수준의 참여 정도와 광고사 성과에 대해 제삼자의 객관적인 평가를 받아보기 위해 광고사 평가 컨설팅 회사를 고용해 그들이 광고사의 모든 분야에 대해 사전 및 사후 평가를 수행하도록 한다. 그들은 보수 협상, 계약 검토, 생산 비용 세부 사항, 업무 처리의 투명성과 준법, 미디어의 효과성 등 그야말로 모든 영역을 평가한다. 고객사들은 R3와 같은 컨설팅 회사로부터 이런 평가 결과를 얻은 뒤 자신들의 조달팀과 함께 비용 준수와 비용 절감을 평가한다. 예를 들어 광고사들은 계약 기간이 3년인 글로벌 계약을 유지하기 위해 매년 서비스 기준과 서비스 제공 수준을 더 높이고, 반면 비용은 3년 동안 슬라이드 방식으로 지정된 비율에 따라 절감함으로써 글로벌 고객사에 최고 수준의 서비스를 계속 제공하면서 동시에 '비용 절감'에 얼마나 이바지했는지를 보여준다. 그것은 기본적으로 디지털 영역에서 기술적으로 더 정밀한 마케팅 자동화를 추구하고 프로그램으로 예측하는 타깃팅 시스템을 사용하므로 광고사에 힘든 세상이 되었다. 게다가 광고사 보수를 AI와 프로그램 플랫폼을 사용하여 프로젝트 참여 인원수와 작업 범위에 비례하는 수수료 방식으로 계산하기 때문에 광고사의 수입이 늘어나는 것이 아니라 오히려 줄어든다.

글로벌 광고사들의 기업 맞춤형 제공 서비스

광고사	제공 서비스	광고사	제공 서비스
알/지에이 R/GA	① 기업 혁신 ② 성장 전략과 신사업 모델 ③ 브랜드 전략과 디자인 ④ 새로운 경험 ⑤ 디지털 경험과 활성화 ⑥ 디지털 제품, 서비스, 소매 ⑦ 혁신적 캠페인 ⑧ 체계적인 스토리텔링 ⑨ 고객 경험 관리와 멤버십 ⑩ 벤처 스튜디오 ⑪ 벤처 정보 ⑫ 벤처 계약	**그룹 M** GROUP M	① 글로벌 미디어 투자 관리 ② 미디어 기획과 미디어 구매 ③ 브랜드 콘텐츠 ④ 디지털 미디어 ⑤ ROI와 소비자 조사 ⑥ 인터넷 마케팅(디지털, 다이렉트, 검색) ⑦ 콘텐츠 창조 ⑧ 소셜 미디어 마케팅 ⑨ 옥외 광고와 오락 ⑩ 협찬 ⑪ 스포츠 마케팅
오길비 앤드 매더 OGILVY & MATHER	① 디자인 주도 전략 ② 홍보와 대외 협력 ③ 브랜드와 정체성 ④ 소비자와 소매 마케팅 ⑤ 관계 마케팅. ⑥ 디지털 미디어 ⑦ 판촉 ⑧ 브랜드와 정체성 ⑨ 크리에이티브 디자인 ⑩ 고객 분석 ⑪ 위기와 이슈 관리 ⑫ 다이렉트 마케팅 ⑬ 디지털 미디어와 검색 마케팅 ⑭ 경험 마케팅 ⑮ 전략적 기획 ⑯ 트레이드 마케팅 ⑰ 바이럴 마케팅 ⑱ 로열티 마케팅	**스트로베리 프로그** STRAWBERRY FROG	① 마케팅 ② 이동 마케팅 ③ 광고 ④ 커뮤니케이션과 디자인 정체성 ⑤ 제품과 포장 ⑥ 전시와 설비 ⑦ 웹사이트와 디지털 경험 ⑧ 문화적 이동 ⑨ 디지털 존재 ⑩ 브랜드 컨설팅 ⑪ 시장 조사 ⑫ 소셜 미디어 ⑬ 전자상거래 ⑭ 애플리케이션 개발 ⑮ 모바일 마케팅 ⑯ 디자인 ⑰ 콘텐츠 창조 서비스와 해법
와이든+ 케네디 WIEDEN+ KENNEDY	① 브랜드 마케팅 ② 마케팅 자동화 ③ 크리에이티브 ④ 미디어	**스타컴** STARCOM	① 이동 전략 ② 미디어 ③ 기술 ④ 광고 ⑤ 브랜드 마케팅

액센추어 디지털 ACCENTURE DIGITAL	① 브랜드 마케팅 ② 제품 디자인 ③ 크리에이티브 ④ 마케팅 계약 ⑤ 디지털 데이터와 분석 ⑥ 프로그램 서비스 ⑦ 경험 디자인과 최적화 ⑧ 콘텐츠 생산과 유통 ⑨ 몰입 경험 ⑩ 상거래 해법 ⑪ 플랫폼 전략과 해법 구축 ⑫ 고객 데이터 플랫폼 ⑬ 디지털 제품 엔지니어링과 개발 ⑭ 고객 경험 엔진[CXE]	**72앤드서니** 72ANDSUNNY	① 데이터 ② 광고 ③ 디자인 ④ 브랜드와 정체성 ⑤ 비즈니스 컨설팅 ⑥ 데이터와 분석 ⑦ 디지털 상호작용 ⑧ 경험 마케팅 ⑨ 모바일, 애플리케이션 ⑩ 제품 혁신 ⑪ 판촉 ⑫ 소셜 미디어와 인플루언서 마케팅 ⑬ 스포츠 마케팅
디지타스 DIGITAS	① 디지털 미디어 ② 시장 조사 ③ 최적화 ④ 전략적 기획 ⑤ 예측 ⑥ 분석 ⑦ 유지 ⑧ 성과 미디어⑨ 데이터 관리		
레이저피쉬 RAZORFISH	① 웹 개발 ② 미디어 기획과 구매 ③ 기술과 혁신 ④ 새로운 미디어 ⑤ 분석 ⑥ 모바일 ⑦ 광고 ⑧ 크리에이티브 ⑨ 소셜 인플루언서 마케팅과 검색	**드로가 5** DROGA 5	① 비즈니스 디자인 ② 브랜드 경험 혁신 ③ 통합 캠페인 ④ 성과 마케팅 ⑤ 전략 ⑥ 디자인 ⑦ 마케팅 ⑧ 실행

■ 공통 요소: 데이터와 분석, 디지털 마케팅, 브랜드 경험, 기술, 고객 데이터

광고사의 역량을 키우려면

역사적으로 고객사는 그들의 전통적 미디어 지향적 광고, '말하자면 멋진 TV 창작물'을 광고하는 광고 대행사, 현장 판매 촉진을 담당하는 판촉 대행사, 기업 커뮤니

케이션을 담당하는 광고마케팅 대행사들과 함께 일했다. 여기서 광고마케팅 대행사들은 고객사의 위기관리, 브랜드 홍보 관리, 주주들을 회사에 유리한 편에 서도록 만들고 회사의 주가를 어느 정도 필요한 수준으로 유지할 제삼자 이미지를 긍정적으로 강화하기 위해 가장 중요한 미디어 관계 관리 등 투자자 관계 관리를 전담했다.

지금 광고마케팅 대행사의 업무 범위는 어디까지인가? 물론 그들은 언론계 고위층과의 관계를 통해 기자가 올바른 기사를 쓰도록 보장하고, 위기를 예방하거나 희석함으로써 고객사의 브랜드와 이해관계자들 혹은 회사 자체가 신뢰를 유지할 수 있도록 노력한다. 그러나 이를 달성하는 데 필요한 것은 단순히 언론과 좋은 관계를 맺고 기자 중심의 원탁회의 활동, 홍보물 개발, 올바른 기사와 홍보 노출 보장, 완벽한 위기관리에만 국한되지 않는다. 디지털 기술의 발전으로 검색 엔진 최적화SEO, 소셜 미디어 홍보 관리, 디지털 수준의 위기관리, 디지털 홍보 확대 및 크리에이티브 콘텐츠 개발 등의 역량이 발전했으며, 제삼자가 인정했다는 사실을 자연스럽게 증명하는 현장 체험 행사가 가능해졌다. 이를 달성하기 위해서는 광고마케팅 대행사의 자원 공급 능력이 업그레이드되어야 하며, 심지어 광고마케팅에 대한 전통적인 정의도 진화해야 한다. 데이터는 모든 마케팅 분야의 핵심이며, 홍보도 마찬가지다. 디지털 영역에 대한 사회적 경청, 진정으로 심오한 통찰력이 무엇인지와 구축해야 할 결합적 키워드에 대한 상관관계를 확립하기 위한 빅데이터 정제, 이를 통해 최적의 광고마케팅 전략을 구축할 수 있는 올바른 시각을 도출할 필요가 있다.

간단히 말해서, 이 일을 하려면 광고마케팅 대행사가 고객사에 서비스를 제공하기 위해 다른 파트너 대행사와 협력하거나 하도급 업체들을 이용하여 다른 광고사의 업무 영역은 물론 심지어 전문 광고사의 영역도 다루어야 한다. 이러한 현상에 적응하려면 현재 광고마케팅 대행사가 광고마케팅 관련 서비스와 디지털 관련 프로그램을 통합적으로 제공하기 위하여 다른 광고마케팅 대행사뿐 아니라 전체적으로 마케팅 광고사 및 디지털 광고사와 경쟁해야 한다는 새로운 문제가 나타나고 있다. 고객사들은 모든 유형의 광고사가 새로운 접근 방식과 사고방식을 '독창적'으로 도출할 수 있다고 믿기 때문에 서로 다른 관점을 가진 광고사들이 마케팅 커뮤니케이션을 실행하는 데 고객 공감대를 어떻게 창의적으로 구축할 수 있는지 그 방법을 알고 싶어 한다.

자원 조달의 역량 관점에서 보면 고객 공감대 구축은 더욱 어려워진다. 특히 크리에이티브팀은 말할 것도 없고 고객 서비스 계약 담당 임원들과 전략 기획자들은 에델만Edelman과 같은 광고마케팅 대행사, 드로가 5와 같은 미디어 불가지론자인 크리에이티브 광고사, 알/지에이와 같은 기술혁신에 초점을 맞춘 디지털 광고사, 심지어 마인드셰어Mindshare와 같은 글로벌 미디어 광고사처럼 기존 디지털 방식을 뛰어넘어 고객 공감대 구축을 전체적인 관점으로 생각할 수 있어야 한다. 고객사는 심지어 미디어 광고사도 크리에이티브 배출구로 간주한다. 그들이 미디어 광고사를 이용하는 이유는 단지 미디어 선정과 미디어 구매의 효율성을 높이는 것뿐 아니라 근본적으로 미디어를 크리에이티브 유통 플랫폼으로 활용하려고 하기 때문이다. 따라서 미디어 광고사들은 그 같은 요구를 충족하기 위해 회사 내부적으로 자체 크리에이티브팀과 디자인팀을 운영하고 고객사와 협력한다. 여기에 더하여 고객사는 마케팅 커뮤니케이션을 넘어 제품 개발 대비 투자 수익을 위한 매출 구축 등 상위 전략 수준까지 확장하는 중요한 전략 개발을 광고사에 요구한다. 그러므로 오늘날 광고사 세계는 고객사의 비즈니스 모델이 요구하는 조건에 따라 수많은 변화, 합병, 해체, 통합, 분할 등이 발생한다. 그 이유는 고객사가 적용할 수 있는 최종 해결책이나 모범 사례가 하나만 존재하는 것이 아니기 때문이다.

넷플릭스에서 인기를 끌었던 미국 광고사들의 본거지인 매디슨 애비뉴의 광고사를 배경으로 한 미국 드라마 〈매드맨〉에 잘 묘사된 것처럼 광고 산업에 종사하는 사람들은 매력적이고 종종 낙관적이며 무척 감성적인 성격을 지니고 있으므로 광고사 생활은 회사 내부에서 벌어지는 온갖 종류의 어처구니없는 일들과 종종 우스꽝스러운 일들로 인해 그저 멋지고 재미있어 보였다. 이 드라마에는 고객들에게 TV 스토리보드로 아이디어를 설명하는 모습과 종이 광고판이 등장하며, 회의 탁자 모퉁이마다 재떨이가 있던 시대를 배경으로 한다. 1950년대 매드맨 시대 이후 밀레니얼 시대까지 많은 것이 변했으며 불과 10년 전과 비교하면 2020년에도 많은 것이 변했다. CEO들이 골프장에서 화려한 톱스타들과 함께하는 기업 광고가 얼마나 대단한지 자랑했던 시절도 있었지만, 요즘엔 한가로이 골프를 치면서 칭찬만 하는 방식의 광고는 효과가 없다.

우선 '커뮤니케이션' 광고사 관점에서 설명해보자. 광고사가 성장하는 과정을 그들은 고객을 확보하고 고객을 유지하며 고객을 성장시킨 다음, 3년 동안 수익을 5배나 성장시킨 후 고객을 다른 경쟁 광고사에 빼앗기는 과정을 반복한다. 특히 나는 이런 사실을 마케팅 분야로 진출하려고 계획하고 있거나, 회사 안에서 다른 광고사나 제삼자와 함께 작업하기 위해 자리를 옮긴 독자들에게도 알려주고 싶다. 고객사와 광고사 모두에겐 반드시 지켜야 하는 원칙, 역할, 책임 및 기대가 있으며, 분명히 법적으로 말하면 그것들은 계약의 적용을 받는 '계약 범위 내 결과물'과 발생할 때마다 수시로 비용을 보전 받는 '계약 범위 외 결과물'이 있다.

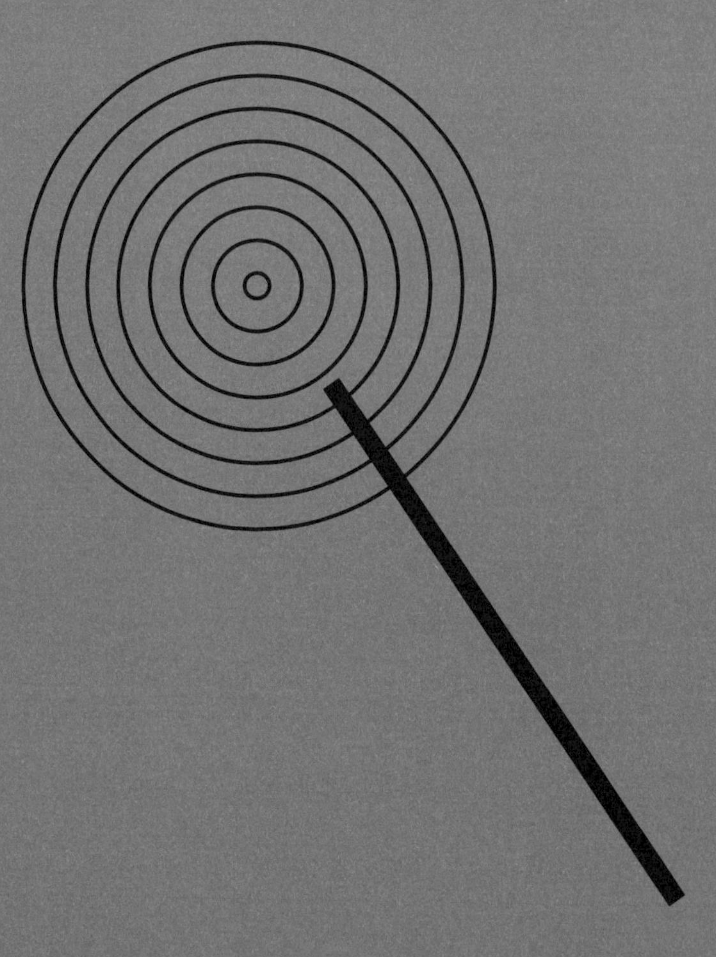

Empathy Brand Building

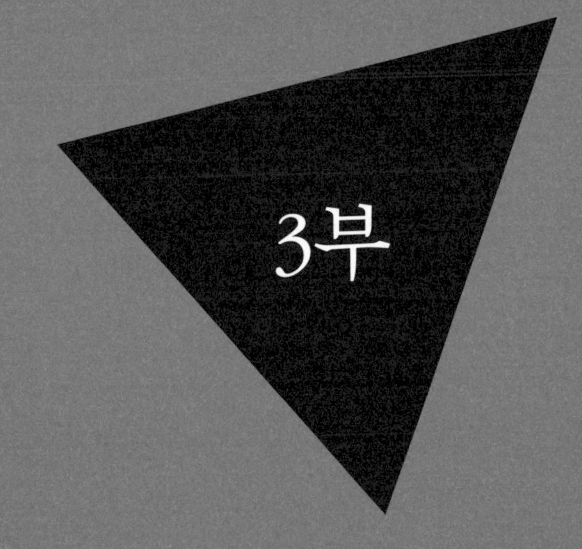

3부

대전환의 시대,
마케터의 일

8장

마케터가 갖추어야 할 능력

BRAND

고객을 설득하는 기술이 필요하다

50년 전이나 지금이나 '전담 고객 서비스팀'이라 불리는 광고사 내 중앙 연결 조직, 즉 고객 관리팀을 우리는 고객 담당 임원AE, account executive이라고 부른다. 미국에서는 더 비공식적인 용어로 그들이 정장을 차려입는다는 의미로 '슈트Suits'라고 부른다. 왜냐하면 그 당시 고객 담당 임원은 일반적으로 비즈니스 미팅에 정장 차림으로 참석하는 경향이 있었기 때문이다. 그러나 요즘엔 간편한 복장이거나 심지어 아예 완전한 평상복 차림이다. 고객으로서 회의에 참석해 보면 누가 고객 서비스팀 팀원, 크리에이티브팀 팀원, 기획 담당자, 조사 담당자인지 곧바로 알 수 있으며, 각 분야의 경영자급 고위 광고 임원부터 고객 서비스 부문 신입 인턴에 이르기까지 서열을 확실히 구별할 수 있다.

고객 담당 임원의 역할은 근본적으로 '영업맨'이다. 그는 고객을 정확히 이해하고 내부 팀을 설득할 수 있는 능력을 갖추고 있어야 한다. 한편으론 무리한 것을 요구하는 고객사를 설득하고 내부 조직을 이끌어 위대한 일을 달성하면서, 무엇보다도 근본적으로 고객사와의 계약을 체결하고 광고사의 수수료를 제때 받아내야 한다. 해를 거듭할수록 고객사와 광고사와의 관계를 긴밀하게 구축할 수 있는 능력도 갖추어야 한다. 그는 신규 고객을 '유치'하여 '키우는' 일인 소위 기존 고객들을 '육성'하는 일도 한다.

따라서 그가 광고사의 모든 부서들이 생성하는 산출물의 품질을 보장함으로써 고객사의 마케팅 지출이 커지고 이에 따라 광고사의 수입도 함께 증가한다. 고객 담당 임원은 광고물이 형편없다면 상황을 수습해야 하며, 미디어 계획이 목표에서 벗어났다면 내부적으로 문제를 해결하고 고객사에 적절하게 다시 판매해야 한다. 기본적으로 고객 담당 임원은 고객사와의 관계에서 전권을 갖고 계약, 크리에이티브, 전략, 실행 관리, 갈등 해결, 성장 전략 등 모든 일을 해결해야 한다. 그것은 마치 형형색색의 모자를 바꿔 쓰는 어릿광대처럼 여러 가지 모습으로 변신해가며 산업, 프로세스, 마케팅 커뮤니케이션 전문지식, 창조적 감각, 전략적 통찰력, 비즈니스 감각, 대인 관계 기술에 대한 심층적인 지식을 갖춰야 하는 엄청난 다중 작업 역할이다. 그들은 광고사 안의 자신이 운영하는 팀은 물론 미디어, 회계 기획, 크리에이티브, 재무, 법률 등 서로 다르지만 연결되는 모든 분야의 다른 팀들의 신뢰를 얻을 수 있어야 한다. 그렇게 함으로써 고객의 기대와 광고사 결과물의 품질이 일치하게 된다.

고객 담당 임원은 고객을 유치하고 거래를 촉진하는 과정에서 광고사 결과물의 품질과 심지어 상호 관계와 공감대에 대한 모든 형태의 불만에 대해서도 전적인 책임을 진다. 그러므로 일단 고객 담당 임원이 고객으로부터 신뢰를 잃으면 그들은 끝이다. 반대로, 광고사의 일을 적절하게 방어하지 못해서 내부 동료들로부터 신뢰를 잃어도 그들은 끝이다. 근본적으로 고객 담당자는 비록 직급이 낮더라도 신뢰와 리더십을 모두 갖추고 고도로 통합 지향적인 역할을 해야 하므로 그런 상황을 맞이하면 광고사 내에서 어려운 운명에 처할 가능성이 매우 크다.

고객 담당자가 반드시 갖추어야 할 가장 중요한 기술은 자신이 브랜드 커뮤니케이션을 알고 있으며 고객들이 신뢰할 만한 전문적 지식을 갖고 있다는 점을 고객에게 설득할 수 있는 능력이다. 만약 이런 위치를 확보하지 못하면 그는 '전달자' 혹은 '심부름꾼' 수준으로 전락하게 될 것이다. 따라서 회사 안에서는 전투하듯이 치열하게 논쟁을 벌이고 아우성을 쳐도 동료들이 고객사에 설명할 때 고객 담당자는 팔아야 할 결과물을 방어하고 전략적으로 고객사에 확신을 심어줘야 한다. 그는 고객들에게 돌아서서 "맞아요, 우리들의 크리에이티브 아이디어가 당신이 말한 대로 정말 형편없어요"라고 말할 수 없다. 만약 고객사의 의견이 타당하다면 고객 담당자는 수정하고 다듬어야 할 부분에 대해 그들과 의견의 일치를 보고 다음 단계에서 기대하는 내용이 무엇인지에 대해서도 공감대를 구축해야 한다. 이와 동시에 그는 회사 내부적으로 잠도 못 자고 열심히 일한 크리에이티브팀과 다른 직원들에게 작업을 다시 해야 하는 이유와 어떤 아이디어를 수정해야 하는지를 새로운 관점과 공감하는 어조로 설득해야 한다. 고객 담당자가 광고사에서 살아남으려면 때로는 직설적으로 분명히 지시할 뿐 아니라 매우 정치적으로 설득할 수 있는 능력도 갖추어야 하고, 책임감도 있고 투명하며 신뢰할 수 있어야 한다. 그는 광고사를 운영하는 모든 전략과 크리에이티브 아이디어의 밑바탕에는 손해를 보는 게 아니라 돈을 버는 것이 목적이라는 사실을 인식해야 한다.

고객 담당자가 승진한다고 해서 그들의 근본적인 역할이 바뀌는 것은 아니다. 다만 조직 관리, 리더십, 매출 증대 등에 무게가 더 실린다. 새로운 비즈니스 계약을 체결하고 훌륭한 브랜드 광고를 제작할 수 있는 팀을 이끌며 광고사의 역량을 강화한다면 광고사는 새로운 고객사를 유치할 수 있다. 이것은 비용이 저렴하고 속도가 빠르기 때문이 아니라, 근본적으로 브랜드와 고객사를 연결할 수 있는 공감력이 뛰어난 창의적인 아이디어가 있기 때문이다. 스티브 잡스가 애플을 다시 맡았을 때 애플 브랜드는 망가져 있었다. 그는 1994년 애플 매킨토시의 첫 번째 광고를 만든 '티비더블유에이\치아트\데이\'의 제이 치아트Jay Chiat에게 다시 연락했다. 이는 잡스가 제이와 광고사를 신뢰했기 때문이다. 잡스는 그 회사가 글로벌 광고사 파트너로서 애플의 필요와 기대에 부응할 수 있는 공감대를 모든 국가에 전파했던 것은 물론 전략적이고 창의적으로 함께 일했던 예전 경험을 떠올려 다시 연락한 것이다. 따라서 옴니콤의 TBWA 글로벌 광고사에 애플을 전담하는 MAL(말)이라는 소규모 광고사를 만드는 거래를 했다. MAL은 TBWA에 안에서 사무실을 따로 쓰면서 애플 작업과 관련 없는 사람은 아무도 접근할 수 없으며 팀원이 되려면 계약 조항에 따라 승인을 받아야 했다.

고객 담당 임원이 수석 부사장이나 부사장과 같은 경영진으로 승진하면 그는 업무 전체를 담당하며, 고객 관계에서 무슨 일이 발생하면 전적인 책임을 져야 하므로 고객사의 모든 구성원과 연결고리를 구축하고 인간적으로 그들을 이해하는 것이 중요하다. 따라서 그는 고객사의 대표자나 경영진뿐 아니라 직급별 간부 직원, 그 아래 직원들에 대해서도 고객사의 서열에 따라 그들을 담당할 광고사 내 팀을 지정해야 한다. 일상 업무 기준으로 볼 때 광고사의 3년차 고객 담당자의 업무 상대방은 고객사의 3년차 마케팅 관리자가 된다. 더욱이 중간 경영진에서도 통합 토론과 커뮤니케이션을 통해 교차 지정 형태로 상대방을 지정하여 친밀한 관계 구축을 도모한다. 고객사의 모든 직원은 자기를 담당하는 광고사의 '담당자'가 있다.

예를 들어 광고사의 고객 담당 수석 부사장은 주로 고객사의 수석 부사장이나 부사장급과 교류한다. 하지만 어느 날 고객사의 고위 경영진이 모두 해고되거나 이동했다고 가정하고 외부에서 새로운 임원이 오는 대신 마케팅 최고 책임자CMO에 전임자 밑에 있던 선임 마케팅 관리자가 승진했다고 하자. 그가 승진하기 전까지 광고사에서는 부사장 밑에 있던 임원이 그를 수년 동안 전담하였기 때문에 부사장은 그와 인간적인 신뢰 관계와 공감대를 구축하지 못했다. 따라서 부사장은 신임 CMO와의 관계가 서먹서먹했다. 결과적으로 업무는 최상의 상태로 진행되지 않을 수 있다. CMO가 의사결정 과정에서 그동안 업무 파트너로 편하게 일했던 부사장 아래 임원을 직접 부를 것이므로 광고사의 부사장은 어쩔 수 없이 그 과정에서 배제된다. 그러다 보면 그것은 광고사의 결정이 아니라 고객사의 결정이다. 이런 식으로 수석 부사장이나 부사장이 고객사에 의해 업무에서 배제된다면, 결국 그는 광고사에서 자리를 잃을 수도 있다. "나는 브랜드 커뮤니케이션 전문가로서 광고사를 대신해 고객사에 얼마나 중요한 존재이며, 그들은 나를 신뢰하는가?"라는 질문이 광고사에서 생존하고 승진하는 비결의 핵심이 될 것이다. 만약 답이 "아니다" 라면 당신은 어쩔 수 없이 새로운 자리를 찾아나서야 한다. 그러지 않는다면 부사장의 인건비를 부담할 여유가 있는 다른 고객 담당 팀으로 업무를 바꾸어야 한다.

오늘날 모든 회사는 계급과 명령 체계가 있다고 말하지만 고객사 조직은 한층 수평적이며 평평해졌다. 그러므로 광고사의 임원들은 고객사와의 관계 관리나 영업 측면에만 중점을 두는 것이 아니라 전문적인 업무를 이해하고 실무적으로 직접 업무를 처리하는 경우가 엄청나게 많아졌다. 그들은 전략을 직접 작성하고 논의하며, 투자 수익률의 시사점을 토론하고 크리에이티브 작업을 주도한다. 또한 그들은 수십 년 전처럼 고객사와 계급별 수직 형태로 관계를 구축하는 것이 아니라 모든 직급의 직원을 지원하고 그들과 탄탄한 신뢰 관계를 구축할 수 있어야 한다. 따라서 부사장 등 고위 임원은 나이가 더 들면 소비자는 물론 고객사의 아래위 모든 직급 사람들의 사고방식을 이해하고 새로운 기술, 트렌드, 전술에 대한 인식을 완전히 새롭게 함으로써 그들과 좋은 관계를 유지해야 한다.

이것은 광고사 CEO에게도 해당한다. 광고사 CEO는 고객사가 다른 광고사로 옮겨갈 위기에 처했거나 상호 관계에 치명적인 문제가 발생한 경우 이를 해결할 마지막 방어선이다. 자기 방에 가만히 앉아 있을 수 없다. 그는 문제를 해결할 소방관으로서 가장 외교적인 방법으로 직접 해결해야 한다. 하지만 마케팅 영업의 구체적인 내용을 담당하는 실무팀과 고객사 직원들의 존경과 신뢰를 받지 못한다면 이 일은 이루어질 수 없다. 그는 문제 안으로 들어가 전략적 방향을 다시 정립함으로써 회사를 위기에서 벗어나게 할 능력이 있는가를 고민해야 한다. CEO는 사실상 마지막 보루이기 때문에 회사에서 일어나는 모든 일과 자신의 팀원들뿐 아니라 그 일에 관련된 사람들의 업무를 소상히 알고 있어야 한다. 그래야만 자원 조달 문제, 광고사 내의 특정 운영 체계의 문제 등 모든 재난을 극복하기 위한 구조조정과 조직 강화를 달성할 수 있다. 이를 판단하기 위해 CEO는 고객의 최신 상황을 상세하게 파악하고 실시간으로 추적하며 이해할 수 있어야 한다. 또한 그는 광고사의 예산 삭감이나 5개 경쟁사로부터 고객사를 지켜야 하는 등, 불행한 사건이 지금 일어난다면 실행 가능한 비상 계획을 수립하고 발생 가능한 시나리오도 예측할 수 있어야 한다. 결국 마지막엔 모두 CEO의 책임이며, 결과에 대한 모든 책임은 경영진에게로 간다. 광고사의 CEO는 고객 담당 출신이거나 크리에이티브 혹은 심지어 재무 출신일 수 있다. 어느 부문 출신이든 관계없이 위에서 설명한 내용이 모든 CEO에게 적용된다.

오늘날 고객사의 팀 구조는 수평적인 조직으로 변화하고 각 직급의 많은 일이 통합되고 자동화되는 상황이다. 따라서 고위 고객 관리 임원들에게 진지하게 필요한 능력은 조직 관리 능력이 아니라 실무자처럼 디지털과 젊은 세대의 사고방식, 유연성과 업무 절차 등을 직접 이해할 수 있는 역량이다. 고객 서비스를 담당하는 고객 담당자는 단순히 업무만 처리하는 직원이 아니다. 그들은 교차 역학, 인문학, 소비자, 사회, 사이코 그래픽스, 경쟁 구도, 정부, 경제 등 다양한 분야의 각종 동향을 이해하고 많은 분야에 정통하며 해박해야 한다. 그 이유는 그들이 매우 다양한 범주의 고객과 일하고 있으며 통찰력 넘치는 대화를 적절히 이어가기 위해서는 고객사의 언어로 말할 수 있어야 하기 때문이다. 그렇게 되면 고객 담당자는 고객사의 역동적인 상황을 이해할 수 있으며, 무엇보다 특정 고객사의 연관 범주에서 얻은 통찰력을 활용함으로써 토론 및 전략 수립의 입지가 더욱 탄탄해지고 경쟁사와 차별화될 수 있다. 전 세계가 한층 빠르게 움직이고 다양한 배경을 가진 사람들이 고객사의 해당 부문에 배치될 것이므로 고객 담당자는 주변의 다른 부문에 대한 비전과 기능적 측면을 이해하는 것이 훨씬 더 중요해질 것이다.

아이디어를 선택해 독창적으로 만들어야 한다

일반적으로 모든 광고사는 각자 특정 유형의 스타일로 알려져 있으며, 그것들은 그들이 만드는 광고물을 상징하는 특징으로 선명하게 드러난다. 이는 광고사의 일하는 방식에 대한 창의적 비전이 광고물의 내용과 아이디어에 흘러들어갔기 때문이다. 이 정도가 되면 멋진 광고사다.

광고물이 수준 이하라면 고객 담당 책임자의 전략 프레젠테이션이 얼마나 훌륭했는지는 중요하지 않다. 온종일 진행된 회의 끝에 고객사는 "그래서 굉장한 아이디어는 무엇입니까?" 혹은 "그러면 어떻게 해야 하지요?"라고 물어볼지도 모른다. 비록 고객사가 커뮤니케이션 전략에 동의했다고 할지라도 광고사가 추천한 굉장한 아이디어가 전략과 연결되지 않거나, 기본적으로 그것이 고객들의 마음을 사로잡아 공감시킬 것이라고 믿고 '와!'라는 감탄사가 나오지 않는다면 일이 제대로 진행되고 있는 게 아니다.

그러므로 훌륭한 크리에이티브팀을 운용하는 것이 광고사에 결정적으로 중요하다. 광고사의 아이디어는 디지털을 오프라인으로 연결하고, 전략적 일관성을 갖고 고객과의 접점에서 고객들의 흥미를 자아내며 색다르지만 서로 연관성이 있는 창의적인 메시지 형성 과정으로 수렴될 수 있어야만 한다. 30초짜리 TV 광고물을 달랑 들고 그것이 수준 있는 작품이라고 자신하면서 광고물 시연회장에 당당하게 들어가는 크리에이티브 담당 임원은 이제 더는 찾아볼 수 없다. 더 훌륭한 창의적인 사고를 장려하고 다양한 미디어를 이용해 고객의 마음을 움직일 아이디어를 개발하려면 전략, 고객 관계, 사고방식을 이해하는 역량이 결정적 요소가 될 것이다.

또한 고객 담당자는 전통적 미디어 접근 방식만을 고집할 것이 아니라 디지털을 이해하고 광고물을 디지털, 소셜 미디어, 모바일 형식으로 구현할 수 있는 능력도 반드시 갖추어야 한다. 그러므로 시스템이 어떻게 작동하고 광고물이 어떻게 문맥적으로 그리고 기능적으로 배치될 수 있는가에 대한 세부 사항이 확립되어야 한다. 그러지 않으면 중단과 단절 현상이 발생할 것이다. 크리에이티브팀은 전략적 관점에서 디지털 및 소매 환경이 미디어에서 작동하는 방법과 구매 경로에 대한 주변 지식을 갖추고 사용자 인터페이스와 사용자 경험, 고객 경험을 이해해야 한다. 온라인 시장이든 오프라인 매장이든 관계없이 라이프 스타일에서 구매 경로를 보여주는 행동 순서가 표시된 복잡한 고객 여정 지도를 고려하지 않고 갑자기 떠오른 아이디어 때문에 이 과정을 건너뛰면 안 된다. 따라서 고객 담당자는 고객 서비스팀과 통일된 방식으로 고객의 요구사항을 이해하며 시너지 효과를 추구하지만 그것은 모든 일이 순차적으로 일어나던 예전보다는 더 통합적인 방식으로 이루어져야 한다. 왜냐하면 프로젝트 이행 관점에서 보면 많은 일이 동시에 일어나기 때문이다.

크리에이티브팀도 여러 가지 임무를 동시에 수행하는 것은 물론 새로운 미디어 환경과 이에 따라 진화하는 고객의 맥락 안에서 변화하는 역동성과 브랜드 커뮤니케이션의 과제가 무엇인지를 반드시 이해할 수 있어야 한다. 또한 광고물을 개념화하는 과정에서 앞 단계의 고객 경험의 시사점을 이해하고 받아들이지 않으면서 이후 단계인 기술적 측면에 초점을 맞추지 말아야 한다. 소비자의 마음을 움직이는 훌륭한 광고를 만들기 위해서는 풍부한 이해력을 바탕으로 세상을 다양한 색깔로 바라볼 수 있고, 작은 것에서 위대한 것을 찾아내며, 평범한 것을 다른 시각으로 바라볼 수 있고, 훌륭한 아이디어에 적합한 스토리를 만들 수 있는 방법을 찾아내는 능력이 있어야 한다. 완전히 다른 문화적 사고방식과 가치 체계를 가진 특정 시장에 대한 아이디어라 할지라도, 아이디어 창출 관점에서 인문학, 세계 광고 동향, 다른 시장에서 일어나는 일 등을 이해할 필요성이 예전보다 더 커졌다. 글로벌 광고 동향에 대한 접근과 이해를 통해 최초의 아이디어를 여과하고 선택하며 영감을 받아 독창적인 아이디어로 도출해낼 수 있는 능력이 미래에는 더욱 중요해질 것이다.

통찰력을 갖추고
전략적으로 검증해야 한다

광고사는 소비자 통찰력에 대한 심도 있는 분석을 하는 소위 '전략기획팀'을 설치한다. 그곳에서 조사 모델, 브랜드 전략 구축, 브랜드 관련 모델, 효율성 모델 등을 만든다. 전략기획팀은 고객 서비스팀이 가져오는 고객 개요에 근거하여 전략 플랫폼을 구축하기 위해 그들과 긴밀하게 작업해야 한다.

광고사는 전략 플랫폼을 통해 이미 배정된 마케팅 커뮤니케이션 예산 범위 안에서 효과적인 미디어 전략과 미디어 매체 선정 등 적절한 고객 접점 전술을 찾아내기 위해 크리에이티브팀, 고객 담당팀, 미디어활성화팀을 이끌어간다. 핵심은 언제나 '고객'이다. 이것은 앞으로도 마찬가지일 것이다. 또한 데이터 이해와 정제, 전략적 중심축에 대한 통찰력과 토대를 구축하기 위해 데이터를 서로 연결할 수 있는 능력이 매우 중요할 것이다. 나아가 상위 전략과 비즈니스 시사점, 고객사의 운영 모델 등을 훨씬 더 철저히 이해하고 제품의 계획, 유통, 평판이 어떤지를 아는 것이 중요해질 것이다.

그들은 소비자 통찰력과 융합 브랜드 통찰력에 기초하여 빈틈없는 브랜드 커뮤니케이션 전략을 수립하기 위해 고객 전략기획팀, 제품기획팀, 시장정보팀, 궁극적으로 모든 사람과 함께 일해야 하는 두뇌들이다. 비록 그들이 공급망 프로세스에 대한 완전한 접근 권한이나 학문적인 이해가 없어 깊이가 없을지도 모르지만, 오늘날 고객사의 매출 구축 모델을 이해하는 것은 여전히 중요하다. 또한 앞으로 다가오는 세상에서는 데이터, 고객 상향식 전략에 대한 이해, 미디어 플랫폼, 디지털 역동성, 데이터 분석, 상관관계 분석 능력이 중요해질 것이다. 광고사가 '전략'을 제안하기 위해 고객사 회의에 참석했을 때, 그것이 누구나 다 아는 '뻔한' 내용이어서는 안 된다. 광고사는 같은 내용을 다르게 볼 수 있는 눈을 가져야 하고, 고객에게 의미 있는 방식으로 보여줄 수도 있어야 한다. 그러므로 심층 면접 등 질적 연구를 통해 통찰력을 평가하는 전통적인 방법 외에도 크라우드 소싱 조사와 같은 새로운 디지털 기반 조사 모델을 사용하여 다양한 빅데이터를 정렬하는 방법을 알고 있어야 한다.

전략기획팀 역시 고객 서비스팀이나 크리에이티브팀과 마찬가지로 주변에서 전개되는 모든 동향을 이해하고 고객사가 스스로 연결할 수 없는 새로운 범주나 관련 영역을 구축하여 서로 도움을 주고 전략적인 통찰력을 활용할 수 있는 능력을 갖추어야 한다. 이것이 바로 그들의 가치가 발휘되는 부분이며, 이러한 것들이 고객사의 브랜드에 영향을 미치는 소비자와 관련된 비즈니스 문제와 연결되는 방법이다. 전략기획팀은 객관적인 의견을 조사하기 위하여 빅데이터 기업과 그 외 조사 기관을 외주할 수도 있다. 관건은 그들의 조사 결론이 타당한지, 맞는지 혹은 틀린지를 평가할 수 있는 능력이 있는가 하는 점이다. 만약 전략기획팀이 판단할 수 없다면 처음부터 전략 수립 방향은 잘못될 것이다. 나아가 그들은 고객 서비스팀과 크리에이티브팀과 함께 크리에이티브 플랫폼과 TV 광고, 소셜 인플루언서 마케팅과 같은 미디어 전략 지향적 매체와 콘텐츠에서 전술로 나오는 경험적인 아이디어와 그들의 전략이 일치하는지를 끝까지 지켜보아야 한다.

전략기획팀은 주요 전략 구축을 갑자기 중단하고 손을 뗄 수는 없다. 그들은 회사 내 한 팀으로서 함께 감독하며 '광고사가 독점적으로 가진' 방식을 따라 차별화된 통찰력으로 만들어낸 브랜드 커뮤니케이션 전략을 고객사에 설명하고 설득할 수 있는 능력을 갖추어야 한다. 나는 미디어기획팀 혹은 미디어구매팀의 발전적 역할이 어떻게 되어야 하는지를 더는 다루지 않겠다. 그것은 미디어 관점을 제외하고 전략기획팀의 역할로 수렴하기 때문이다. 올바른 미디어와 효율적이며 효과적인 수단을 목표로 삼아야 하는 것은 절대 변하지 않는 원칙이다. 이러한 미디어로 콘텐츠와 아이디어를 효과적으로 구현하는 것은 상당히 중요하며, 노출 비율이나 미디어 비중과 혼합 전략을 잘못 운용함으로써 영향력 수준이 떨어지거나 희생되지 않도록 해야 한다.

알고리즘을 기반으로 하는 고객 세분화 전략을 세우기 위해 미디어 기획과 구매 방법에 대한 최첨단 미디어 플랫폼, 광고 기술, 인공지능 및 데이터 유발 측면을 분명히 이해하는 것 역시 중요하다. 고객사의 관점에서 시장 점유율 대비 매체 점유율을 추적하고 측정할 것이므로 매출 급증을 위한 콘텐츠 생산 요소에 상당한 마케팅 비용을 사용한 미디어 비용의 파급효과도 문제로 대두될 것이다. 미디어팀은 세분된 고객의 혼합 전략에 가장 적합한 미디어 조합을 찾아내기 위해 전통적인 미디어에서 디지털과 모바일 전반에 이르기까지 투자 수익률을 고려하는 미디어 전략 및 배치 전술의 사전 및 사후 분석에 대한 전략적 검증을 실행할 수 있어야 한다.

데이터를 기반으로 예측 분석해야 한다

데이터 자체는 아무 의미가 없다.

중요한 것은 데이터와 데이터를 연결하고, 기업 관점에서 이렇게 다양하고 뒤죽박죽인 데이터 집합에서 걸러낸 통찰력이 무엇인가를 알아내는 데 있다. 예전에는 데이터를 통합하고 정제하여 통일된 방식으로 평가할 수 있는 기술이 없었다. 가령, 자동차 회사의 AS 부서에서 수집한 데이터가 마케팅 커뮤니케이션 부서에서 수집한 데이터, 영업팀에서 수집한 데이터, 고객 반응으로부터 수집한 데이터 등과 개별적으로 연결되었기에 전체적인 고객 분석과 평가를 할 수 없었다. 지금은 기술 플랫폼과 데이터 전문가의 분석 능력이 발전함에 따라 이런 것들이 가능해졌다.

그러나 사실 기업 관점에서 정제된 데이터의 시사점과 결론에 대한 의사결정은 전략적으로 이루어져야 하지만 그러지 않은 경우가 종종 있다. 기업의 역학관계와 사내 정치는 비즈니스 전략과 완벽하게 연결할 정도로 진정으로 투명하고 효율적인 데이터 통찰력이 출현하는 것을 바라지 않는다. 많은 경우 그것들은 참고 자료나 급한 불을 끄기 위해 해야 할 일을 검증할 매개 수단 정도로 사용된다. 만약 이런 일이 발생한다면 기본적으로 데이터에 의해 입증된 시뮬레이션 시나리오를 기반으로 어떤 일이 일어날지를 예측하는 진정한 의미의 빅데이터 평가와 예측 분석은 쓸모없거나 최소한 부분적으로만 활용될 것이다. 각 부서도 데이터 분석을 통해 그들의 잘못을 보여줄 수 있으며 지금까지 했던 일 중에 무엇이 잘못되었거나 오도되었는지를 깨달을 수 있다. 책임 문제 때문에 이러한 것들을 은폐하려 하므로 많은 경우 데이터 통찰력이 파묻혀 버린다.

예측 분석은 기본적으로 무엇이 일어날지를 예측하고 거기에 대한 전략과 전술을 마련하는 것이다. 예측 분석은 고객을 사로잡는 방법에 대한 고객 획득 전략에서 디지털 영역의 목표 고객을 위한 계획적인 미디어 구매에 이르기까지 모든 분야를 광범위하게 취급함으로써 마케팅 예산을 가장 효율적이며 전략적으로, 또한 효과적으로 사용할 수 있다. 심지어 크리에이티브 광고도 예측 분석 도구로 분석할 수 있으므로 광고에서 잠재 고객이 반응하는 부분과 반응의 계기가 되는 영역의 우선순위가 정해진다. 감정에 호소하는 모든 것이 생물 실험실의 개구리 해부 과정처럼 분해될 수 있다면 이것은 얼마나 논리적일까? 데이터 기반 분석의 추세는 멈추지 않는 현상으로 앞으로 계속 발전하고 더 똑똑해질 것이다. 그러므로 마케팅 담당자와 해당 광고사들은 마케팅 전투에서 사용할 수 있는 데이터 분석 방법을 올바로 이해하고 이것에 집중해야 한다. 그러나 큰 그림의 아이디어를 토대로 한 소비자 감성 주도 광고 캠페인을 배제하고 어떤 형태든 과도한 데이터 분석만으로 감정적 선호도를 구축하려는 것은 분명히 정답은 아니다.

예측 분석은 증거 자료로 사용될 수 있다. 하지만 소비자의 마음을 연결함으로써 공감과 브랜드를 구축하는 경험적 플랫폼을 개발할 때, 숫자 중심으로 정제된 작은 알갱이 같은 통찰력을 기반으로 하는 정치한 마케팅 기법만이 모든 일의 중심인 것처럼 치우쳐 판단해서는 안 된다. 왜냐하면 오늘날 일어나는 많은 일의 원인은 데이터 정렬 및 예측 상관관계를 통해 모든 부문을 고려하면서 주변 전략을 수립하는 것이 정치적으로 필요할 뿐 아니라 비용 효과성, 효율성, 성과 평가 지표, 투자 수익률 등의 영향을 받기 때문이다.

4차 산업혁명 시대에 5G 기술을 활용하여 모바일 GPS 추적 장치로 수집한 데이터는 마케팅 담당자들에게 유용한 정보를 많이 제공하지만, 그것은 반대로 말하면 소비자들에게도 전략적으로 평가할 능력과 선택 기회를 상당히 많이 제공한다는 점을 잊지 말아야 한다. 따라서 이런 사실을 무시하면 전문가의 직관에 근거한 마케팅 담당자의 예측 분석은 잘못될 수 있다. 기술 인프라 활용에만 의지하는 싱크 탱크, 이론적 예측, 데이터 과학자는 결코 정답이 될 수 없다. 단일 가치 제안, 친근한 브랜드 이미지 공감, 고객 여정에 영향을 미치며 지속해서 진화하고 감성적으로 연결하는 창조적 브랜드 구축 캠페인의 원리에 기반을 두면서 감성적 매력을 끌어내고 소통하는 방법에 대한 메시지 전달 전략과 콘텐츠 사이에는 우선순위가 필요하다.

전략이 콘텐츠보다 우선하는 것은 결코 아니다. 전술적 측면을 노골적으로 강조하여 비용 절감과 기계적인 투자 수익률에 너무 치우치다 보면 브랜드 공감대를 구축하고 궁극적으로 그것을 고객이 영원히 충성하는 살아 있는 징표로 만드는 데 필요한 본질적인 요소들을 희석할 수 있다. 머신러닝과 통계적 회귀 분석은 앞으로 콘텐츠와 세밀한 마케팅 전략을 만들 수 있을 정도로 거의 완벽한 언어 처리와 최첨단 알고리즘으로 진화할 것이다. 하지만 올바른 브랜드 경험과 크리에이티브 콘텐츠를 만드는 데 근본적으로 필요한 인간의 정신, 기억력에서 유도된 자극, 감성적 친밀감 등은 사람이 선천적으로 타고나는 것이기 때문에 알고리즘이 '인간적'이 되고 '올바른 정신'을 갖추려는 것과는 차원이 다르다.

벤치마킹에 앞장서야 한다

예를 들어, 한 특정 시장에서 시장 점유율이 55%인 시장 선두주자 기업이 과잉 경쟁과 자신들을 지탱해준 기존 핵심 요소에 대한 새로운 장점으로 무장한 신생 경쟁자가 확장함으로써 시장이 포화 상태가 되고 있다는 것을 깨달았다고 가정하자. 이런 상황에도 이 기업은 시장에서 브랜드 공감도가 높다면 신뢰도 역시 매우 높을 것이다.

한국 최고의 생수 업체 중 하나를 브랜드 X라고 하자. 이 회사는 한국의 자연을 대표하는 제주도의 화산 암벽에서 솟아오르는 최고급 생수를 생산하는 업체다. 그들은 해외시장에 진출하기 위해 가장 먼저 브랜드와 연결고리가 있는 고객들을 신중하게 목표로 잡았다. 그들은 한국산 생수를 이해하는 아시아 지역에 거주하는 한국인들이다. 그러나 이것은 완전히 틈새시장이다. K-컬처 덕분에 한국 브랜드를 갈망하는 중국 같은 시장은 의미가 있을지 모른다. 하지만 현지에서 성공하려면 경쟁 상황, 유통, 가격 책정 전략, 마케팅 역량, 규제 요구사항, 정치적 요인의 변동 상황 등 시장 역학관계와 소비자 심리를 철저히 이해해야 한다. 회사가 확실한 검증을 거쳐 상당한 마케팅 투자를 한다 하더라도 브랜드의 의미와 브랜드가 공명하려고 하는 메시지를 현지 국가의 문화적 언어로 표현조차 못 한다면 소비자와 연결이 어려워 살아남지 못할 것이다. 그들은 수익을 빠르게 증가시키기 위해 어떤 시장을 언제, 어떻게 진입할 것인지와 무엇보다도 올바른 시각으로 현지 고객들과 감성적 공감대를 연결할 브랜드 차별화 방법을 정의할 필요가 있다.

선도적인 내수 브랜드 사례에서 선진 시장에 진출해 기존 브랜드와 정면승부를 하고 그 나라 대중으로부터 주목을 받으려면 회사의 위치를 다시 정립해야 한다는 가설이 성립한다. 만약 그것이 미국이나 유럽과 같은 선진 시장에서 성공한다면 트리클다운 증폭 효과(선도 부문의 성과가 늘어나면 낙후 부문도 성과가 좋아져 전체적으로 성과가 좋아지는 효과-옮긴이)는 값을 매길 수 없을 것이다. 하지만 모국인 한국에서 사용한 전략과 같은 방식을 적용한다면 아마도 효과가 없을 것이다.

기본적으로 처음부터 올바른 방향을 설정하는 것이 핵심이다. 피지 워터Fiji Waters는 대량 마케팅과 전통적 방법을 사용하는 대신 골프 리조트, 고급 호텔, 고급 관광지에 생수를 판매하는 방식으로 출발했다. '피지'라는 브랜드와 심미안적인 제품 포장은 남태평양이나 열대 지방 섬들을 연상시키며 즐겁고 자유분방한 느낌을 자아내 부유층 소비자와 공감적으로 연결되어 입소문을 타기 시작했다. 피지 워터는 대중의 공감마저 불러일으켜 현재 골프 클럽뿐 아니라 전 세계의 선도적인 생수 중 하나로 팔리고 있다.

피지 워터 혹은 에비앙의 뒤를 이으려고 한다면, 어느 나라 생수 회사든지 간에 그들은 가장 먼저 소비자들에게 호소력이 있으며 그들이 애타게 바라는 것에 공명하고 요구사항을 최우선으로 충족시키는 '해결책'을 감성적으로 전달할 수 있는 시그니처 브랜드 스토리를 구축해야 한다. 강력한 공감 브랜드 구축은 경쟁자가 어디에 있으며 전반적인 생수 시장의 구조가 어떻게 정의되는지, 그리고 앞으로 어떻게 발전할지에 대응하여 브랜드 차별화, 제품 가치 제안, 목표 고객 세분화와 연결 통찰력을 올바르게 결정해야 가능하다. 그러려면 '이것이 문화와 라이프 스타일 관점에서 현지 시장과 소통하려면 어떤 방법으로 해석되어야 할 것인가?'를 고민해야 한다. 이를 위해서는 제품과 포장이 보이는 방법, 확장된 구성 요소에 대한 재료, 특정 시장에서 더 호소력이 있는 잠재적 변수 등에 대한 기업 계획과 최적화 계획을 진지하게 마련해야 한다.

단순하게 국내 시장에서 선보였던 마케팅 전략과 전술이 글로벌 시장에서도 효과를 발휘하리라 생각하고 단순히 모국어로 된 생수병의 설명 문구를 번역해 같은 포장으로 주요 시장의 전담 유통업자에게 제공할 수는 없다. 이 모든 것들에 앞서 어떤 글로벌 시장 진입 전략이 필요한지, 어떤 시장에 우선순위를 둘 것인지, 현지 시장에서의 경쟁만을 대비해 전체적인 장단기 손익 계산서의 시뮬레이션을 시행해야 하는지 등에 대한 근본적인 질문을 신중하게 검토해야 한다. 매출이 올라도 경상비용이 매출액보다 1원이라도 많으면 손실을 보는 것이다. 또한 비록 두 금액이 같다고 할지라도 글로벌 비즈니스 운영에 투입될 인력과 투자 등 모든 노력을 고려하면 손실일 수 있다. 이러한 전략적 참여 노력에 관한 올바른 판단이 없다면 현지 시장의 마음을 사로잡기 위한 브랜드 공감 구축 작업은 결실을 보지 못할 것이다.

하지만 입소문, 리뷰, 확실한 평판과 여러 매체를 통한 노출 덕분에 이미 확고한 이미지를 갖추고 국제적으로 인정받는 브랜드의 경우엔 기대 비율과 포지셔닝 위치가 완전히 다를 것이다. 이처럼 현지 고객의 정신적 역동성의 차이에 따라 브랜드와 메시지 전략의 차별화는 조정될 수 있다. 물론 애플과 같이 세계적으로 유명한 상징적인 브랜드들은 그렇지 않다. 애플은 그들이 의사소통하려는 대상과 누구와 의사소통하는지가 완전히 일관성이 있다. 이렇게 일관성을 유지할 수 있는 것은 브랜드와 브랜드가 상징하는 회사가 고객들이 자신들을 따르는 것이지 반대로 자신들이 고객을 따라가는 것이 아니라고 진정으로 믿기 때문이다.

스티브 잡스의 철학은 포커스 그룹, 설문조사, 잠재적인 '예측 분석'과 같이 사전 테스트와 관련된 고객 정보 조사를 수행하지 않는다는 것이다. 왜냐하면 애플은 단지 그들이 확신하는 시장을 만들기만 하면 고객들은 애플을 따르고, 애플 제품을 숭배하며, 제품 경험을 신뢰함으로써 스스로 제품 옹호자가 되어 전 세계로 연결되는 수단을 통해 다른 사람들에게 상세히 설명해주기 때문이다. 애플처럼 상징적인 브랜드 자산이 확립되어 있고 필요한 사용자 경험과 목표 고객을 유치하기 위한 규칙이 다수의 문화권에서 탁월한 경우가 아니라면, 어느 한 시장에서 잘 작동했던 성공적인 마케팅 커뮤니케이션 전략을 모방하여 다른 시장에 브랜드 공감을 구축하려는 접근 방식은 적합하지 않을 수 있다. 아마도 어느 정도까지는 합리적 관점에서 메시지가 전달되겠지만, 진정으로 감동적인 수준까지 파고들 수 있느냐 하는 것은 실질적인 브랜드 공감을 구축하는 관점에서 반드시 점검해야 한다.

앞에서 언급했듯이 수십 년 전 자동차를 개인용 컴퓨터 가격과 비교한 광고와 보증 서비스 기간과 보증 마일리지를 연장하여 완전히 실용적인 자동차로 인식되었던 현대차가 이제 엘란트라, 아주라, 소나타 등 미적이고 기능적인 최신식 자동차를 생산함으로써 도요타, 혼다, GM의 자동차와 경쟁할 정도로 훨씬 높은 수준으로 올라섰다. 이제 그들은 고급 브랜드의 이윤 구조를 파악하고 세계 최고의 자동차들을 벤치마킹하여 제네시스 라인을 구축했다. 특히 처음에 주력 모델인 G80은 기본적으로 다른 경쟁사의 고급 브랜드 자동차 가운데 가장 편안한 자동차인 BMW5 시리즈를 벤치마킹했다. 북미를 비롯한 전 세계 소비자들이 한때 현대차가 값싸고 아무런 영감을 주지 못하는 한국 자동차 제조업체라는 이미지를 잊어버리고 현대차를 받아들이기까지 시간이 걸렸다. 그러나 최고의 제품 품질, 디자인, 브랜드 커뮤니케이션에 많이 투자한 제네시스 브랜드는 현재 BMW나 메르세데스 같은 기존 독일 브랜드에 비해 브랜드 자산의 힘과 브랜드에 대한 충성도가 부족하여 가격은 여전히 낮은 수준이지만 성능, 안전, 디자인은 전 세계에서 호평 받고 있다.

도요타의 렉서스, 닛산의 인피니티와 같이 현대차에는 제네시스가 있다. 렉서스와 인피니티의 관계를 보면 전반적으로 렉서스 브랜드는 인피니티와 비교하면 처음부터 재치 있는 마케팅 커뮤니케이션과 제품 경험의 약속을 통해 더 높은 브랜드 자산 가치를 지닌 최고급 자동차로 개발되었다. 이런 경쟁 지역에서 승리하기 위해 제네시스는 모국 시장인 한국에서 글로벌 역량을 고려해 마케팅 노력을 통합하여 광고를 만들었지만, 해외 현지 시장 소비자들에게 색다른 이야기 줄거리로 공명을 주는 비전, 가치, 품질 수준을 반영하여 그 지역 특성에 맞는 브랜드 커뮤니케이션을 시행했다. 이것은 근본적으로 브랜드 위치, 시장 발전 정도, 경쟁 구도는 물론 근본적으로 고객 정신과 관련 있는 라이프 스타일 패러다임이 다르기 때문이다. 이것이 바로 처음부터 올바르게 방향을 잡은 공감을 구축하기 위한 교차 시장 브랜드 커뮤니케이션 개발을 심각하게 고려해야 하는 이유다.

브랜드 커뮤니케이션은 단계를 정해놓고 사전에 자세히 준비해야지, 결코 되는 대로 일관성 없이 실행해서는 안 된다. 따라서 브랜드의 글로벌 브랜드 마케팅에 종사하는 광고사와 마케팅 담당자들은 더 높은 전략적 수준에서 진정으로 통합되어야 하지만 지역 역동성과 경험적 플랫폼을 포함한 메시지 전달과 콘텐츠 전략을 어떻게 실행할 것인지에 대해서는 매우 민감하고 신중하게 행동해야 한다. 예를 들어 인도에서의 브랜드 커뮤니케이션은 일본, 중국, 미국,

독일의 경우와 모두 다를 것이다.

한국에서 시장 점유율 1위를 자랑하는 한국타이어의 경우 유럽 본사를 프랑크푸르트에 두고 특히 경쟁이 치열하고 고성능 자동차를 생산하는 유럽 시장에서 브랜드 자산 구축에 큰 진전을 이뤘다. 제품 품질에 중점을 둔 시험을 거쳐 그들의 타이어는 내구성과 엔지니어링이 뛰어나며 미쉐린Michelin이나 브리지스톤Bridgestone의 타이어와 비교해도 손색이 없는 제품이 되었다. 그러나 브랜드 자산 가치는 훨씬 낮은 수준이다. 여기에는 여러 요인이 있지만, 그중 한 가지는 한국제 타이어는 미쉐린이나 피렐리Pirelli처럼 브랜드 유산을 물려받지 못했다는 사실이다.

그래서 한국타이어는 이미지를 높이기 위해 말하자면 현대차 수준이 아니라 메르세데스나 아우디와 같은 프리미엄 브랜드 자동차에 자신들의 타이어를 장착하려고 노력했다. 한국타이어는 브랜드 커뮤니케이션 노력 덕분에 고성능 자동차의 시제품을 시험하는 죽음의 경주가 펼쳐지는 뉘른베르크Nuremberg에서 최고급 한국 타이어의 성능을 보여주는 수준까지 진화했다. 아이러니하게도 제네시스는 모국 시장인 한국에서 오디오 시스템 등 소비자의 전반적인 브랜드 인식을 높이기 위해 세계적인 고급 브레이크인 브렘보Brembo와 미쉐린 타이어를 부품으로 사용한다.

고객이 값비싼 페라리를 구매했다면, 그는 타이어가 포르쉐 911에 장착된 피렐리 또는 미쉐린의 경주용 고성능 타이어와 같이 최고급인지 아닌지 확인할 것이다. 방금 구매한 값비싼 자동차에 어울린다는 확신과 공감을 제공할 정도로 브랜드 자산에 대한 검증이 이뤄지지 않는다면, 자동차 부품으로 사용된 한국타이어를 좋아할 가능성이 얼마나 될까? 따라서 브랜드 공감대 구축을 위해 협업, 파트너십, 유통, 가격 책정, 사후관리, 제품 경험, 마케팅 커뮤니케이션, 영업 인력 훈련, 체험 센터, 로열티 프로그램 등 모든 것을 하나로 통합해야 한다. 이것은 단지 기술적으로 훌륭한 마케팅 전략과 전술을 마련하는 것만이 아니다. 브랜드 공감대 구축에 성공하려면 브랜드는 경쟁하고 있는 시장과 관계없이 대내외적으로 완전히 통합된 비즈니스 생태계를 반드시 구축해야 한다. 한국타이어나 다른 유형의 자동차 회사 또는 타이어 회사의 경우, 딜러들은 고객과 잠재적인 파트너에게 브랜드에 대한 확신을 심어줄 공감대 구축을 위한 고급 마케팅 수단을 갖추어야 한다.

따라서 통합 브랜드 커뮤니케이션 프로그램은 브랜드와 제품을 B2B와 B2C 관점에서 가장 적합한 방식으로 정교하게 만들 수 있는 사람들이 다루어야 한다. 메시지가 전달되는 상대방에 따라 다른 관점과 목소리로 시각화하고 메시지 콘텐츠를 만들어야 한다. 자신들의 포르쉐 911에 피렐리가 아니라 한국타이어를 장착하는 것에 대하여 이성적으로 지지하고 공감함으로써 자신의 결정을 정당화하려는 최종 소비자에 대한 콘텐츠와 B2B 파트너 영업 상대방이나 조달팀에 대한 콘텐츠는 다르다.

고객 공감대 구축에 집중해야 한다

어떤 산업 분야에서든 신규 사업을 유치하는 과정에서 올바른 관계 형성, 적절한 시기, 법규 준수를 포함한 투명성, 의무 이행을 위한 인프라 구축 등을 위한 노력을 많이 해야 한다. 비즈니스 규모, 초점, 산업, 핵심 요건에 의한 고객사의 유형에 따라 고객사가 함께 일하고 싶어 하는 마케팅 커뮤니케이션 광고사의 유형은 크게 달라질 수 있다. 고객사에 따라서는 크리에이티브 역량이 뛰어난 광고사 혹은 최첨단 분석 역량을 갖춘 광고사를 선호할 수 있으며, 글로벌 고객사의 경우 국내뿐 아니라 해외에서 밀접하게 소통하며 일할 수 있는 국제적 역량을 갖춘 광고사와 일하고 싶어 한다. 광고사 선정의 의사결정 과정은 위의 모든 것에 대한 가격이 적정할 뿐 아니라 두 회사의 잠재적인 공감대에 대한 평가인 비즈니스 문화의 통합이 성공적으로 이루어지고 응집력 있게 일을 시작할 수 있다는 평가가 있을 때 마무리된다.

광고사의 능력 정도에 관계없이 그들의 강력한 문화, 일하는 절차, 심지어 사람들이 '태도'라고도 말하는 개인의 성격으로 '다루기' 쉽지 않다는 인상을 브랜드 커뮤니케이션 회의석상에서 고객사가 받았다면 그들은 광고사에 의해 '협박'을 받았다고 생각할 수도 있다. 따라서 고객사는 여러 광고사 중 최고의 파트너를 투명하게 선정하기 위해 여러 가지 방법을 혼용하여 사용한다. 광고사의 평판을 포함해 현재의 위치와 능력 등이 기재된 소위 정보 요청서RFI의 평가를 통해 대상 광고사 명단을 작성한 뒤 연구 과제인 제안 요청서RFP를 발표하는 브랜드 커뮤니케이션 회의를 개최하여 경쟁을 유도한다.

광고사 브랜드 커뮤니케이션 회의를 개최하는 이유는 이제 영업 준비를 마치고 마케팅을 시작하려는 고객사가 새로운 광고사를 찾거나 그동안 일해 온 광고사를 다른 광고사로 대체하기 위하여 경쟁시키는 것이다. 우리는 고객사를 유지하려고 방어적 위치에 있는 기존 광고사들은 '현직'이라고 부른다. 마케팅 업계에서는 마지막 실적이 좋아야 잘한다는 평가를 받는다는 말이 있다. 다시 말해, 현직 광고사가 지난 3년 동안 매출과 브랜드 자산 구축에서 눈부시게 활약했지만 지난 8개월 동안 수많은 요인으로 인해 고객사의 매출이 감소했다고 가정하자. 이것은 근본적으로 제품의 실제 품질 문제, 가격 문제는 물론 매출 증대를 목적으로 소비자와의 공감대를 구축하려는 마케팅 커뮤니케이션 활동과 확실히 관련이 있을 수 있다. 마케팅 투자를 책임지는 마케팅 부서는 매출이 항상 저조하다면 책임의 화살을 불가피하게 고객사의 지시에 따라 마케팅 커뮤니케이션을 실행했던 광고사로 자연스럽게 겨냥할 것이다.

광고업계에 오랜 시간 종사한 나에게 가장 자랑스럽고 가장 기억에 남으며 또한 가장 도전적이었던 브랜드 커뮤니케이션 회의는 프랑스의 글로벌 광고사인 퍼블리시스를 대표하여 내가 주도했던 마케팅 예산 4천만 달러짜리 고객사인 르노삼성자동차Renault Samsung Motors를 방어하는 회의였다. 당시 르노삼성은 사실상 르노-닛산이었지만 한국에서 삼성이라는 브랜드 자산에 대한 소비자들의 공감 때문에 삼성이라는 브랜드를 계속 사용했으며, 삼성자동차의 후광 효과를 이용하여 닛산의 구형 알티마 생산 설비를 삼성자동차 생산 설비로 개조해 BMW 시리즈처럼 SM3, SM5, SM7 등을 생산했다.

르노삼성자동차는 심리학적 관점에서 10년 넘게 한국 고객의 마음속에 차별화된 브랜드로서의 이미지를 갖고 있었다. 르노삼성 브랜드는 국내 경쟁사인 현대차나 기아차보다 브랜드 커뮤니케이션에서 심리학적으로 더 독특하고 감성적인 것으로 자리매김했으며, 수년에 걸쳐 일관된 분위기와 방식을 유지했다. 그러나 현대차와 기아차는 더욱 진화된 역동적인 자동차를 생산하기 시작했으며 한때 대우자동차였던 한국 GM도 소형차와 승용차를 포함한 수입차에 대한 더 많은 세금 혜택으로 국산차와 수입차의 가격 격차가 축소되자 타사의 공격적인 마케팅과 신형 자동차 출시에 대항하여 쉐보레Chevrolet를 생산하기 시작했다.

그러나 르노삼성자동차는 신형 자동차를 출시하지 않고 단지 간헐적으로 소규모 디자인 변경이나 개량 정도만 수행함으로써 한국 소비자들은 르노삼성 브랜드를 낡고 오래된 것으로 인식했다. 따라서 브랜드를 특별하게 만들었던 개인적으로 친근한 연결고리도 불가피하게 사라지고 있었다. 그 당시 SWOT(강점, 약점, 기회, 위협) 분석표를 보면 획기적인 후광효과를 가져올 자동차를 제대로 출시하지 않는다면 강점과 기회보다 약점과 위협이 훨씬 더 많았다. 현지 광고사의 대표이자 르노삼성자동차 고객 담당 임원으로서 나는 파리의 글로벌 본사로부터 '광고마케팅 대행사 교체 가능 브랜드 커뮤니케이션 조직 역량 리뷰'란 제목의 서류를 우편으로 받았다. 우리는 90일 안에 서류를 작성하여 비즈니스를 방어해야 했다. 만약 그러지 않으면 우리는 고객을 잃게 될 상황이었다. 르노-닛산에서 보면 한국은 전 세계에서 세 번째로 큰 시장이었으며, 이곳에서 대규모로 시장을 잃는다면 전 세계 손익에 영향을 미치게 된다. 광고사의 경우 르노-닛산은 광고사 수입의 45%를 차지하고 있었으므로 만약 우리가 비즈니스를 잃으면 광고사는 구조조정을 했을 것이다. 또한 글로벌 네트워크 광고사로서 우리가 한국에서 르노삼성자동차 고객을 잃는다면, 그것은 '퍼블리시스'의 르노-닛산에 대한 전 세계 통합 수입 흐름에 영향을 미칠 것이며, 비록 우리와 맺은 글로벌 계약 기간이 3년이지만 광고사 네트워크 변화에 연쇄 반응을 일으켜 잠재적으로 다른 시장에서도 파급효과가 나타날 것이다. 사실상 '글로벌 계약'이나 '지역 계약'이나 그 어느 것도 중요한 것은 아니다. 고객사는 현지 광고사의 성과가 진정으로 기준에 미치지 못하거나 광고사 업무 실적 때문에 사업이 부정적인 영향을 받는다고 판단하면 글로벌 계약의 존재 여부와 관계없이 광고사를 '재검토'할 수 있는 선택 권한을 갖고 있다. 따라서 시장을 상실한다는 것은 다른 지역의 현지 광고사의 평판뿐 아니라 광고사 네트워크 전체에 심각한 문제를 일으켜 글로벌 계약 구도에 영향을 미치기 때문에 글로벌 광고사 본사 차원에서도 중요한 문제다.

브랜드 커뮤니케이션 회의 장소에는 르노-닛산의 글로벌 마케팅팀 최고 경영진이 회의 탁자 한쪽 편에 앉고 다른 한쪽에 글로벌 광고사인 퍼블리시스 본사의 르노-닛산 담당 경영진이 앉았으며, 또 한쪽에는 르노-닛산의 현지 CEO와 CMO 등 현지 경영진이, 구석에는 나의 직속상관을 포함한 퍼블리시스의 현지 광고사 네트워크팀과 르노-닛산의 기획팀, 미디어팀, 크리에이티브팀의 주요 구성원이 참석했다.

그때 르노-닛산의 글로벌 CMO는 폭스바겐의 전직 글로벌 CMO로 세계 시장에서 인정받는 자동차 마케팅 베테랑이며 영국인이었는데, 그 당시는 우연히 프랑스 회사를 위해 일하고 있었다. 그는 회의를 시작하면서 내가 고객 서비스 담당인지, 그리고 발표할 준비가 되어 있는지를 물었다. 나는 그렇다고 대답했다. 그러자 그는 "지금부터 내가 하는 모든 말을 개인적인 것으로 받아들이지 마세요"라고 심각하게 말했다. 그의 말을 달리 해석하면 우리가 무엇을 발표하든지 간에 만약 그 내용이 르노-닛산의 CMO로서 그가 생각한 것과 일치하지 않거나 주제에서 벗어난 것이라면 모든 이유를 들어 공격하고 기세를 꺾어 놓겠다는 의미였다.

나는 6시간 30분 동안 단 한 차례도 쉬지 않고 발표했다. 그것은 내 일생에서 가장 긴 발표였다. 결국 나는 다음날부터 인후통에 시달렸다. 발표 순서는 우선 한국 자동차 시장의 역동성과 경쟁사 동향, 고객 동향, 미디어 수단의 변화, 르노삼성 브랜드가 미래에 시사하는 내용에 대하여 전략적으로 상세하게 설명했으며, 그런 뒤 소형차부터 SUV에 이르기까지 각 제품에 대한 통합 브랜드 커뮤니케이션 광고 전략을 설명했다. 발표 내용에는 르노삼성자동차의 통일된 자동차 제품군과 연계하여 르노삼성자동차의 가치 제안을 보여주는 전반적인 기업 브랜드 커뮤니케이션 전략도 포함되어 있었다. 르노삼성자동차의 이미지 변신을 위해 새로운 구원투수로 나올 최대 주력 승용차인 신형 SM7을 어떻게 차별화할 것인지와 기존 브랜드 커뮤니케이션을 활용해 한 단계 고급이지만 다른 모델과 차별화되면서 서로 연결되는 일관성을 유지하는 방법이 발표의 핵심이었다. 발표가 끝나고 잠시 침묵이 흘렀다. CMO는 눈을 감더니 깊은 생각에 잠겼다. 그런 뒤 르노-닛산 경영진에게 이렇게 말했다. 나는 그때 그가 한 말을 아직도 생생하게 기억한다. "여러분은 훌륭한 광고사와 일하고 있군요. 우리가 가진 제품 전략은 엉망입니다."

우리 광고사가 르노삼성자동차를 계속 유지하는 것으로 결론이 났으며 퍼블리시스와 르노-닛산 모두에게 벤치마킹 대상이 되었다. 퍼블리시스의 프랑스 경영진은 브랜드 커뮤니케이션 방법에 관한 사례 발표를 위해 우리를 파리 본사로 초대했다. 이것은 해피엔딩으로 끝난 이야기다. 특히 광고사가 방어적인 상황에 있을 때 해피엔딩으로 끝나는 이야기는 사실상 많지 않다.

여기에서 얻은 교훈을 이렇게 설명할 수 있다. 브랜드 커뮤니케이션 회의에서 성공했던 핵심 통찰력은 고객사인 르노-닛산 경영진과 공감대를 구축함으로써 다시 연결될 수 있었다는 사실이다. 그것은 우리가 고객 여정, 모든 시장의 패러다임, 지역 문화 고려사항, 전체적인 기업 비즈니스 전략의 연결고리, 고객사가 소비자와 소통하려는 제품의 모든 것을 속속들이 알고 있다는 사실을 고객사 경영진에게 확신시킬 수 있었기 때문에 가능했다. 이 경우 소비자와 소통하려면 개인별로 세분화된 고객의 심리 상태와 고객이 자동차가 색다르게 제공하기를 간절히 바라는 서비스 내용을 미리 잘 알고 있어야 한다. 이것은 단순한 사실이지만, 모든 광고사가 고객을 방어하거나 신규 비즈니스를 유치하기 위한 브랜드 커뮤니케이션 회의를 할 때는 전략적 사고와 물리적으로 힘든 작업을 많이 해야 한다. 근본적으로 우리가 고객사의 마케팅 담당자들보다 브랜드에 대해 더 많이 알고 있으며, 마케팅 커뮤니케이션 목적을 달성하는 임무를 효과적으로 수행할 수 있다는 확신을 줄 수 있다면 이야기는 끝난 것이다.

이 사례는 이미 10년도 더 된 오래전 이야기다. 그때와 비교하면 지금은 기술, 특히 디지털 기술 패러다임이 엄청나게 발전했다. 만약 지금 고객사 방어 전술을 구사해야 한다면 소셜, 모바일, 전반적인 디지털과 관련된 고객 접점 관리 내용을 더 많이 포함해야 하는 것은 확실하다. 그러나 가장 중요한 '굉장한 아이디어'를 창출하는 측면과 왜 SM5 혹은 왜 SM7인가에 대한 질문에 한 줄짜리 핵심 증거로 대답함으로써 소비자들을 한마음으로 공명하게 만드는 메시지는 원칙상 영원히 변하지 않을 것이다. 그러므로 변치 않는 것들이 있다. 전략적으로 말하자면, 그것이 바로 '시그니처 브랜드 스토리'와 강력하고 탁월한 메시지를 적절한 목소리로 전달함으로써 그 스토리를 매력적으로 만드는 '굉장한 아이디어'일 것이다.

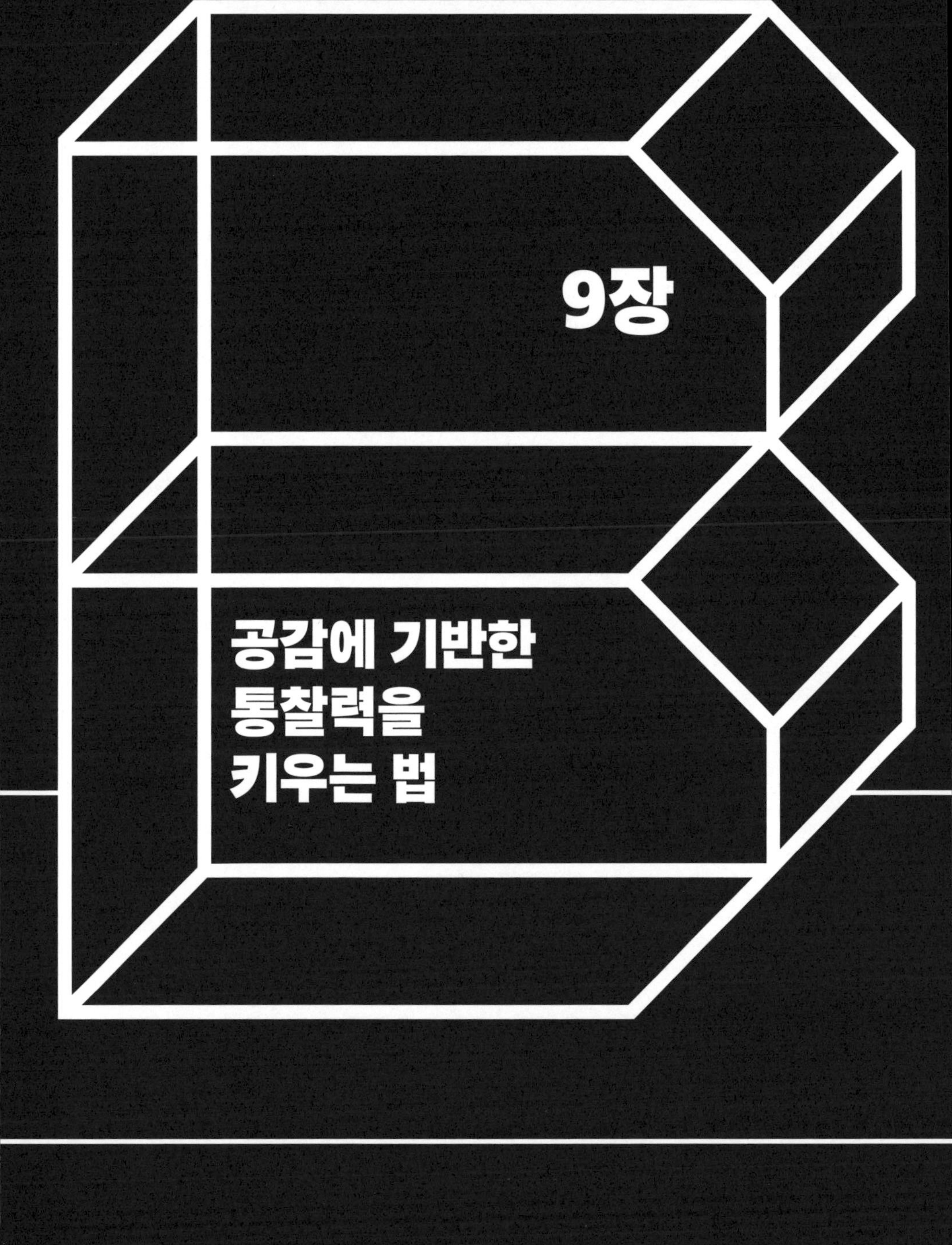
9장
공감에 기반한
통찰력을
키우는 법

BRAND

사물을 다르게 보는 능력을 키워라

공감으로 연결되는 올바른 브랜드 전략을 짜는 핵심은 고객으로 시작해서 고객에서 끝난다. 구체적으로, 우리는 이것을 소비자의 열망적 욕구와 브랜드의 가치 제안을 결합하는 '핵심 소비자 통찰력'이라고 정의한다. 그러한 열망적 욕구들은 전략적으로 걸러져서 근본적으로 브랜드가 소비자의 문제나 욕구를 해결하기 위한 해결책으로 연결될 수 있는 감성적인 단어나 구절로 전환되어야 한다. "우리가 드릴을 사는 것은 사실상 벽에 사진이나 물건을 걸기 위해 못을 박을 수 있는 구멍을 사는 것"이라는 말이 오래전부터 전해지고 있다. 드릴은 목적을 위한 수단이지 최종 목적은 아니다. 우리가 터널을 통과하는 이유는 무엇인가? 터널 끝에서 희망의 밝은 빛을 볼 수 있다는 꿈을 꾸며 길고 긴 터널을 통과한다. 혹은 산을 깎아 구멍을 길게 뚫은 터널을 빠져나와 반대편에 있는 해변의 아름다운 풍경을 보고 해방감을 느낄 수 있다.

태국에서 하얏트 호텔이 아니라 에어비앤비나 하숙집을 찾아나서는 것은 비용을 절약하는 것은 물론 전 세계의 지역 사회를 경험하고 그 문화에 빠져들고 싶은 욕구가 있기 때문이다. 자금 사정이 넉넉한데도 모든 편의시설이 표준화된 메리어트Marriott 호텔에 머물지 않고 태국 숲속의 오두막을 임대하거나 W 호텔이 아니라 몰디브의 요트를 빌리려는 이유는 무엇인가? 소비자가 그곳에 머물면서 얻으려 하는 것은 바로 '공감'이다. 그것은 탈출, 자유, 사랑, 평화를 경험하면서 얻고자 하는 사적이지만 모두 연결되는 개인적인 감정이다. 이제 그 숙소가 분위기와 시설, 전반적인 숙박 경험을 통해 공감을 제공할 수 있다면, 연결이 이루어지고 소비자는 그곳에 머무를

것이다. 그것이 바로 '스위트 스폿'이다.

브랜드 통찰력에 근본적인 소비자 통찰력을 연결함으로써 시그니처 브랜드 스토리가 살아나고, 올바른 목표 고객과 연결된다. 브랜드 커뮤니케이션의 목적은 모든 사람과 감정적인 애착을 구축하는 것이 아니다. 브랜드 커뮤니케이션의 목표가 새로운 시장을 창출하기 위한 신규 고객 유치, 기존 고객의 충성도 유지, 인식의 변화, 브랜드의 영원한 약속에 대한 충성고객 강화 등 어느 것인지에 따라 고객 기반을 구분할 필요가 있다. 브랜드 커뮤니케이션은 고객을 세분화하고 전략적으로 조직화하는 것이지, 절대 '모두'를 위한 것이 아니다.

열망하는 핵심 목표 이미지를 개발하라

목표 고객에 대한 인구 통계적 프로파일링은 그들이 누구인지, 거주지가 어디인지, 소득이 얼마인지 그리고 다른 지수 등을 고려하여 세분화 집단을 결정하지만, 가장 중요한 것은 심리적 프로파일링이다. 다시 말해 어떤 사람이 인구 통계적으로는 40대이지만 인생관 같은 문제에 대해서는 밀레니얼 세대의 심리적 열망을 간직하고 있을 수 있다. 완벽한 '뮤즈muse' 소비자를 정의하기 위해 세분화한 소비자 그룹을 더욱 세분화할 수 있다.

뮤즈

그녀는:

1. 사랑, 열정, 정직, 자신감을 가슴에 안고 산다.

현재 25세로, 이제 막 브랜드 마케터로서 첫 발을 내딛었다. 매우 활발하고 다른 사람을 돌보아주는 따뜻한 마음을 지녔으며, 일과 삶의 균형을 위해 자신을 관리하고 사랑하는 가족과 친구들과 함께 전 세계를 여행하고 경험해보고 싶어 한다.

2. 진정한 자아를 발견하고 자신감이 넘친다.

그녀는 자기 자신을 매우 잘 알고 있으며 언제나 다른 사람에게 자신이 무엇을 하고 싶은지 하고 싶지 않은지를 이야기한다. 그만큼 자신감을 가지고 살고 있다. 허풍을 떨지도 않고 겸손하다. 그녀는 시간과 장소에 맞춰 메이크업한다. 하지만 메이크업이 자신을 완벽하게 만든다고 생각하지 않는다. 왜냐하면 자신의 본래 모습이 이미 완벽하다는 사실을 알고 있기 때문이다.

3. 자신이 원하는 일을 한다.

그녀는 언제나 열정적으로 일할 수 있는 것을 찾고 있다. 자신이 좋아하는 일을 할 때 자신감이 있으며 자연스럽고, 정직하고, 당당하므로 사람들은 그런 멋진 태도 때문에 그녀를 따른다.

뮤즈의 긴장과 브랜드 역할

삶과 두려움을 정의하는 방법

- 다른 사람이 무엇을 하라고 말하면 그녀는 스트레스를 받는다. 그것은 그녀를 제한하고 세계를 경험해보고 싶은 생각을 가로막는다.
- 직업상 여러 가지를 성취했더라도 친구와 가족이 없다면 행복할 수 없음을 알고 있다.
- 자신을 비난하지 않으며 문제를 현명하게 극복할 수 있는 용기를 갖고 있다.

브랜드 X의 역할

- 긍정적인 생각과 사고방식을 격려하라.
- 진정한 그녀가 되도록 최선을 다하며 깨끗하고 자연스러운 피부를 만드는 데 중점을 두라.
- 순하고 효과적인 자연 성분을 피부에 사용하라.

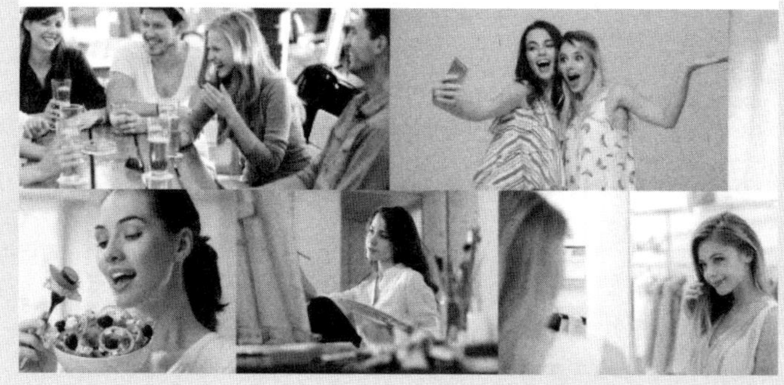

MUSE PROFILE

나이: 20~25세
소득: 4,000~8,000달러
교육: 대학/직장 새내기
운동: 여행, 요가
소셜 미디어: 인스타그램, 유튜브, 왓츠앱
좋아하는 브랜드: 러쉬, 바디숍, 나이키
취미: 여행 계획 짜기, 강아지와 놀기

뮤즈의 미용 절차

오전 6:30: 매일 아침 조깅으로 하루를 시작한다. 몸매를 잘 유지하는지 확인하려고 매일 몸매 사진을 찍는다.

오전 8:00: 아침 샤워 후, 순한 폼 클렌저로 세수한다. 그다음 자연 피부를 더 좋게 드러내려고 가벼운 메이크업만 한다.

오전 9:00: 좋아하는 색상의 옷을 입고 신발을 맞춰 신는다. 매일 찍는 사진 덕분에 몸매 관리가 더 쉽고 몸에 꼭 맞는 옷을 언제나 입을 수 있다.

오후 7:30: 일과 후 여동생 생일 파티를 위해 화장품 몇 가지를 챙긴다. 친구는 많지 않지만 새로운 사람 만나기를 즐긴다.

오후 9:45: 파티에서 친구들과 셀피를 찍으며 마음껏 즐긴다. 귀가 후, 매일 저녁 15분씩 홈트를 한다.

오후 11:30: 순한 클렌징 워터를 사용하여 메이크업을 지우고 나이트 크림을 바르기 전에 마스크팩을 한다. 내일을 위해 잠자리에 든다.

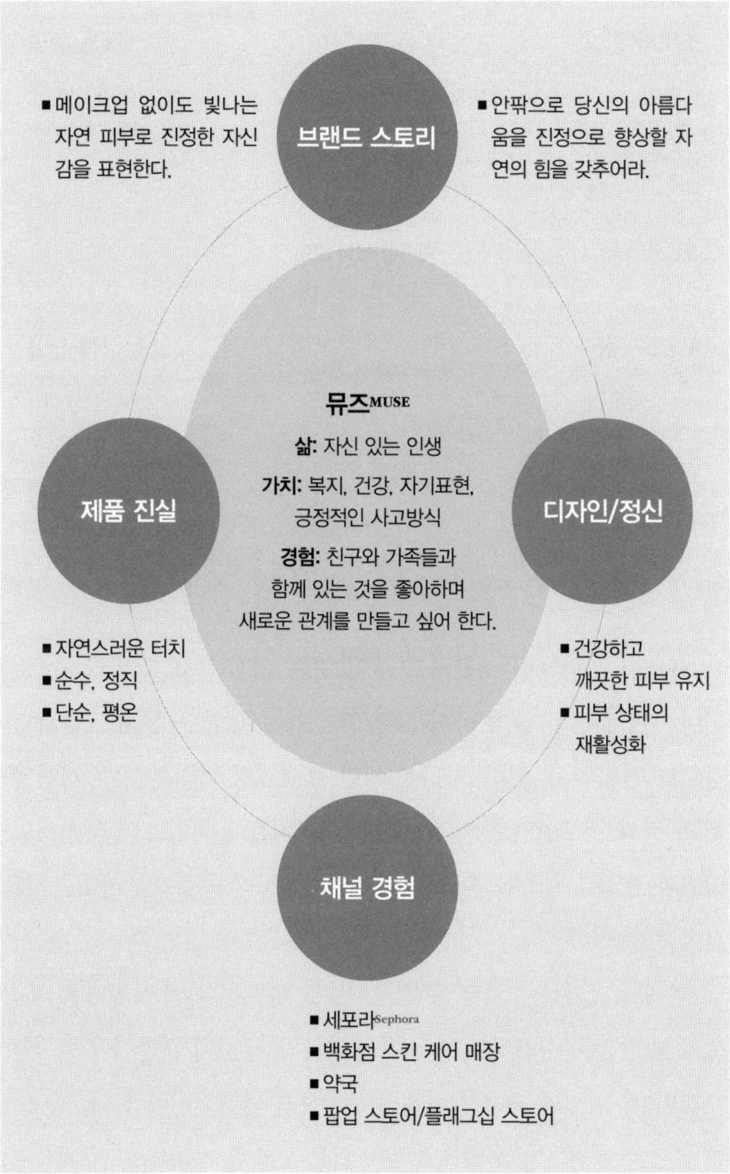

■ 메이크업 없이도 빛나는 자연 피부로 진정한 자신감을 표현한다.

브랜드 스토리

■ 안팎으로 당신의 아름다움을 진정으로 향상할 자연의 힘을 갖추어라.

뮤즈MUSE

삶: 자신 있는 인생

가치: 복지, 건강, 자기표현, 긍정적인 사고방식

경험: 친구와 가족들과 함께 있는 것을 좋아하며 새로운 관계를 만들고 싶어 한다.

제품 진실

■ 자연스러운 터치
■ 순수, 정직
■ 단순, 평온

디자인/정신

■ 건강하고 깨끗한 피부 유지
■ 피부 상태의 재활성화

채널 경험

■ 세포라Sephora
■ 백화점 스킨 케어 매장
■ 약국
■ 팝업 스토어/플래그십 스토어

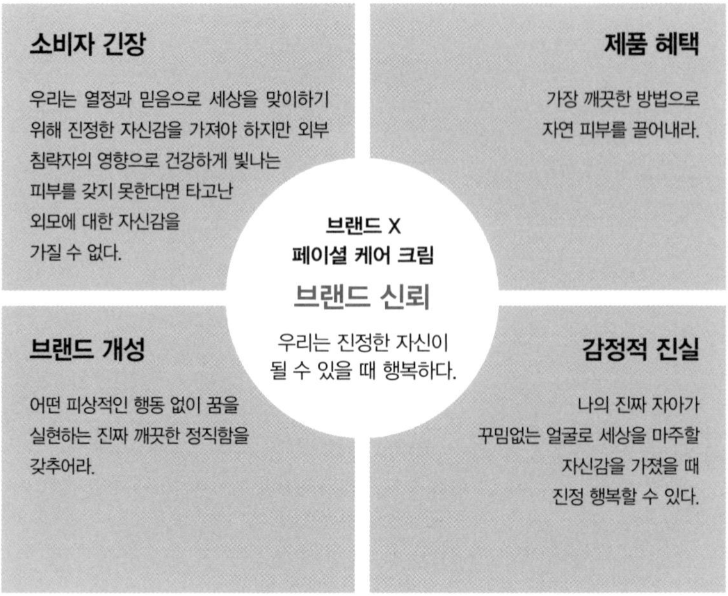

소비자 긴장

우리는 열정과 믿음으로 세상을 맞이하기 위해 진정한 자신감을 가져야 하지만 외부 침략자의 영향으로 건강하게 빛나는 피부를 갖지 못한다면 타고난 외모에 대한 자신감을 가질 수 없다.

제품 혜택

가장 깨끗한 방법으로 자연 피부를 끌어내라.

브랜드 X
페이셜 케어 크림

브랜드 신뢰

우리는 진정한 자신이 될 수 있을 때 행복하다.

브랜드 개성

어떤 피상적인 행동 없이 꿈을 실현하는 진짜 깨끗한 정직함을 갖추어라.

감정적 진실

나의 진짜 자아가 꾸밈없는 얼굴로 세상을 마주할 자신감을 가졌을 때 진정 행복할 수 있다.

뮤즈란 사람들이 모방하고 싶어 하는 핵심 목표 고객의 프로필이며, 사람들은 그들의 라이프 스타일, 가치관, 꿈을 통해 그들과 감정으로 연결될 수 있다. 따라서 일단 브랜드가 이러한 '유기적인 존재'와 공감으로 연결되면, 브랜드는 소비자들에게 뮤즈의 라이프 스타일과 브랜드 경험을 통해 '뮤즈의 삶'이 어떻게 풍요로워지는지를 보여줄 수 있다.

위에서 요약한 것처럼 공감 브랜드를 만드는 작업은 뮤즈를 중심으로 모든 것이 시작하고 모든 것이 끝난다. 당신이 개발해야 할 공감 브랜드는 '뮤즈'와 공감하는 핵심 통찰력과 연결되어야 한다. 왜냐하면 뮤즈는 브랜드가 소통하고 싶어 하는 소중한 가치를 가진 핵심 커뮤니케이션 그룹으로 구성되어 있고, 그들과 연결해 인구통계학적으로는 다르지만 뮤즈의 목표 프로필과 동일한 심리적 이상을 공유하는 다른 세분화 고객들을 자연스럽게 끌어들일 수 있기 때문이다.

그래야만 사업을 위한 블루오션이 어디에 있는지, 커뮤니케이션 전략을 어떻게 수립해야 하는지를 알 수 있고, 나중에 그러한 소비자의 미디어 접점에 영향을 미치는 마케팅 커뮤니케이션 전술을 구사하기 시작할 수 있다. 따라서 핵심 목표 뮤즈의 핵심 통찰력을 이해하고, 소비자의 정신 속으로 깊이 파고들어 그것을 정의하고 불멸의 본질과 가치 제안인 브랜드 통찰력과 전략적으로 연결하는 것이 다른 무엇보다도 가장 먼저 끼워야 할 첫 단추다.

문제는 항상 통찰력을 찾는 것으로 귀결된다. 통찰력이란 무엇인가? 그것은 올바른 통찰력인가? 통찰력을 잘못 발견한다는 것은 마치 첫 단추를 잘못 끼운 코트를 입고 있는 것처럼 모든 것이 제대로 연결되지 않았다는 것을 의미한다.

사람들의 감정을 움직이는 것은 주변 관점과는 다르게 사물을 볼 수 있는 능력을 갖추고 자극을 일으키는 감정을 찾아내는 것이다. 예를 들어 당신은 센트럴 파크에서 어떤 사람이 개 두 마리를 데리고 산책하는 모습이나 오리 가족이 꽥꽥거리면서 연못을 가로질러 잔잔한 물결을 일으키며 평화롭게 헤엄치는 것을 볼 수 있다. 어떤 사람은 개와 산책하는 모습과 줄지어 헤엄치는 오리 가족의 모습을 그저 지나가는 광경으로 있는 그대로 받아들인다.

하지만 어떤 다른 사람들은 이러한 장면에 담긴 가족 관계, 따뜻함, 연관성, 심지어 우정과 치유의 감정을 느낄 수 있다. 어미 오리가 깊은 물 위에서 새끼 오리들과 한 줄로 헤엄치는 모습은 가족이라는 감성을 자극할 수 있다. 이제 이 시나리오가 어떻게 보호 본능, 따뜻함, 혹은 심지어 우정을 상징하는 브랜드와 어울릴 수 있을까? 동일한 장면이 사람에게 미치는 영향력의 깊이와 각도에 따라 이야기가 만들어지고, 통찰력을 얻는 계기를 도출할 수 있다. 당신은 파도가 바위에 부딪혀 하얀 거품이 끝없이 일어나는 것을 볼 수 있다. 그 장면은 바위가 모든 역경을 뚫고 시간의 시험을 견뎌낼 수 있다는 비유가 될 수 있을까? 컵에 물이 반밖에 없는 것인가, 아니면 물이 반이나 차 있는 것인가? 가장자리가 깨진 컵은 날카로운 조각으로 누군가에게 상처를 주기 위한 것인가, 아니면 컵 가장자리를 꽃처럼 보이게 하는 장식인가?

당신은 사물을 바라보는 규범이나 진부한 시각에서 벗어나 소비자의 정신에 연결될 수 있어야 한다. 하지만 흩어진 기억과 신념을 되살려내면서도 그것들을 전체적으로 하나로 만들어 현재의 브랜드와 연결함으로써 영혼을 달래주는 달콤한 과자, 1~2분 동안 현실에서 벗어날 수 있는 시원한 오아시스, 올바른 일을 했다고 스스로 자랑스럽게 생각하는 경험처럼, 소비자의 열망을 해결할 수 있는 무엇이 마음속에 남아 있는지를 정의할 수 있어야 한다. 무수한 감성이 있지만 그것들은 브랜드가 상징하는 통찰력을 바탕으로 한 스토리를 만들어야 한다. 그것은 기념비적인 일이지만 너무나 인간적인 일이며, 진정으로 필요한 공감이 무엇인지를 추적하고 이해하는 일이다.

시그니처 브랜드 스토리를 만들어라

광고사가 아이디어를 만들어 고객사를 찾아갈 때 전략을 검토한다. 다른 말로 하면, 그것은 고객사가 광고사의 방향이 올바르며 전략에 관한 연구 기반이 충분히 검증되었다고 고개를 끄덕이게 하는 논리 흐름이다. 여기에는 시장 역학 분석, 관련 산업의 미래 궤적과 시사점, 경쟁자와 소비자의 역동성 등 브랜드 커뮤니케이션에서 다룰 핵심적인 전략 조건이 포함된다.

일반적으로 이 시점까지 접근 경로가 '궤도 이탈'이 되지 않았다면 청중은 잠잠히 동의한다. 그러고 나서 '굉장한 아이디어'가 대대적으로 모습을 드러낸다. 이는 적절한 소비자 커뮤니케이션 접점으로 모든 마케팅 커뮤니케이션 전술을 총체적으로 엮은 중심 아이디어 플랫폼이다. 활성화, 바이럴 마케팅, 소셜 미디어 콘텐츠, 전통적인 광고, 체험 영역, 심지어 디지털 홍보 혹은 오프라인 홍보에 대한 온라인 콘텐츠 등 모든 것이 중심 플랫폼 스토리에 뿌리를 둔 하나의 통합 생태계로 함께 작용한다.

그 스토리에는 핵심 메시지, 핵심 통찰력, 아이디어가 정도는 다르지만 상호 연결되고 거미줄처럼 얽혀 있어 브랜드가 강조하고 지지하는 것이 소비자의 가슴속에 특별하게 자리 잡는다. 소비자들은 휴대폰, 산책하는 거리, 귀에 들리는 소리, 눈에 보이는 모든 것들로부터 무차별적인 공격을 받는다. 따라서 소비자들이 정말로 듣고 싶고 주의를 기울이고 싶은 메시지를 전달하지 않는다면, 메시지들은 단지 잡음이 되고 기억에서 흐릿해진다. 더 나쁜 상황으로 가면 그것들은 귀에 거슬리기 때문에 브랜드 이미지에 부정적인 영향을 끼친다.

예를 들어, 당신이 배트맨이 나오는 〈다크 나이트 리턴즈〉와 같은 재미있는 영화를 볼 때 배트맨이 악당과 죽음의 결투를 하는 클라이맥스 장면에서 코카콜라와 니베아 바디크림 광고가 갑자기 나왔다고 하자. 당신은 과연 광고를 보고 콜라를 마시고 싶다거나 그 순간 가려운 곳에 니베아 바디크림을 바르겠다는 생각이 떠오를 것인가? 아마 당신은 화장실을 다녀올 것이다. 하지만 영화 중간 시간에 본 그 광고가 당신이 관심을 두고 있는 내용이라면 다른 채널로 돌리지 않을 것이다. 이것이 바로 '굉장한 아이디어'가 중요한 이유다. 거기에는 수많은 메시지로 혼란스럽지 않고 가슴에 연결되는 독특한 '시그니처 브랜드 스토리'가 있어야 한다. 그래야 소비자들이 광고를 보면서 짜증내지 않고 브랜드를 기억하며 영화가 다시 시작하기를 기다릴 수 있다.

시그니처 브랜드 스토리는 당신이 아끼는 브랜드만을 상징하는 내용이기 때문에 일반적인 이야기와는 다르다. 만약 그 이야기를 다른 상표에서도 들을 수 있다면 그것은 시그니처 브랜드 스토리가 아니다. 어떤 브랜드든지 호의, 선행, 약속에 대해 많은 것을 말할 수 있다. 하지만 이 스토리 속에 담긴 약속은 "오직 당신의 브랜드만이 이행할 수 있고 지속할 수 있으며, 매력적으로 차별화할 수 있어 진정으로 당신 것이 되는가"라는 점이 가장 중요하며, 이것이 시그니처 브랜드 스토리의 전부다. 일단 이것이 확립되면, 스토리 콘텐츠의 전개는 미디어의 종류와 메시지 전달 전략의 목적에 맞도록 표현될 수 있다. 유튜브에서 묘사하는 방법과 라디오나 인스타그램에서의 광고가 다를 수 있다. 하지만 주요 시각적 내용과 함께 카피 형식으로 쓰인 스틸컷과 동영상 비디오에서 나온 스틸컷이 형식은 다를지 몰라도 두 가지를 나란히 놓고 보면 마치 한 사람이 사인한 것처럼 둘 사이엔 일관성이 있음을 알 수 있다.

Case Study

〈다크 나이트The Dark Knight〉의 전략적 바이럴 캠페인

영화 〈다크 나이트〉의 바이럴 캠페인은 매우 전략적이었다. 영화 개봉에 앞서 광고사 42엔터테인먼트42Entertainment는 화려한 마케팅 아이디어를 내놓았다. 그 캠페인은 2개 이상의 미디어 수단을 사용하여 관객과 연결하는 교차 미디어 융합 기법을 이용했다. 이 모든 것을 통하여 관객들은 마치 고담시city of Gotham에 각 개인의 참여가 필요한 것처럼 느끼게 했다.

그들은 잠재적 관객들 개개인이 배트맨처럼 선한 일을 하는 한 부분이 되었다는 감성적 공감대를 구축했다. 그래서 캠페인의 실제 경험을 만들어내려고 다양한 미디어 플랫폼을 사용하는 대체 현실 게임(ARGAlternate Reality Game, 어떤 사건이 현실에서 일어났다고 가정하고 게임 참여자들이 사건을 해결하는 게임-옮긴이) 기법을 활용했다. 이 캠페인은 인터넷과 신문을 사용해 관중들이 게임 해법을 찾는 데 도움이 되도록 휴대폰, 그리고 다른 기기들을 제공했다. 42엔터테인먼트는 참가자들을 다른 장소와 단서로 이끌기 위해 30개 이상의 온라인 웹사이트를 만들었다. 그들은 또한 고담시에서 일어나는 사건들을 더 많이 게재한 〈고담 타임스〉와 같은 가상의 신문을 창간했다. 코믹 콘Comic-Con 기간 참가자들은 쌍방향 경험에 참여할 수 있었다. 그들은 하비 덴트Harvey Dent에게 실제로 제안하고, 다른 광고에 참여하며 등장인물들로부터 직접 전화를 받는 기회를 얻기도 했다. 놀랍게도 전 세계에서 천만 명이 게임에 참여했다. 비록 코믹 콘이 샌디에이고에서 열렸지만 42엔터테인먼트는 개봉 예정인 〈다크 나이트〉의 공감대를 구축하기 위한 홍행 캠페인에서 전 세계 관객들을 성공적으로 공략했다.

그들은 세계에서 가장 큰 만화 행사인 코믹 콘을 겨냥함으로써 영화, 만화책, 슈퍼히어로에 관심이 있는 관객들을 제대로 끌어모을 수 있었다. 팬들은 현실체험 비디오 게임에 참여하기 위해 온갖 아이디어를 쏟아냈다. 그 덕분에 캠페인은 처음부터 성공했다. 이 캠페인은 허구의 현실체험 비디오 게임 자체뿐 아니라 팬들이 조커와 하비 덴트 둘 중 하나의 편을 들도록 하는 데 초점을 맞췄다. 캠페인이 계속되자 팬들은 점점 더 열광하며 자신의 편을 위해 투쟁하고 자신의 목소리를 확실히 알리려고 노력했다. 마케팅 캠페인의 성공으로 이 영화는 2008년 최고의 수익을 올렸다. 영화 수익은 북미에서만 약 5억 3,334만 5,358달러였고, 다른 나라에서는 4억 6,970만 달러였다. 그 결과 전 세계에서 총 10억 304만 5,358달러의 수익을 올렸다. 현재까지 이 영화는 '역대 최고 흥행 영화'로 기록되었다. 역사상 가장 성공적인 바이럴 캠페인 중 하나를 실행한 42엔터테인먼트는 확실히 칭찬받을 만한 일을 했다.

역엔지니어링 광고로 공감대를 구축하라

어떤 산업과 관련 브랜드는 담배나 주류와 같이 '비윤리적'이거나 '위험'과 연결되어 있다. 따라서 디지털이나 TV 등 미디어 종류에 따라 브랜드 커뮤니케이션의 규제 측면에서 제약이 많이 있을 수 있다. 담배 산업은 '도덕적 해이' 범주로 간주되기 때문에 필립 모리스Philip Morris, 브리티시 아메리칸 토바코British American Tobacco, JTI, 그리고 역사적으로 호평을 받은 주류 브랜드인 디아지오Diageo와 페르노리카Pernod Ricard와 같은 회사들은 특히 전 세계적으로 건강 지향적 라이프 스타일 편향, 음주 습관과 선택, 흡연에 대한 인식, 환경에 미치는 영향에 관한 패러다임의 변화로 맹렬히 비난받을 때 마케팅과 브랜드 커뮤니케이션을 훌륭하게 처리해야 한다.

그들은 제품 소비에 대한 규제 당국의 제약을 벗어나려고 핵심 브랜드를 광범위하고 간접적으로 소통하기 위해 기업의 사회적 책임 활동CSR을 강력하게 시작했다. 예를 들어, 일본 토바코Japanese Tobacco의 메비우스Mevius 담배의 경우, 담배를 살 수는 있지만 브랜드를 직접 마케팅하는 것은 허용되지 않는 VIP DJ 댄스파티를 열었다. 파티에서는 사람들이 멋진 DJ들과 함께 메비우스 담배를 피우고 술을 마시면서 즐길 수 있지만, 간판, 팸플릿, 판매 부스 등에 브랜드명을 직접 언급하는 것은 허용되지 않는다.

소위 '비윤리적'인 회사들은 이런 상황을 고려하여 브랜드 커뮤니케이션 역逆엔지니어링 전략을 이용하여 특정한 경우에 술을 마시면 안 된다고 말하면서 동시에 술을 마시도록 권하는 의미를 담은 콘텐츠 표현을 구사한다. 그래서 하이네켄Heineken이나 앱솔루트ABSOLUT 광고를 보면 거의 금주禁酒를 광고하는 것 같다.

하이네켄의 글로벌 브랜드 캠페인을 유명하게 만든 사람은 단연 운전의 거장으로 불리는 포뮬러1 세계 챔피언인 니코 로스버그Nico Rosberg다. 그는 광고에서 자동차 경주가 끝난 뒤 사복으로 갈아입고 귀가할 때 하이네켄 한 병을 마시라는 권고를 받는다. 그가 "나는 운전할 때는 술을 마시지 않는다"라고 말하자 광고는 브랜드 로고로 끝난다.

최근 선정적이고 매력적인 광고로 역사적으로 유명한 주류회사 페르노리카의 상징인 앱솔루트 보드카는 "'예스'라는 동의가 없다면, 앱솔루트를 마시는 건 파트너와 성관계를 할 수 있다고 허락하는 것이 아니다"라는 브랜드 메시지 전달 전략을 이용하여 강간이 중범죄라는 사실을 상기시키고, 데이트 강간 방지 연합 조직의 사회적 움직임과 행동을 같이했다. 그들은 상호 합의로 '예'라는 명시적 동의가 없는 한, 술김에 성관계하는 것은 적절하지 않다고 주장하기 위해 알코올을 이용했다. 페르노리카 북아메리카 CEO는 그녀 자신이 술 때문에 성폭행을 당했다고 공개적으로 발표하고 그 피해를 논의하며 앱솔루트를 도덕적으로 옳은 일에 대한 신념체계를 갖춘 '책임 있는' 브랜드로 내세웠다. 이것은 하이네켄도 마찬가지다.

Case Study

앱솔루트 – '예스'라고 해서 성관계를 해도 된다는 '예스'가 아니다

"책임감 있게 마셔라, #SexResponsibly" 캠페인은 모바일 마케터와 공유한 발표에 따라 이 브랜드의 소셜 미디어 채널에서 진행되고 있다. 광고에는 #SexResponsibly 해시태그와 함께 "영화를 밤새 연속해서 보면 뜨거운 밤? '예스'는 아니지요" 그리고 "누군가에게 한잔 산다고 '예스'까지 산 것은 아니다"라는 구호가 함께 나온다. 밸런타인데이에 앱솔루트는 회사의 캠페인을 소셜 미디어에서 공유하거나 전송할 때마다 1달러를 성폭력 방지 단체인 성폭행 · 학대 · 근친상간 전국 네트워크RAINN, The Rape, Abuse &

Incest National Network에 기부했다. 앱솔루트는 소셜 인플루언서와 협력하여 디지털 채널을 통해 메시지를 홍보했으며, 캠페인 정보를 더 많이 제공하기 위하여 마이크로 사이트를 운영하고 있다.

앱솔루트 캠페인은 알코올 소비가 성적 비행과 관련될 수 있으며, 이에 따라 사회적 책임에 대한 경각심을 높인다는 사실을 인정한다. 앱솔루트는 미국에서 가해자의 알코올 남용으로 인해 성폭력 사건이 73초마다 일어난다는 데이터를 인용했다. 고무적인 사실은 'KRC 리서치'의 설문조사에 따르면 21~30세 성인 10명 중 9명이 친구 및 가족과 함께 '성관계에서 상대방의 동의 문제'에 관해 이야기를 나누며, 3분의 1은 이 주제를 자주 토론한다고 한다. 앱솔루트의 캠페인은 동의 문제에 대한 경각심을 높이면서 소셜 미디어에서 이런 대화에 참여하는 것을 목표로 하였다.

소셜 미디어를 기반으로 한 브랜드를 만들어라

페이스북 프로필 사진 뒤에는 포스팅된 내용에서는 보이지 않는 실제 감정을 갖고 삶을 사는 실제 사람의 삶이 있다. 일반적으로 사람들은 페이스북에 자신의 견해와 믿음을 이야기하며 휴양지에서의 행복한 여행, 이국적인 음식을 즐기는 모습, 멋진 곳에서 가까운 친구들과 즐겁게 지내는 장면 등 다른 사람들이 '부러워'할지도 모를 사진들을 올린다.

사람들은 자신이 좋아하는 것을 게재하며 비슷한 견해를 가졌거나 포스팅으로 공유한 내용에 긍정적인 의견을 단 사람들과 다시 연결된다. 이러한 과정을 거치면서 온라인에서 '가상'의 친구가 만들어진다. 이때 페이스북이나 인스타그램에서 매일 보는 것 외에 상대방의 완전한 정체성과 삶이 어떤지를 반드시 모두 알아야 하는 것은 아니다. 게다가 강아지 애호가 그룹부터 오토바이 애호가 그룹, 그리고 포르쉐, 할리데이비슨, 나이키 등 특정 브랜드를 정말 사랑하는 사람들의 특정 브랜드 옹호 그룹에 이르기까지 거의 모든 영역에 하위 공동체가 있다. 그것들은 공식적인 공동체가 아니며 하나만 있는 것도 아니다. 심지어 강아지도 종자별로 구분된 공동체가 있고, 심지어 공동체 유형이 독일 셰퍼드 공동체라 하더라도 온라인 게시 유형과 심리가 각각 다를 수 있으므로 공동체의 어조와 태도에도 차이가 있을 수 있다.

내가 전달하고 싶은 요점은, 페이스북 이면에서 공감대 구축이 일어난다는 사실이다. 이것은 공동체로서 상호 작용하며 유대를 구축하는 다른 소셜 미디어 사이트도 마찬가지다. 귀여운 래브라도 강아지 사진을 '래브라도 연인' 공동체 사이트에 올리면 하루에 댓글 200개와 '좋아요' 200개를 얻을 수 있으며, 댓글을 읽을 때면 하나가 된 것처럼 따뜻하고 연결되었다는 느낌을 받는다. 당신은 점차 당신의 게시물을 팔로우하는 사람들을 알게 되고, 그들을 다시 팔로우하면서 대화가 온라인에서 자유롭게 이루어진다.

그것은 당신이 일상생활에서 어떤 실제 인물도 만나지 않고 페이스북에서 '가상'의 페이스북 친구들과 소통할 수 있는 상황으로 귀결되며, 서로 친밀하게 느껴질 때 페이스북 메신저를 통해 그들과 대화를 나눌 수 있을 것이다. 당신은 시간이 흐를수록 진정한 친구로서 그들과 공감하게 되며, 그들이 당신을 인정하고 당신의 생각과 상황을 이해한다고 생각하면서 페이스북에서 점점 시간을 보낸다. 그러다보면 고독하다는 감정은 가라앉고, 가상의 소셜 미디어 생활은 점차 일상에서 많은 부분을 차지하게 된다. 이러한 현상은 공유를 통한 '관계' 구축을 기반 플랫폼으로 하는 트위터나 다른 사이트도 동일하다. 따라서 페이스북의 비즈니스 모델은 실제로 공감대 구축에 기반을 둔다. 그것이 공감 브랜드다.

인스타그램의 경우 목표 설정 방법은 다를지 몰라도 원리는 근본적으로 동일하다. 따라서 당신이 마케팅 담당자로서 브랜드와 연결될 잠재 고객으로 페이스북 사용자를 목표로 삼을 경우, 콘텐츠는 반드시 본질상 매력적이고 이야깃거리가 많으며 자연스럽게 페이스북 목표 고객 그룹의 라이프 스타일 가치와 일치해야 한다. 그것들은 신중히 정교하게 만들어져야 하며, 말하자면 돈에 혈안이 된 광고처럼 일차원적이거나 강제해서는 안 된다. 따라서 페이스북 마케팅 광고로서 '후원 광고'라고 말하지만, 기술적으로 콘텐츠 자체는 사용자들이 '후원 광고'라고 느끼지 못한 채로 목표 광고를 클릭할 수 있게 해야 한다.

전자상거래 사이트인 아마존의 사례도 본질적으로 공동체는 아니지만 원리는 마찬가지다. AI를 기반으로 한 사이트인 아마존은 당신의 요구사항을 이해하고 원하는 것을 쉽게 얻을 수 있게 만드는 쌍방향 경험을 맞춤형으로 제공할 수 있을 만큼 똑똑하다. 아마존의 콜센터 직원들, 온라인 고객 서비스 응대 메커니즘과 전술 또한 당신이 사이트를 이용하는 동안 마치 그것이 당신만을 위한 사이트인 것처럼 느끼게 만들어준다. 다시 말해 아마존이 데이터와 알고리즘을 이용해 당신의 구매 내용과 행동 기록을 추적하므로, 고객으로서의 당신 마음과 생각을 잘 알고 있다고 믿기 때문에 아마존 브랜드에 공감한다. '공감'이 '창조'되는 것이다. 그것은 당신이 가상이든 아니든 브랜드와 공감하기만 한다면 브랜드는 당신의 삶을 더 쉽고 편안하며 무엇보다도 든든하게 만들어준다.

좋은 브랜드로 공감대를 형성하라

밀레니얼 세대와 Z세대 쇼핑객들은 특히 브랜드를 생각할 때 '사회에 좋은' 그 브랜드의 사회적 인식을 처음부터 중요시한다. 와비 파커는 사업을 처음 시작할 때부터 안경이 하나 팔릴 때마다 비영리 파트너에게 안경을 선물하는

'하나를 사면 하나를 기부한다'라는 개념을 도입했다. 뉴욕의 가난한 학생들에게 안경을 제공하기 위해 최근 협력 사업을 시작해 약속을 실천했다. 그들은 가난한 학생들의 안경을 구매하기 위해 자금이 필요한 교사와 기부자를 연결하는 플랫폼인 도너스추즈닷오알지DonorsChoose.org를 만들었다.

와비 파커는 뉴욕시의 매우 가난한 중학교를 위해 자금을 제공하여 안과 진료 전문가가 교실을 방문해 학생들의 시력을 검사할 수 있도록 했다. 이러한 파트너십으로 브랜드의 목적을 보여주고 더 나아가 파트너십을 만드는 것이 브랜드 구축에 이바지할 수 있다는 사실을 확실하게 보여주었다. 현대 소비자 마케팅에서는 브랜드 뒤에 숨어 있는 '왜'를 고객에게 판매하는 것이 중요하다.

2010년 필라델피아에서 250만 달러로 설립된 와비 파커는 고객 브랜드 충성도를 구축하면서 고객과 연결되고 공감하는 실용적인 안경 브랜드라는 '착한 기업' 이미지를 굳히면서 불과 몇 년 만인 2015년에 12억 달러 회사로 성장했다. 그들은 단순히 온라인에서 안경을 구매할 수 있는 서비스를 제공하는 것이 목적이 아니었다. 그들은 고객들이 집에서도 안경을 시험 착용해볼 수 있도록 했다. 즉 고객들이 좋아하는 안경테 5개를 선택하면 우송료 없이 그것들을 배송했다.

처음부터 와비 파커는 자신들의 기업을 전통적인 유통 및 공급망 관리 비용을 절감해 안경을 저렴하게 판매하는 전자상거래 회사라고 생각하지 않았다. 공동창업자 4명은 기능성 안경 판매 회사가 아닌 공감 브랜드를 만들기 위해 사업을 시작했다. 공동창업자 중 한 명인 데이비드 길보아David Gilboa는 비록 회사가 지금은 안경을 판매하지만, 시간이 흐름에 따라 브랜드는 실제로 확장할 수 있다고 주장한다. 와비 파커는 저렴하면서도 유행에 맞는 안경을 추구했다. 회사가 처음 고용한 직원 중 한 명은 경험이 풍부한 안경 디자이너였다. 그들은 1년 이상 첫 번째 신상품의 시제품을 실험하기 위해 제조업체와 협업하는 것은 물론, 패션 전문 기사를 다루는 홍보 회사를 고용하는 데 투자했다. 제품 출시 시기에 맞춰 주요 패션 잡지에 제품 기사가 실린 것은 결코 우연의 일치가 아니었다.

와비 파커는 신중하게 안경 쇼핑 경험을 다시 상상하기 시작했다. 당초 디자인 회사 전략에 따라 안면 인식 기술을 도입해 고객들이 가상으로 안경테를 시험해볼 수 있도록 했다. 하지만 몇몇 고객은 여전히 안경테를 직접 경험해보겠다고 말했다. 처음에 그들은 여러 가지 스타일의 안경테를 시도해보기 위해 공동 창업자들의 집에 찾아오기도 했다. 이후 와비 파커는 우송료 없이 안경테 5개를 고객에게 보내는 체험 시스템을 채택했다.

브랜드 공감을 유지하려면

이 글을 쓰는 지금, 세계적으로 코로나19 전염병이 발생하였다. 중국 우한에서 시작한 이 바이러스는 이웃 나라 한국까지 퍼졌으며, 여행객들이 줄어들었음에도 전 세계로 확산하고 있다.

불과 몇 주 만에 전염병은 거의 모든 산업에 부정적인 영향을 미쳤다. 초창기엔 바이러스에 감염되면 제때 치료할 수 없어 그야말로 생사가 달린 문제이므로 소비자들의 의욕은 사상 최저였다. 그러나 아이러니하게도 이러한 현상은 바이러스 감염으로 인한 잠재적인 치사율이 아니라, 이 전염병 자체 때문에 전체 소비자 구매 시스템이 사실상 얼어붙었다.

과거 사스나 메르스 같은 예상치 못한 자연발생적 전염병에서 얻은 시사점을 살펴보면, 브랜드 마케팅과 기업의 매출 성장에 가장 큰 영향을 미치는 것은 소비자의 심리 상태다. 산업계는 비록 그것들이 분리된 것처럼 보일지라고 거기에는 사실 질서가 있으며, 특정 시점에 서로 융합하는 각각의 역할이 존재하는 하나의 거대한 생태계다. 그래서 심리 상태는 국가 경제를 받쳐주는 기반 플랫폼이다. 예를 들어 현재 소비자들의 경제 상태가 심각하여 소비 지출을 하지 않기 때문에 기업들은 매출을 올릴 수 없다. 이러한 경기 순화 구조에서는 신상품 출시가 정지된다. 기업들은 매출 감소가 분명하므로 각 부문의 모든 운영비용은 물론 연간 비즈니스 목표를 전반적으로 재평가하고 재조정함으로써 마케팅 투자의 영향을 꼼꼼히 살핀다. 무엇보다 신중하게 고려해야 하는 것은 그런 상황에 있는 소비자의 심리 상태이며 모든 요소를 고려하여 마케팅 투자 규모를 적절하게 정하는 것이다.

이론상 이런 시기에 브랜드의 공감 관계를 다시 확실히 하고 광고 노출을 유지하는 것이 중요하지만, 이것을 달성하려면 마케팅 예산을 투입해야 한다. 만약 비용 절감 때문에 브랜드 커뮤니케이션이 이루어지지 않을 경우, 경쟁 기업이 등장할 가능성도 있다. 그들은 이 기회를 이용하여 고객에게 더 편안하고 더 자신 있게 감정적으로 구속력이 있는 스토리를 전달함으로써 고객에게 자신들의 브랜드를 더 강하게 공감하도록 만들 수 있다. 더욱이, 우리가 매체 점유율이라고 정의한 마케팅 커뮤니케이션 투자비용 점유율은 시장 점유율에 영향을 미치기 때문에, 만약 커뮤니케이션 비용을 지출하지 않으면 경쟁사들이 어떻게 공격할지 혹은 브랜드가 비용을 지출한다면 어떻게 경쟁사들을 더 효과적으로 역공할지를 신중히 검토해야 한다.

회사가 곧 파산할 상태이고 회사를 계속 운영하기 위해 운전 경비를 더 줄이지 못하는 경우가 아니라면, 비용 절감을 위해 제품 품질을 낮추면 안 된다. 특히 자동차와 같은 고관여 제품의 경우 가격 인하 프로모션을 실행하면 절대로 안 된다. 일단 이런 일이 벌어지고 난 뒤에 경제가 회복되고 소비자 심리 상태가 회복되어 소비자 지출이 다시 안정되면, 그땐 브랜드 이미지를 회복할 수 없을 것이다. 따라서 품질 보증은 반드시 유지되어야 한다. 그러므로 수익을 확보하면서 품질을 보증하는 가격 책정이 매우 중요하다. 하지만 상시 판촉 행사를 시행하거나 경쟁 기업들과 비교해 가격 인하 정책을 시행한다고 생각해보자. 만약 경쟁으로 가격을 더 내린다면 이미 브랜드 자산 지수에 대한 소비자 인식의 영향을 받은 브랜드 이미지는 훨씬 더 파괴될 것이다.

애플은 프로모션을 절대 하지 않는다. 포르쉐도 마찬가지다. 그들은 경기가 나쁜 시기에는 고객의 충성심을 유지하고 신규 고객을 유치하기 위해서 더 좋은 서비스를 더 많이 제공하는 방식으로 '다른 형태'의 소비자 혜택을 제공한다. 하지만 그들은 가격 인하 전략은 절대 구사하지 않는다. 가격 인하 전략은 제품의 품질에 반드시 나쁜 영향을 미치고, 궁극적으로 고객의 브랜드 경험은 코로나바이러스에 감염된 것처럼 타격을 받기 때문이다. 브랜드 이미지는 머릿속에서 희미해지고 신뢰와 다른 긍정적인 특징들에 대한 이미지도 부정적인 영향을 받을 것이다.

2001년 미국에서 발생했던 9 · 11 테러나 2020년 전 세계에 치명적 영향을 미친 코로나19 같은 위기 상황에서는 소비자의 사기가 땅에 떨어지고 감성적으로 민감해지므로 기업들은 브랜드 이미지가 '상업적' 혹은 '물질적'이라고 오해받지 않도록 조심한다. 사회적으로 활발히 활동하고 '착한 기업'이라는 이미지를 제공함으로써, 그들이 소비자는 물론 전 세계와 '공감'한다는 사실을 보여주는 것이 중요하다. 따라서 기업들은 그것이 사실상 마케팅 노력의 일환이더라도, 소비자와 공감하는 것처럼 보이도록 브랜드 마케팅 커뮤니케이션 전략에 반영해야 한다.

Case Study

맥도날드MacDonald와 코카콜라의 사회적 브랜드 커뮤니케이션

브라질의 맥도날드는 사회적 거리 두기를 장려하기 위해 마케팅 광고에 그들의 골든 아치를 사용했다. 새로운 M 로고는 아치가 다소 떨어져 있어 보는 사람에게 사회적 거리 두기가 필요하다는 것을 알아차리게 했다. 그것은 간단하지만 기발한 방법이다.

맥도날드와 비슷하게 전 세계 시민들에게 강력한 영향력을 미치며 가장 상징적인 글로벌 브랜드 중 하나인 코카콜라도 사회적 거리 두기에 관한 메시지를 전 세계에 보냈다. 그들은 상징적인 로고에서 글자 사이의 간격을 넓게 하여 사회적 거리 두기의 필요성을 상징적으로 강조했다. 타임스퀘어 광고판에 등장한 캠페인 광고는 보통 스펜서체Spencerian Script(둥글게 오른쪽으로 기운 필기체-옮긴이)로 브랜드 글자를 붙여 표시하던 것과는 달리 각 글자 사이를 띄어 놓았다.

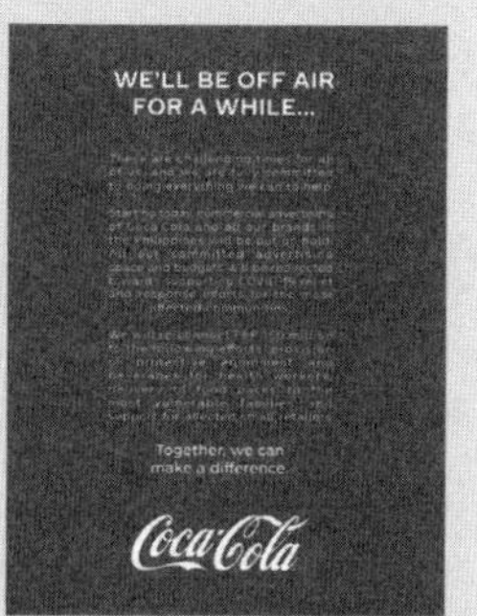

로고 밑에는 "떨어져 지내는 것이 연결돼 지내기 위한 최고의 방법이다"라는 메시지가 적혀 있다. 게다가 코카콜라 필리핀은 광고 지출 예산을 '전용'하여 코로나19의 구제와 대응 노력을 돕기 위하여 성금 약 300만 달러를 기부했다. 그것은 의료 종사자들의 보호 장비와 음료수 제공, 가장 취약한 가정 앞 음식물 팩 제공, 타격받은 소상공인들 지원 등에 사용될 것이다.

또한 예술가나 인플루언서들도 이런 노력을 비공식적으로 했다. 예를 들어 슬로베니아의 그래픽 디자이너 주어 토블잔Jure Tovrljan은 코로나19가 전 세계로 확산하는 현주소에 대한 메시지를 전달하기 위해 주요 브랜드 11개의 패러디 로고를 만들었다. 브랜드 기업들이 이런 패러디 로고를 기업의 사회적 책임 정책의 하나로 공식적으로 채택하지는 않았지만, 그것들은 브랜드의 선의를 돋보이게 하면서 바이러스처럼 퍼져나갔다.

스타벅스 로고의 사이렌 여신은 감염을 막기 위해 마스크를 쓰고 있고, NBA 로고의 선수는 비스듬히 누워 노트북을 하고 있다. 올림픽 오륜과 마스터 카드의 원은 사회적 거리 두기를 실천하듯

서로 멀리 떨어져 있다.

오늘날 소비자들은 위기의 순간에 실제로 브랜드 옹호자가 될 수 있으며 그들의 행동은 디지털 수단과 소셜 미디어를 통해 전 세계로 확대되고 있다.

Case Study

제너럴 모터스General Motors와 어도비의 사회적 공감 노력

GM은 20년 전 9·11 테러 이후 판매 촉진에 사용했던 '미국을 계속 굴리기Keep America Rolling' 정책을 연상시키는 계획으로 코로나바이러스 확산에 대응하고 있다. GM은 쉐보레, 뷰익, GMC, 캐딜락 소유주들이 안정감을 찾고 서로 연결되었다는 느낌을 가지며, 코로나바이러스로 입은 경제적 타격을 덜어주기 위해 7년 만기 0% 대출과 우량 신용 고객에게는 자동차 대금 상환을 120일간 늦춰주는 전사적 프로그램을 시행했다.

또한 GM은 스톱더스프레드닷오알지StopTheSpread.org와 협력하여 절대적으로 중요한 인공호흡기를 신속하게 증산하기 위해 벤텍 라이프 시스템Ventec Life Systems과 긴밀하게 협업했다. GM 종업원들과 주변 사람들은 미국 적십자사와 함께 온라인에서 '소매 걷어붙이기 캠페인Sleeves Up Campaign'을 벌이는 지역 공동체에서 헌혈했다. 여기에 더하여 GM 사무직 근로자들은 바이러스 확산을 줄이기 위해 재택근무도 하고 있다.

어도비는 교육자들의 요청에 부응하여 학생들이 보통 캠퍼스 내에서만 접속할 수 있는 크리에이디브 클라우드Creative Cloud를 집에서도 무료로 이용할 수 있도록 했다. 그렇게 함으로써 어도비는 최근 코로나바이러스 때문에 캠퍼스가 문 닫은 상태에서 학생들이 계속 학습할 수 있도록 도울 수 있었다. 어도비는 경제적 어려움을 겪는 학생들과 공감하여 그들이 어려움을 극복하도록 호의를 베푸는 것이 목표다.

요컨대 이것들은 모두 마케팅 활동처럼 보이지 않는 마케팅 정책들이다. 즉, 그들은 소비자의 공감을 통해 자신들의 브랜드를 더 크게 신뢰받는 브랜드로 만들고 있다.

기업들은 위기가 시작되고 불황이 다가올 때 기업 문화를 강화하고, 직원들이 자신이 일하고 상징하는 브랜드에 대한 신뢰를 더욱 높이게 도와주는 공감 가치를 실천함으로써 공감력을 강화하려고 노력하고 있다. 예를 들어 구글의 모회사인 알파벳Alphabet은 코로나19 펀드를 만들어 임시직, 계약자, 납품업자를 포함하여 전 세계에서 코로나에 감염된 직원들이 병가를 사용하는 동안 경제적으로 도움을 주었으며, 아마존은 코로나19 확진 판정을 받은 근로자에게 유급 병가를 무제한 허락했다. 또한 구글도 전 세계 모든 임시직원과 판매업자가 코로나19의 잠재적 증상이 있거나 격리돼 출근할 수 없는 경우에 유급 병가를 낼 수 있도록 코로나19 펀드를 설립했다. 그들은 또한 모든 지슈트G-suite 회원들을 위해 화상회의 서비스인 '행아웃 미트Hangouts Meet'를 무료로 이용할 수 있도록 했다.

브랜드 위기의 시대, 어떻게 극복할까

한국에서 BMW 자동차는 새 차와 중고차의 내부 엔진 튜닝 장치 이상으로 운전 중에 엔진에서 불이 나 사람들의 목숨을 위협했다. 사고가 여러 차례 발생하여 신뢰할 수 있는 고급 승용차라는 BMW의 이미지가 나빠졌다. 회사의 이런 시련에 더하여 한국 경제가 하강 국면에 접어들어 자동차가 팔리지 않았다. 따라서 BMW는 전 차종에 대한 대대적인 판촉 행사를 실행했다. 우리는 이것을 한국에서 BMW의 고급 이미지에 영향을 미치는 가격 관점에서 '덤핑'이라고 불렀다.

BMW 가격 인하 행사는 메르세데스와 같은 다른 수입차에도 영향을 미쳤다. 수입 고급차들은 무너지지 않는다는 이미지가 깨지면서 주요 고급차에 대한 전반적인 인식에도 영향을 미쳤다. 포르쉐, 페라리, 마세라티, 그 밖에 더 '고급' 브랜드는 고객 세분화 방식이 다르므로 영향을 받지 않았지만, 비슷한 영역에 있는 다른 브랜드들은 불가피하게 BMW 영향에 따른 충격을 감수해야 했다.

그러고 나서 벤츠가 BMW5 시리즈의 가격에 필적하기 위해 프로모션을 어느 정도 실시할 것인가 아니면 브랜드로서 더 안전하다고 확신하기 때문에 현재의 가격 수준을 유지할 것인지를 고민하면서 가격전쟁의 악순환이 시작되었다. 이론상 브랜드가 중요하지만, 현지 시장의 최고경영자로서는 재고 처분과 이익 창출이 특히 중요하기 때문에 BMW와 경쟁하기 위하여 판촉 행사 방안도 활용했다. 따라서 성공을 상징하는 '더 카The Car'라는 메르세데스 벤츠의 중요한 이미지와 벤츠가 역사적으로 갖고 있던 '수준 높은 고급차'라는 영예를 잃는 데 영향을 미쳤다.

그러나 모든 브랜드 스토리는 고객들과 공감으로 연결되고, 그들의 충성심이 있는 브랜드는 용서받고 결국 마지막에는 회복된다는 결론에 도달한다. 이런 사례는 도요타에서 찾아볼 수 있다. 도요타는 브레이크 시스템이 논쟁거리가 되고 세계적으로 사망자와 사고가 발했을 때인 2010년에 전 세계 실적이 급격히 감소했다. 도요타는 정직과 진실, 그리고 전 세계 소비자들에게 브랜드로서의 약속을 재확인하는 조치에 관한 위기관리 절차를 다시 수립해야 했다.

그 결과 지금은 자동차 판매 실적이라는 그들의 게임에서 다시 정상에 올랐다.

그와는 반대의 사례도 있다. 창사 이래 경기 상황과 관계없이 수십 년 동안 전 세계 소비자들과 공감으로 연결되며 환경을 생각하는 기업이라는 이미지를 가졌던 폭스바겐은 배출 가스 기준을 통과하려고 내부 소프트웨어를 조작했다는 증거가 발견되었을 때 명예를 완전히 잃었다. 이런 일이 수년 동안 지속되었고 상부에서 조작을 지시했다는 사실이 밝혀져 소비자들의 마음은 탐탁지 않았다. 아우디와 포르쉐는 폭스바겐 그룹의 다른 고객 세분화 부문에 속했지만, 소비자들은 그것들이 부품과 플랫폼을 폭스바겐과 공유한다는 사실을 알고 있었기 때문에 아우디의 이미지도 영향을 받았다. 포르쉐는 다른 부문과 완벽하게 거리를 두고 예상 품질 조건을 충족했으므로 같은 모그룹인 폭스바겐에 속해 있었지만 아우디처럼 이미지에 타격을 받지는 않았다.

이제 경기 후퇴기의 마케팅으로 돌아가보면, 마케팅 담당자들은 데이터에 근거한 디지털과 모바일 마케팅의 비용을 기준으로 책임지고 싶어 하므로 데이터 추적 기능을 더 많이 활용한다. 하지만 마케팅 담당자들이 경기 후퇴기 단계에서 필요로 하는 목적과 고객 참여 목표를 고려하여 기존의 미디어 지출과 균형을 이루는 방법에 대한 관점에서 그 기능을 판단할 수 있어야 한다. 브랜드 자산을 유지하고 재조정된 매출 목표와 고객 세분화 계획에 부합하는 전반적인 목표를 고려하지 않는 인플루언서 마케팅, SNS 마케팅과 같은 디지털 전술에 최소한의 금액만을 사용할 것을 검토해야 한다.

불경기의 마케팅 전략에서 고객 세분화 계획이 의미하는 것은 기본적으로 신규 고객 부문과 충성고객 부문 중 어느 부문과 먼저 연결해야 하는지와 그들에 대한 투자비용을 어느 정도까지 유지해야 하는지를 결정하는 것이다. 경제 상황이 나쁘고 소비자들의 신경이 날카로울 때 고객 기반 확대에 중점을 둘 것인가 아니면 고객 유지 정책에 따라 가장 충성스러운 고객과 고부가 가치 고객들에게 중점을 두며 고객을 유지해 그들이 다른 사람들보다 제품을 계속 더 많이 구매하도록 할 것인가? 이런 것들은 경기 침체 등 경제 위기 시기에 매출과 마케팅 관점에서 신중히 검토해야 하는 전략적 핵심 고려 사항들이다.

신뢰할 수 있는 브랜드 이미지를 만들기 위해

브랜드는 의미 있고 적합한 정보를 제공하려면 소비자들이 브랜드를 경험하는 순간에 의미 있는 유용한 경험을 제공해야 한다. 소비자들의 미디어 소비가 진화함에 따라 상품과 서비스를 발견하고 참여하며 거래하는 방식이 변화하고 있다. 이러한 새로운 환경에서 미디어 기업은 성장을 주도하기 위해 상거래와 콘텐츠 간의 시너지 발굴 기회를 찾아야 한다. 소비자들은 정보와 영감을 모두 찾고 있으며, 이것은 고객 여정의 핵심 단계다.

올바른 맥락으로 통합된 쇼퍼블shoppable(제품 이미지에서 쇼핑몰 사이트로 연결되는 광고 기법-옮긴이) 동영상과 광고는 사용자에게 한결 같은 경험을 제공할 수 있다. 따라서 더 많은 광고 발행사가 네이티브 광고native ad(광고주가 제공하는 정보를 마치 기사처럼 보이게 하는 온라인 광고-옮긴이)와 쇼퍼블 광고뿐 아니라 기타 쇼퍼블 콘텐츠 프로그램을 통해 콘텐츠 전반에 걸쳐 상거래를 통합할 것이다.

2020년에 나는 광고 발행사가 수익의 새로운 흐름을 열기 위해 콘텐츠와 상거래에 집중하면서 체험 마케팅에서 라이브 이벤트, 게임, 몰입형 경험에 이르기까지 소비자 참여의 전체 영역을 탐색하기 위해 훨씬 더 큰 발걸음을 내디딜 것으로 예상했다.

싱가포르의 입소스Ipsos 여론 조사에 따르면 응답자의 55%가 온라인에서 가짜 뉴스에 속고 있다고 응답했다. 그 어느 때보다도 소비자들이 개인 정보 데이터와 허위 정보, 가짜 뉴스에 대해 우려하고 있다는 사실은 광고주들에게 더 심각한 시사점을 제시한다. 신뢰할 수 있는 콘텐츠와 의지할 수 있는 브랜드를 찾는 소비자들이 점점 더 증가하고 있다. 따라서 시그니처 브랜드 스토리에는 거짓이 없어야 한다. 신뢰할 수 있는 뉴스 사이트에 소비자와 참여하는 것은 브랜드가 신뢰할 수 있는 긍정적인 감정과 공감을 불러일으키는 길을 제공한다. 기본적으로 투명성과 신뢰성을 바탕으로 한 믿음과 선택으로 점점 더 다가가지 않으면 공감대가 구축되지 않을 것이다.

모바일 구매가 상거래 표준이 되면서, 모바일 네이티브 광고에 대한 수요가 세계적으로 빠르게 증가하고 있다. 네이티브 광고는 부담 없는 작은 고화질 화면과 더불어 끊임없이 진화하는 스마트폰 기능으로 소비자들에게 몰입 경험을 제공하며, 앞으로 훨씬 더 큰 영향력을 발휘할 것이다. 5G 기술 덕분에 브랜드는 한층 매끄러운 사용자 인터페이스, 조정 가능한 컴퓨터 그래픽, 브랜드 관심을 강하게 끌어모으는 스마트폰 카메라 성능 향상 등과 같은 혁신을 바탕으로 한 증강현실처럼 몰입도가 훨씬 더 높은 네이티브 광고 형식을 전달할 수 있을 것이다.

전반적으로 TV 시청이 줄어들고 모바일 비디오 시청 시간이 길어짐에 따라 소비자는 더 좋은 경험을 할 기회가 많아질 것이다. 따라서 더 많은 브랜드가 정확하게 프로그램한 TV 광고를 스마트폰과 연결할 수 있는 커넥티드Connected TV를 매우 효과적인 수단으로 이용할 것으로 예상된다. 멋진 음악 경험을 끊임없이 제공하는 에어팟과 같이 작고 강력한 기기의 출현으로 스트리밍 오디오 청취자들의 참여와 관심이 다시 높아지면서 스트리밍 오디오의 인기도 상승하고 있다. 따라서 브랜드들은 이런 청취자들에게 개인화된 광고 경험을 전달할 수 있는 오디오 광고 형식을 탐구하고 있다.

또한 프로그램이 가능한 디지털 옥외 광고DOOH, Digital Out of Home는 데이터 중심의 장점, 목표 설정, 측정 역량을 보여준다. 앞으로 마케팅 담당자들은 이렇게 고도로 효과적인 채널을 데이터 수집, 정제, 역순환 프로그램에 활용함으로써 알고리즘 분석에 기초하여 한층 정확하고 목표 지향적인 전략과 전술 프로그램을 고안할 수 있다.

10장

브랜딩의 미래에 대응하려면

BRAND

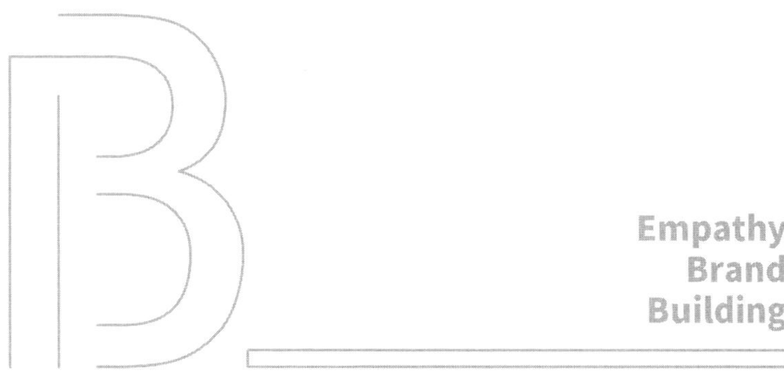

돌아올 것과 돌아오지 않을 것을 구분하기

세계적인 대유행 속에서 어떤 회사나 브랜드도 고객의 안녕과 환경, 즉 인류로 인한 지구 환경파괴 측면을 고려하지 않고 그들 자신과 이윤에 대해 생각해서는 안 된다. 브랜드는 자연환경을 더 좋게 만들기 위해 노력해야 한다. 그렇게 함으로써 코로나19로 달라진 새로운 패러다임 안에서 소비자의 삶을 다시 풍요롭게 할 수 있다.

소비자 지출은 실직, 사랑하는 사람의 상실, 건강 염려, 심지어 정치적 및 경제적 영향까지, 다양한 이유로 인해 감소 추세다. 소비자들은 지갑을 열지 않으려고 할 테지만 마케팅 담당자들은 소비자들을 부추겨 소비하도록 밀어붙이는 강매를 하지 말아야 한다. 내외부적 요인들을 고려하여 예산 배분은 물론 기업의 사업 전략과 마케팅 방향을 다시 설정해야 한다.

거리 두기가 생사 문제가 되어버린 비대면 생활과 추세 속에서 지금까지 이어온 인간의 생활 기준과 방법에서 얻는 기쁨은 이미 다르게 진화했다. 대유행이 끝난다면 코로나19 이전 상태로 완전히 돌아갈 수 있을까?

나는 자연과의 상호작용, 새로운 볼거리 관광, 여행 등 그동안 당연하게 여겼던 평범한 것들이 더욱 의미 있게 될 것이므로 다시 돌아올 것들이 있다고 생각한다. 그러나 코로나19에 대한 예방 조치와 측정 기술이 진화하고 디지털 인프라, 프로세스 및 규제 시스템이 더욱 엄격해질 것이며, 모든 측면에서 삶이 예전 같지는 않을 것이다. 필연적으로 가상현실VR, 증강현실AR, 6G의 등장, 스마트 인공지능, 사물인터넷IOT, 신속한 자동화, 생활 속에 있는 인공지능 기반 시스템의 통합 현상 등이 현실이 될 것이다. 그러나 경험적으로 보면 인간의 마음과 감성적 요소는 현재와 같은 수준의 참여 방법으로 제공하는 가상 만족과는 비교가 되지 않는다.

코로나19로 인한 이러한 삶의 변화 요인들은 디지털, 데이터, 사회적 참여 플랫폼으로 전환하는 것뿐 아니라 자원 조달과 운영 비용 대비 마케팅 투자를 얼마나 해야 할지에 대해 기업의 예산 책정과 최저로 유지해야 하는 것에 이르기까지, 마케팅의 기초적인 접근 방식에 직접적인 영향을 미칠 것이다. 따라서 현재 아직도 해결되지 않은 허점이 많은 ROI 필요조건을 근거로 하여 구축한 성과 마케팅 프로그램에 따라 적은 비용으로 마케팅 기반 노출률과 참여 자체를 확대하려는 전술을 구사하는 것보다 '공감 브랜드 구축'과 연결하여 제품의 품질과 메시지를 진실하게 전달하는 전략이 훨씬 더 중요하다. 그것들은 소비자들의 마음을 사로잡고 감동을 주는 커뮤니케이션 메커니즘을 제공해야 한다. 그러기 위해서는 '공감 브랜드' 구축은 예전보다 더욱 인간적이고 세밀한 데이터 기반 통찰력과 알고리즘의 정확성을 바탕으로 한층 지능적으로 정밀하게 발전할 필요가 있다. 기계를 이용한 창의성 발휘와 정서적 연결은 예측 분석에 근거해 본질상 수학적으로 이루어지기 때문에 심각한 한계가 있다. 내 견해로는 감정이란 주관적인 느낌이므로 결코 객관적인 방법으로 올바르게 측정할 수 없다.

기업들은 핵심 브랜드 원칙과 본질에 기반을 두고 고객들을 다시 참여시키고 사업을 유지하기 위해 공포에 싸여 집 안에 갇혀 있는 고객들과 연결하여 가상의 방식으로 고객 경험을 계속할 수 있는 창조적인 비대면 방법을 찾고 있다. 자동차 쇼, 패션쇼, 신제품 출시 행사, 삼성과 애플의 신제품 발표회 등과 같은 새로운 초대형 제품 발표회가 온라인에서 이루어지고 있다. 이벤트 회사들은 가상 이벤트를 만들고, 의사들은 온라인으로 환자와 채팅하고, 식당은 사람들이 좋아하는 요리를 집에서 만들 수 있도록 조리법을 공유하며, 동물원은 동물들의 숨은 이야기를 공유하고, 박물관은 어린이들을 위한 온라인 학습 프로그램을 만든다. 사람들은 과거처럼 극장에서 가까이 앉아 영화를 보지 않고 자신의 승용차 안에서 안전하게 영화를 볼 수 있는 드라이브인 영화관을 찾고 있다. 이것은 비행기 좌석에서 대중교통 좌석에 이르기까지 모든 인프라가 영화관처럼 진화할 것이라는 사실을 의미한다.

그러한 경험을 실현함으로써 공감 브랜드 마케팅은 기업이 고객을 걱정할 뿐만 아니라 이해하며, 고객을 최우선으로 하면서도 가장 핵심적인 가치를 전달함으로써 그들과 연결될 수 있다는 사실을 소비자들에게 보여준다. 이것이 소비자가 볼 때 감성적인 자세다.

여러 나라에서 가상 박물관 관광과 가상 거리 여행을 제작하여 각국의 미래 관광 자산을 유지하기 위해 노력하고 있다. 가까운 미래에 6G가 등장하여 그런 가상 경험은 더 빠르고, 더 현실적이고, 더 극적일 것이며, 가상이라고 느끼지 못하고 현실적이라고 더 많이 느낄 것이다. 우리는 줌ZOOM과 같은 앱으로 실시간 만날 수 있으며, 홀로그램과 3D는 비대면 시대에 만남을 더욱 실감 나게 만들어줄 것이다.

인간의 대면을 통한 유대감을 강화하기 위하여 비대면 측면을 담는 조치들도 당연히 첨단 기술 및 규제 제약과 함께 등장할 것이다. 이것은 다시 공급망 인프라, 프로세스, 제품의 전반적인 구매 경험과 사용 경험 등 소매 부문 패러다임 전반에 영향을 크게 미칠 것으로 예상된다. 브랜드의 긍정적인 면을 경험하고 감성적 필요를 공감할 수 있는 길을 찾는 것은 또다시 새로운 차원으로 발전할 것이다. 그것은 사라지지 않겠지만 소비자들을 계속 연결하고 참여시키기 위하여 전환이 필요할 것이다.

그렇다면 마케팅 관점에서 기업들은 세계적인 불황, 특정 산업과 인생의 우선순위에 대한 사고방식의 완전한 변화 속에서 어떻게 매출 목표를 달성하고 고객 충성도를 유지하며, 새로운 고객을 획득하기 위해 브랜드 구축을 조정할 수 있을지 생각해야 한다. 지금부터 단계별 마케팅 방안을 이야기해보자.

1단계: 감성적 타이밍에서 논리적 마케팅 광고를 생각하라

다음 분기 혹은 그 이후의 광고를 계획하는 여러 대형 브랜드들의 첫 번째 마케팅 단계는 브랜드 커뮤니케이션 광고를 잠시 중지하고 그 상황이 코로나19 이전인지 이후인지를 평가하는 것이다. 콘텐츠 관점에서 제품의 기능적 장점과 감성적 연결 방법론에 대한 메시지 전달 전략은 그것들이 상업적이거나 강압적으로 보이지 않도록 분명하게 재구성되어야 한다.

9 · 11 사태가 일어나던 해 (내가 주도해서 아는 일이지만) 삼성은 카나리아 제도Canary Islands에서 200만 달러 제작비가 들어가는 광고를 만들었다. 당시 그들은 거대한 전화기와 PDA들이 벼랑 양쪽에서 도미노처럼 떨어진 뒤 벼랑 아래에서 삼성 PDA가 영화 〈퍼시픽 림Pacific Rim〉에 등장하는 로봇처럼 벼랑 위로 솟아오르는 글로벌 PDA 핸드폰 캠페인을 중단하기로 전략적으로 결정했다. 9 · 11 사태 시기에 이런 내용을 광고한다는 것은 특히 북미 대륙의 경우 적합하지 않았다. 도덕적 혹은 윤리적으로 말하자면 테러리스트의 공격과 인명 손실의 결과는 세계인의 정신 상태에 영향을 주었다. 사

람들은 슬프고 상처 받았다.

2단계: 기존 계획을 중단하고 새로운 마케팅 광고를 계획하라

예를 들어 신제품 출시가 예정되어 있고, 회사는 이미 매체를 결정했으며 소매 활성화, 광고, 디지털 광고, 사회 전략 등 본격적인 통합 브랜드 커뮤니케이션을 계획했다고 가정하자. 그렇다면 거기에서 중단하라.

메시지 전달 전략과 콘텐츠 맥락에 대한 브랜드 차별화는 그것들이 소비자들의 사고방식과 공명하고 수렴하는지에 대해 반드시 재평가되어야 한다. 그렇게 하는 이유는 어려운 시기에 소비자들에게 돈을 쓰게 하고 구매하도록 강요하는 게 아니라, 그들의 삶을 풍요롭게 하려는 것이기 때문이다. 여기에는 모든 전술과 목표 투자 수익률을 다시 검토하는 것이 포함된다. 현실적으로 코로나19 이전과 이후의 투자 수익률 목표가 같아야 하는가? 결코 같을 수 없을 것이다. 내부적으로 비용을 다시 조정해야 하며, 미래를 참작하여 추가 예산을 편성해 투자해야 한다.

사전에 제작된 기존 마케팅 커뮤니케이션 플랫폼을 지금의 시점에 그대로 구현하면 브랜드 이미지에 치명적인 피해를 가져올 수 있다. 간단히 말해서 브랜드가 고객들의 생명과 그들이 사는 주변과 환경에 대해 무관심한 비정한 브랜드라는 이미지를 소비자들에게 줄 수 있다. 기업의 사회적 책임이라는 관점에서 지속 가능성이 중요해진 요즘이다. 브랜드가 세상을 더 살기 좋은 곳으로 만들기 위해 하는 노력이 소비자의 삶과 연결되어야 한다. 이것이 브랜드 공감이 지속해서 성장하는 방식이다. 가장 힘든 시기일수록 특히 그렇게 해야만 한다.

3단계: 브랜드 자산과 힘을 과시하지 마라

애플, 아마존, 포르쉐라고 할지라고 자신의 브랜드가 가진 힘을 과시하는 것은 핵심 목표 고객뿐 아니라 일반 대중에게도 오히려 해로울 수 있다. 충성심이 강한 사람들은 자신들의 공감 브랜드가 너무 으스댄다고 부정적으로 느낄 것이며, 앞으로 언젠가 새로운 고객이 될지도 모를 유망 고객들은 어쩌면 등을 돌릴 것이다.

지금은 당신의 브랜드가 얼마나 존경받고 우수한지를 미디어와 홍보 매체를 통해 자랑할 때가 아니다. 특히 존경받는 브랜드일수록 더 겸손하게 행동해야 한다. 예를 들어 어떤 브랜드들은 마케팅 예산을 사람들의 생명과 환경을 살리는 데 사용할 것이라고 홍보한다. 그것이 바로 진정한 마케팅이다.

4단계: 창의적 캠페인 개발에서 콘텐츠 민감도를 높여라

와인 브랜드 광고라 하더라도 낭만적인 분위기의 저녁 식사를 준비하고, 두 연인이 만나는 장소를 다리로 설정하면 코로나19를 연상시키는 사회적 거리 두기와 마스크 착용이라는 규제 규범을 지킬 수 있을지도 모른다. 하지만 그것은 과거에 항상 그랬던 것과 내가 하고 싶었던 것에 대한 이미지와 감정을 연상시키기보다는 부정적인 영향을 미칠 것이다. 삶과 죽음을 결정하는 건강 문제는 이 시대에 다른 모든 정서적 혜택을 짓밟고 무너뜨릴 만한 것이다.

5단계: 브랜드가 어떻게 사회에 공헌할 수 있는지 알려라

만약 삼성과 같은 휴대폰 제조사라면 수영장 파티를 여는 대신, 파티의 즐거움을 포착한 사진 장면을 제공함으로써 제품 경험을 통해 어떻게 소비자들의 삶이 더욱 차분하게 연결되며 평화롭게 되는지를 보여줄 수 있다. 다시 말해 자동차, 커피포트, 심지어 러닝용 운동복 혹은 운동화 등 무엇이든지 간에 제품의 기능성은 인류 문명의 일부로서 함께한다는 느낌과 희망을 전달하는 데 초점을 맞춰야 한다. 이것은 브랜드가 상징하는 비전을 활용하기 위하여 사용될 수 있으며, 이를 통해 당신과 세상을 돌보는 브랜드라는 공감이 회복될 것이다.

나이키의 글로벌 광고는 미국에서 들불처럼 번지기 시작한 인종차별 특히 흑인과 백인 간의 인종차별 문제를 다루었다. 이 사태는 코로나19 전염병과 성 불평등 문제, 이에 따른 시위와 함께 전 세계적으로 증폭되었다. 내가 이 책을 쓸 당시 나이키의 유튜브 광고는 조회 수가 400만 회 이상을 기록했다. 광고를 보면 스포츠라는 이름 아래 하나로 뭉친 세계와 협력에 대한 긍정적인 비전뿐 아니라, 서로 경쟁하면서 동시에 함께하는 운동선수들이 스포츠를 통해 통합하고 회복하려는 순수한 의지력이 전달돼 마음이 따뜻해지고 진지해진다.

공감 브랜드 마케팅에 대한 또 다른 강력한 사례는 클로락스 Clorox(미국의 생활용품 제조회사-옮긴이)가 이웃 사람들이 상점에서 물건을 사야 하는 이웃이나 위험에 빠진 다른 이웃을 도와줄 기회를 제공하고자 넥스트도어Nextdoor(이웃 간 소통을 전문으로 하는 미국의 소셜 미디어-옮긴이)와 제휴한 경우다. 위험한 지역에 있거나 식료품이나 필요한 생활용품 구매를 위해 상점에 갈 수 없는 사람들은 클로락스와 넥스트도어의 '돌보미' 프로그램을 이용하여 다른 이웃에게 도움을 요청할 수 있다.

모든 것이 변해도 변하지 않는 것

한 가지 확실한 것은 많은 것이 변했지만 실제로 마케팅 담당자의 관점에서 고객을 우선시하는 마케팅은 변하지 않았다는 사실이다. 그것은 제품에 관한 것이 아니라, 고객이 지금보다 더 무의식적인 수준에서 그 어느 때보다도 더 필요한 '공감 브랜드 경험'과 '고객'에 관한 것이다. 그것은 이렇게 민감한 시기에 이차원적인 것이 아니라 거의 영적인 문제다. 다음은 기업이 제품 생산과 서비스를 의료 서비스 및 자선단체 지원으로 전환한 사례들과 사람들을 도우며 사회에 도움을 준 사례들이다.

Case Study

공감대를 구축하고 환경을 위해 노력하기

• 크리스찬 디올Christian Dior, 겔랑Guerlain, 지방시Givenchy, 루이비통Louis Vuitton 등 여러 브랜드를 소유하고 있는 프랑스 명품 그룹인 LVMH는 향수와 화장품 생산 설비를 활용해 손 세정제 젤을 생산한다고 밝혔다. LVMH는 그것들을 프랑스 병원에 무료로 제공하였다.

• 영국에서는, 독립 양조회사인 브루독Brewdog이 애버딘셔(스코틀랜드 북동부 지역의 주-옮긴이) 양조장에서 손 세정제를 생산하기 시작했으며, 이를 필요로 하는 자선단체와 지역 사회에 공급하겠다고 발표했다.

• 앱솔루트 보드카를 생산하는 주류회사인 페르노리카 USA는 생산 설비를 손 세정제 생산용으로 모두 전환하겠다고 밝혔다. 유통 문제는 미국 정부와 협력할 것이라 했다.

• 미국에서 포드는 공급량이 부족한 마스크와 인공호흡기 등을 생산하기 위해 3M과 GE헬스케어와 함께 작업한다. 필요한 물품과 장소를 정확히 알기 위해 연방 정부, 주 정부 및 지역 공무원들

과 협의하고 있다.

• 이탈리아 스포츠카 생산업자인 람보르기니는 자동차 생산을 의료용 마스크와 안면 보호 마스크 생산으로 전환하였다.

• 루이비통은 파리 병원Hôpitaux de Pari에 PPE 마스크와 의료용 가운을 제공하기 위해 작업장을 다시 열었다.

• 아르마니, 구찌, 아쿠아 디 파르마Acqua di Parma, 록시땅L'occitaine 등 패션업계는 돈이나 자원을 기부함으로써 코로나 대유행과 싸우기 위해 힘을 쏟고 있다. 아르마니는 모든 제조 공장을 일회용 의료 작업복 생산으로 전환할 것이라고 발표했다. 아르마니 그룹은 이전에 국립 국민 보호부와 병원 등 이탈리아 내 여러 단체에 200만 유로(약 26억 6,500만 원-옮긴이)를 기부했다. 구찌도 대유행과 싸우기 위해 비슷한 금액을 기부했다.

• 핏빗Fitbit은 인공호흡기 생산 계획서를 FDA에 제출했다.

Case Study

사람들을 연결하고 생산적이며 건강하게 만들기

• 링크드인LinkedIn은 학습 과정 16개를 무료로 제공했다. 사람들에게 생산성을 유지하는 방법과 가상 팀이 협업하는 방법에 대한 조언도 제공했다.

• 구글은 지슈트 회원들에게 대규모 원격 팀이 서로 연결될 수 있도록 화상 회의 시스템인 행아웃 미트를 무료로 제공했다.

• 영국의 정신 건강 플랫폼인 언마인드Unmind는 코로나19 위기 동안 모든 NHS 직원이 플랫폼에 무료로 접속할 수 있도록 했다.

• 명상과 수면 앱인 캄Calm은 위기 상황에서 사람들의 정신 건강을 돕기 위해 일부 콘텐츠를 무료로 제공했다.

• 아마존은 컴퓨터가 없는 학생들이 집에서 온라인 학습을 할 수 있도록 시애틀 공립학교 가정에 노트북 8,200대를 기부했다.

• 틱톡TikTok은 영국의 왕립 간호대학 기금에 500만 파운드(약 76억 8,700만 원-옮긴이)를 기부했다. 기부금은 어려움을 겪는 간호

사들을 돕는 용도로 사용될 것이다.

• 나이키는 전 세계 최전방 의료진들을 위해 나이키 에어 줌 펄스Nike Air Zoom Pulse 운동화와 압축 양말 등 발 관리 제품 14만 가지를 기부했다.

Case Study

직원과 계약직 근로자 도와주기

• 미국에서 스타벅스는 직원들의 정신 건강 프로그램을 직원들의 가족까지도 이용할 수 있도록 확장했다. 그들은 정신 건강 치료사의 온라인 플랫폼에서 1년간 20개의 강좌에 참여할 수 있다.

• 마이크로소프트는 정규직 직원들이 재택근무를 마치고 돌아오면 시간제 근로자들이 더 적은 시간 일하겠지만 평소 받던 수준의 임금을 지급할 것이다.

• 독일에서 알디 수드, 알디 노르드, 맥도날드사는 맥도날드 직원

들이 임시직으로 슈퍼마켓 체인에서 일할 수 있게 재배치하기로 협약을 맺었다. 덕분에 사람들이 유급 근무를 할 수 있으며 전염병 기간에 인력을 가장 중요한 부문으로 이동시키는 효과를 보았다(이 사례를 공유한 로사 리에라Rosa Riera에게 감사한다). 이러한 사례들은 코로나19 대유행 동안 브랜드가 사회에 환원하는 방법 가운데 일부일 뿐이다.

디지털 기반 성과 마케팅과 AI 기술 발전에 집중할 때 유의점

데이터 특히 세분된 데이터 분석을 이용하여 전체 기업 시장 정보를 합리적으로 통합하며 통제를 위해 여러 부문의 전반적인 예산 매개 변수들을 통합한 전체 ERPEnterprise Resource Planning(전사적 자원 관리) 시스템과 연결된 전략과 전술을 고안하는 올바른 알고리즘을 구축하는 것은 불가피한 현상이다. 디지털 기반 브랜드 마케팅, 매출 전환과 연결 전술을 추구하는 현상은 전 세계적으로 더욱 강력하게 나타날 것이다.

핸드폰과 같이 손에 쥘 수 있는 기기를 통해 기민하게 구사할 수 있는 전술은 반드시 표준이 될 것이다. 그러나 AI 기반 예측 모델, 미디어 목표 설정 프로그램, 매출 전환 ROI 표준 등은 계속 발전하는 상태지만 여전히 불안정하다. 소비자들의 정신과 마음이 한층 불안정하며 구매와 재구매의 의사결정 과정에서 변동성이 더 커지기 때문에 구매 전후 모든 단계의 소비자 통찰력과 감성적 견지에서 고객 여정의 궤적 평가를 이해함으로써 근본적으로 '공감 연결'을 이루는 것이 그 어느 때보다도 중요해질 것이다.

더구나 최상의 시기보다는 불안정한 시기에 더 부정적으로 느끼고 부정적인 반응을 증폭하는 경향이 더 커진다. 매출 전환과 고객 유치 및 가치 평가를 위해 마케팅 커뮤니케이션에 지출한 비용에 대한 투자 수익을 올리기 위해 그 수단으로 성과 마케팅을 과장해 선전하는 것은 아직 여러 단계에서 시기상조다.

마케팅 담당자들은 마케팅과 광고 노력이 리드, 전환, 판매 혹은 다른 특정한 비즈니스 결과에 어떻게 이바지했는지를 이해하기 위해 상관관계를 사용한다. 하지만 상관관계는 실질적인 감정적 계기를 의미하는 인과관계를 의미하지 않으므로, 그것은 실제로 결과를 초래한 원인을 결정할 때 마케팅 담당자들을 잘못된 방향으로 이끌 수 있다. 논리적 관계를 알고 싶어 하는 것이 인간의 본성일지 모르지만, 관련 없는 다른 외부 요인이라고 해서 제품 판매에 영향을 미치지 않았다는 것을 의미하지는 않는다.

마케팅 담당자들은 고객들이 매출 전환으로 가는 여정에서 노출되는 모든 접점을 고려함으로써 상관관계와 인과관계를 혼동하는 것을 피할 수 있다. 그와 같은 전체론적 견해만이 상관관계에서 인과관계를 구분할 수 있고, 진정한 매출 전환의 동인과 기대하는 다른 비즈니스 결과를 찾아낼 수 있다. 특히 코로나19 이후 시대에는 사람들이 예상하지 못한 방식으로 연결하여 생각하므로 이런 오류가 발생할 수 있다. 그러므로 공감 브랜드 구축은 진정으로 올바른 방식으로 이루어져야 하며, 브랜드가 상업적 특성과 정서적 성취감을 넘어 반드시 본질적인 것을 상징해야 하는 것이 핵심이다. 우리는 브랜드의 역할이 반드시 진화해야 하고, 본질적으로 참여를 넘어 연민과 신뢰로 인간의 마음과 하나가 되어야 하는 시대에 살고 있다. 즉 간단히 말해 공감의 시대에 살고 있다.

마케팅 담당자들은 마케팅과 광고 자극에 대한 인간의 감정적 반응을 예측하고 나서 어떤 채널과 전술이 각각 원하는 결과를 도출하는 데 가장 효과적이었는지를 정확하게 측정해야 하는 도전을 받고 있다. 그런 도전들을 다양한 방법으로 분석할 수 있지만 매 순간이 최적화되지 못하고 지나쳐버리거나 여러 가지 필요한 관점에서 자주 그리고 상세히 발생하지 않는다면, 그것은 잃어버린 기회가 된다. 대시보드의 평가 변수에 대한 설정을 틀리게 하면 모든 결과에 대한 해석이 흔들리며 상관관계가 잘못 이해된다.

마케팅 담당자들은 모두 완벽한 데이터 집합을 이용해 고객 부문별로 성과를 정확하게 수치로 측정하고, 그 결과를 이용해 빠르게 최적화할 수 있기를 꿈꾼다. 그러나 사실상 완벽한 데이터 집합은 드물다. 올바른 시간과 장소에서 올바른 사람에게 올바른 메시지를 전달하려면 성과 측정과 의사결정의 속도가 결정적이며, 최적화하려고 너무 오래 기다리는 것은 사용 가능한 데이터에 근거하여 행동하는 것보다 위험이 더 크다. 위험을 완화하는 것도 중요하지만, 인간 행동에 대한 정확한 예측 과학은 없다. 또한 데이터가 유일하게 방향을 제시하는 것이라 하더라도 당신은 빨리 최적화하도록 압박을 받을 수 있다는 사실을 이해해야 한다. 더욱이 최적화 과정 동안 피상적이고 주변적인 데이터만 평가함으로써 실제로 중요하고 연결해야 하는 핵심을 놓칠 수 있다.

최근까지 멀티터치 어트리뷰션은 마케팅 담당자들이 그들의 디지털 노력을 리드, 전환, 수입, ROI 그리고 다른 지표와 직접 연결할 수 있게 함으로써 엄격한 직접 반응 도구로서 인식됐다. 그러나 '명백하게' 직접적인 반응 전환을 확인할 수 없는 의약품과 소비자 패키지 상품과 같은 분야의 마케팅 담당자들은 여전히 목표 대상 고객의 접근과 참여에 대한 그들의 생태계를 전체적으로 살펴볼 필요가 있다.

오늘날, 다양한 브랜드 참여 활동을 고객 부문별로 간편하게 측정할 수 있고, 최적화에 대한 단일 KPI 지표로 통합하는 정교한 미디어 및 마케팅 기여도 모델링 기술을 이용할 수도 있다. 이러한 기술은 더욱 발전할 것이다. 다만, 이것만 믿고 AI 유도 콘텐츠를 만드는 것은 고정된 설계도를 기반으로 모형 비행기를 개발하는 것처럼 영혼이 없는 행동일 수 있다.

브랜드 마케팅 담당자들은 미디어 접점 전반에 걸쳐 효과적으로 예산을 최적화하고 점진적인 브랜드 상승을 촉진하는 조정된 소비자 경험을 제공할 수 있을 뿐만 아니라, 마케팅과 미디어가 브랜드 참여에 미치는 진정한 영향을 전체적으로 볼 수 있는 혜택을 보았다. 하지만 우리는 코로나19 상황에서 전통적인 고급 계량적 사고방식과 전략적 예지력을 동원할 때, 모든 것을 회사의 손익 계산서와 운용상 생산성에 연결하는 분석 방법을 선택하지 말고 브랜드를 고려하여 우뇌의 영역인 '공감대 구축'에 더 많이 집중해야 한다. 따라서 구매 접점이 오프라인이 아니라 디지털 방식이라고 할지라도 특정 브랜드를 선택하는 브랜드 모멘텀을 구축하는 데 고객들의 열망, 관심사, 그리고 실제 해법에 대한 고객들의 이야기를 연결해야 한다.

따라서 코로나19 시대의 라이프 스타일에 적합한 시그니처 스토리로 구성된 '공감 브랜드 구축'이 무엇보다 중요해졌다. 아이러니하게 이것은 디지털 경험을 더욱 매력적이고 역동적으로 만드는 것을 암시한다. 당신이 상점에 들러 물건을 만지고, 향기를 맡고, 관찰하고, 비교하고, 느낄 수 있는 감각적 경험을 가상으로 만들 수 있다. 따라서 인간의 신경과학과 연결되며 접촉하지 않아도 접촉한 것처럼 느끼게 될 비접촉 세계의 다른 가상 영역에서 감성적 계기를 도출하는 것에 필적할 만한 기술의 발전이 필요하다.

포스트 코로나 시대에 마케팅이나 광고 캠페인을 시작하기 전에, 성공이 어떤 모습일지 먼저 정의하는 것이 필수적이다. 일부 브랜드의 경우, 그 목표는 매출을 늘리거나 미디어 효율성 또는 자산을 개선하는 것일 수 있다. 또 다른 브랜드의 경우엔 사람들이 소비하지 않기 때문에 신규 고객이나 기존 고객들의 참여를 증가시키는 것일 수도 있다. 일단 전반적인 목표를 설정하고 나면, 진척도를 측정하고 계량화할 수 있도록 올바른 KPI를 설정해야 한다. 마케팅 예산의 규모와 미디어의 정교함에 따라 거시적 및 미시적 KPI를 정의하는 것이 도움이 될 수 있다. 하지만 이제 우리는 모두 디지털로 연결되고 주 7일, 하루 24시간 구매가 언제 어디서나 어떤 기간에도 가능하므로, 특정 시장이나 산업뿐 아니라 전 세계적으로 연결되는 산업과 파급효과에 영향을 미치는 크고 작은 모든 요인을 고려해야 한다.

따라서 이 시대에 예측할 수 없었던 코로나19 혹은 포스트 코로나19 시대의 비즈니스 전망을 고려하면서 명확히 정의된 목표와 그에 상응하는 KPI를 갖춘 구조화된 체계를 갖추는 것이 가장 중요한 첫 번째 단계다. 브랜드가 선두주자 혹은 플랫폼 스타트업 어느 위치에 있든지 간에 이런 시기에 자책하는 자세는 기업이 해서는 안 될 일이다.

KPI 설정의 핵심 구성 요소는 기존 벤치마크와 관련이 있지만, 현재 벤치마크 평가와는 다르다. 이러한 벤치마크가 당신 회사의 데이터 혹은 경쟁업체 데이터 혹은 공급업체 데이터 어디에서 파생되었든지 간에, KPI 측정을 위해 가장 많은 정보에 입각한 벤치마크를 생성하려면 그것들은 포스트 코로나 시대를 사는 고객들의 사고방식 변화와 연결되어야 한다. 거시적 환경과 미시적 환경은 코로나19 이후 단계에서 매우 급격하게 변화하여 이 모든 것을 밑바닥부터 재평가할 필요가 있다. KPI를 만들 때 역사적인 포지셔닝과 데이터를 재해석해야 한다.

예를 들어, 벤치마크를 설정하기 위해 내부의 역사적인 데이터를 분석하는 것은 일반적인 관행이지만 조직은 끊임없이 변화하며 종종 주기적인 변동 현상을 보인다. 그러한 변화는 고객의 사고방식과 삶의 패러다임 변화라는 근본적인 핵심과 모든 환경적 요인에 따라 발생한다. 마케팅 성과는 계절적 요인, 경쟁 상황, 경제적 요인 등 외부 요인뿐 아니라 단기 판촉과 미디어 공세 등 내부 요인에 따라 정기적으로 변화한다. 그러나 대유행 시대의 예측 분석은 의미 있는 가설 위에 세워진 여러 가지 시나리오로 수정되어야 한다.

고객의 마음이 바뀌고 세계 질서가 어떻게 회복될 것인지에 대하여 기업 관점에서 여러 가설과 시나리오로 모델을 만들어야 하는 불확실한 세계에서 속도는 더욱 민감하고 중요하다. 따라서 공감 브랜드는 메시지 작성과 전달을 포함하며, 무엇보다도 단지 목표 소비자만이 아니라 지역 사회, 전체 사회, 지구의 이익을 위하는 맥락 안에서 올바른 방식으로 구축되어야 한다.

나가며

브랜드 공감 콘텐츠의 핵심을 다듬어라

우리는 지금까지 필요한 공감을 창조하기 위해 시그니처 브랜드 스토리를 만드는 것, 목표 고객의 열망적 욕구와 브랜드의 정서적 이점에 적합한 통찰력이 공명하는 핵심 메시지를 도출하는 것에 대해 논의했다. 이런 노력이 없다면 아무것도 작동하지 않을 것이며, 마케팅 비용은 그저 전술 차원에서 사용될 것이다. 기본적으로 가장 중요한 감정적 유대감이라는 개념이 먼저 확립되어야 한다.

우리가 악에 대한 선의 승리나 사랑하는 사람을 잃은 슬픔이나 해피엔딩으로 끝나는 로맨스에 관해 이야기하기 전에, 우리 가슴에 독특한 경험을 제공하는 영화, 책, 상품, 장소, 서비스에는 공통점이 있다는 사실을 인간적인 차원에서 생각할 필요가 있다. 그것이 브랜드 공감 연결의 중심 주제이며 첫 번째 슈퍼히어로 영화, 여기서는 슈퍼 악당 영화인 〈조커〉가 '골든글로브'를 수상하게 된 이유이자 한국 영화 〈기생충〉이 세계적으로 인정받아 2020년 아카데미 '작품상'을 수상한 이유이기도 하다.

먼저 조커를 살펴보면, 우리는 조커를 다크 나이트인 배트맨의 철천지원수이자 고담시를 공포로 몰아넣는 단지 분장한 악당으로 알고 있다. 영화 〈조커〉의 호아킨 피닉스Joaquin Phoenix는 보편적인 사람들이 연대감을 느낄 수 있는 줄거리를 통해 조커가 변모하는 과정에서 본래의 인간적 면모를 보여준다. 생계를 꾸려가기 위한 도전, 권위에 억눌리면서도 군중과 섞이지 않는 자존심, 낙오자의 무력감, 슬픔, 죄책감과 분노가 조커가 되는 길을 열어준다. 따라서 주인공은 이야기 맥락상 그야말로 '악당'이며 '살인자'지만, 관객들은 조커와 유대감을 느끼고 그를 이해할 뿐만 아니라 그에게 공감한다.

영화관을 나서는 관객 중 누구도 영화 〈조커〉에 나오는 조커가 첫 번째 〈다크 나이트〉 시리즈에 등장했던 히스 레저Heath Ledger의 조커와 같은 수준이라고 생각하지 않았다. 모든 연약함에서 드러나는 감정의 깊이와 인간성에 대한 묘사, 그리고 삶과 연결되는 어둠과 빛이 이 영화에서 다양하게 표현된다. 따라서 브랜드로서의 영화 〈조커〉는 〈어벤저스〉나 〈저스티스 리그Justice League〉 시리즈와 같이 전통적으로 틀에 박힌 만화를 기반으로 한 인물 영화보다 우수할 수 있다. 그것은 우리가 현재 사는 사회체제와 사람들의 마음을 아프게 하고 더 어둡고 더 슬프게 만드는 삶의 현실에서 빈부격차가 어떤지를 보여주는 인간적인 이야기다. 이런 감정적인 유대감은 조커를 우리와 연결하는 계기가 된다. 요컨대 이 독특한 영화에서 맥락상 '조커의 브랜드 공감 능력'이 돋보였다. 당신이 포르쉐 911을 운전할 때 기계가 아니라 신체 일부분으로 느낀다거나, 맥 컴퓨터를 언제나 믿을 수 있는 가까운 친구라고 친근하게 생각하는 것처럼 이것은 거의 살아 있다고 생각할 정도로 유기적으로 공감하는 상징적인 브랜드를 경험하는 것과 연결된다. 따라서 콘텐츠는 다를 수 있지만 공감을 일으키는 계기가 되는 감정은 동일하다.

두 번째로, 세계적으로 호평을 받은 영화 〈기생충〉에서 우리는 생존에 대한 인간의 본질적 욕구와 생존을 위해 이탈할 수도 있는 마음에 공감한다. 그것은 또한 사람들이 동경하고 존경하는 부자와 진짜 가난한 사람들의 대조적인 라이프 스타일을 보여준다. 등장인물들은 옳은 일을 하려다가 잘못된 과정을 거치며 결국 주인공이 은둔 생활을 함으로써 자신의 죗값을 영원히 치르게 된다는 사실을 깨닫는다. 그러나 이 영화를 보는 관객들은 숲이 아니라 나무를 보는 것처럼 영화의 세세한 내용을 생각하는 것이 아니라, 이야기의 전체적인 맥락과 그들이 어떻게 이야기에 연결될 수 있는지에 대해 생각한다. 그들은 영화 〈조커〉에서처럼 그 과정이 옳지 않다는 것을 이해하지만, 눈앞에 닥친 완전한 압박 상황 때문에 어쩔 수 없이 원하지 않는 유형의 사람으로 변했다. 이것들은 슬픔, 분노, 절망, 그리고 온정에 대한 그리움 등과 같이 변화의 계기가 되는 공통적인 감정들이며, 더 큰 의미에서 사람들의 마음을 연결하는 공감이라고 부를 수 있다.

두 영화를 브랜드 '조커'와 브랜드 '기생충'으로 보면, 소비자들의 공감 의식과 공감을 일으키는 감정적 계기를 반영한 시그니처 스토리가 어느 한 문화에 얽매이지 않고 보편적 차원에서 만들어질 수 있는 이유는 당신이 어디 출신인가와 관계없이 인간의 특성과 사고방식을 동일하게 갖고 있기 때문이다. 당신은 어느 한 국가뿐만 아니라 글로벌 차원에서 마케팅 커뮤니케이션을 할 때 이 사실을 명심해야 한다. 다시 말해, 어떻게 이 두 영화처럼 소비자들의 공감 경험이 여러 시장에서 국제적으로 공명을 줌으로써 메시지 전략과 콘텐츠가 현지 소비자들의 마음을 사로잡을 수 있는가, 그리고 만약 그 답이 인간의 삶을 어떻게 보는가에 대한 어떤 특정 국가의 문화적 차이, 이상, 역동성에 달려 있다면, 특정 시장에 가장 적합한 브랜드 커뮤니케이션 캠페인을 만들기 위해 이 요인들에 대한 전략적 측면을 반드시 심각하게 재검토해야 한다. 이것은 미국 내 순위에서 1위를 차지한 어떤 할리우드 블록버스터급 영화가 다른 나라 시장도 휩쓰는 것과 같은 이유다. 그것은 액션, 배우들의 위상, 줄거리 자체 때문이 아니라, 근본적으로 관객과 연결될 수 있는 감정적 유대감의 수준이 높기 때문이다.

디지털화로 소비자들은 실제로 소매점이나 자동차 전시장에 가서 제품을 구매하기도 전에 자동차 딜러나 판매원보다 제품에 대해 더 많이 안다. 그들은 자동차 사양을 조사하거나 일반 제품보다 비싼 나이키의 한정판 에어 조단Air Jordan 운동화에 대한 자세한 설명을 들을 필요도 없다. 그들은 특정 제품을 사용해보지 않았더라도 품질을 의심할 필요가 없으며, 시범 제품을 시험해보지도 않고 온라인 게임 멤버십에 등록한다. 이는 소비자들이 모바일이나 컴퓨터를 통해 재조정, 요약, 평가, 심지어 손익 계산에 대한 수많은 리뷰에 접근할 수 있으며, 전 세계 소비자들은 보편적인 디지털 확산으로 그들이 어디에 있든 특정 브랜드 제품을 구매의 잠재적 성공 확률에 관한 최첨단 정보를 받을 수 있기 때문이다. 고급 기술 제품이나 자동차의 경우 주행 도로 혹은 IT 시스템과 같은 시장 인프라가 좋지 않았던 시절에는 이들 제품을 구매해 활용하는 것이 효과적이지 않을 것이다. 2G 시대에 5G 삼성 갤럭시폰을 사는 격이다. 고급 제품의 기능과 특성이 무용지물이 될 것이다.

시대가 변했다. 인플루언서, 오피니언 리더, 공동체, 고객 브랜드 지지 그룹, 블로그, 웹사이트, 리뷰 사이트 등의 보증 선언과 홍보 콘텐츠를 최상단에 띄워주는 검색 엔진은 말할 것도 없이, 디지털 미디어 홍보 덕분에 고객들은 의식하지 않더라도 브랜드의 장단점을 매우 쉽게 통합할 수 있다. 따라서 제품을 실제로 구매하기도 전에 사용자 경험을 예측할 수 있다. 오늘날 이러한 요소들을 이미 주어진 조건으로 전략적으로 고려해야 한다. 그것이 빅데이터 분석을 통한 사회적 경청이 이루어지는 이유다. 비즈니스 관점에서 브랜드에 전략적 영향을 미칠 수 있는 상호 관련된 통찰력을 얻기 위해 소비자들이 수많은 소셜 미디어 플랫폼과 디지털 영역에서 브랜드에 대해 어떻게 생각하는지에 대한 목소리와 반응을 탐색하고 그것을 바탕으로 마케팅 전략을 평가해야 한다.

물론 빅데이터 분석은 포커스 그룹의 질적 심층 면담이나 오프라인 또는 온라인에서 실행하는 대규모 설문조사에서 대상으로 하는 목표들을 다루지 않는다. 그것들이 심층적 사고로 얻은 통찰력과 디지털 영역을 기반으로 한 통찰력이 일치할 정도로 객관적으로 명확해지려면 다른 시장 정보 데이터와 종합적으로 평가되어야 한다. 기본적으로 소비자 참여 커뮤니케이션 전략인 브랜드 커뮤니케이션 전략을 올바르게 수립하기 위해서 공감 브랜드 구축에 필요하고 유지해야 할 핵심 공감 경험이 무엇인지를 총체적으로 평가해야 한다. 요즘 유행은 다른 디지털 영역의 전술에 더하여 '인플루언서'를 동원하여 SNS를 통해 브랜드를 확대한다. 그러나 이것들은 전술이다. 전략을 수립하려면 먼저 우리가 지금까지 논의한 것들을 구상해야 한다.

수많은 유튜버, 디지털 리얼리티 프로그램, 인터넷상의 제품 배치 쇼, 마이크로 인플루언서, 인스타그램 스타들은 조회 수가 충분하다면 유튜브 콘텐츠의 범퍼 광고(유튜브에서 건너뛰기를 할 수 없는 광고-옮긴이)로 브랜드를 크게 확대하려고 힘쓰고 있다. 즉 이러한 것들은 확대될 것이지만 끊임없이 새로운 미디어 플랫폼과 모방 콘텐츠가 출현함으로써 그 과정 역시 너무 복잡하고 경쟁적이며 난해해지기 때문에, 어떤 유형의 인플루언서만이 영향을 미친다고 믿을 수 없다. 인플루언서는 인플루언서를 팔로우하고 그들의 팔로워들은 마이크로 인플루언서로 활약하며, 소비자들은 브랜드 옹호자로서 그들을 팔로우한다. 이 영역에서 브랜드가 왜곡되고 실수로 잘못 해석될 수 있는 길이 너무나 많다. 먼저 품질 관리를 확립해야 한다. 그러지 않으면 특히 SNS에서는 브랜드 가치 저하가 걷잡을 수 없이 확대되는 현상이 벌어질 수도 있다. 따라서 통찰력으로부터 시작한 하향식 전략, 참여 전략, 콘텐츠 전략, 고객 여정의 접점, 사용될 전술, KPI 관점에서 각각의 역할 수행 방법, 결국 신규 고객 확보와 고객 충성심 구축을 통해 목표로 잡은 브랜드 경험에 대한 일관된 목소리를 촉진하기 위해 그것들을 어떻게 통합해야 하는지 등을 고려해야 한다. 그러지 않으면 역으로 자금이 얼마 있으니 어떤 유형의 인플루언서를 사용한다는 식으로 피상적으로 생각할 수 있다.

새롭게 등장해 눈에 띄는 것이 호기심을 자극할 수는 있지만, 그것들은 정답이 아니며 적절하지 않을 수도 있다. 그것은 한 개인으로서의 고객에 관한 문제이고 근본적으로 브랜드 공감을 구축하는 데 영향을 미치는 요소가 무엇인지에 달려 있다. 만약 결과 분석 측면을 브랜드 커뮤니케이션 전략에 거꾸로 맞춘다거나, 브랜드 커뮤니케이션 전략 없이 콘텐츠를 개발한다거나, 잘못된 순서와 절차로 작업을 수행하는 것과 같이 프로그램 전략이 적절하게 수립되지 않는다면 전략 구축을 위한 데이터 수집의 디지털 순환 시스템이 잘못 관리되고 악순환함으로써 돌이킬 수 없는 사태가 발생할 수도 있다. 점점 난해한 마케팅 도구를 사용하고 미디어 역동성이 복잡한 세상이라고 할지라도, 애플처럼 단순함이 핵심이다. 고객이 행동에 옮기도록 판매를 구축하고 인식 전환을 강화하기 위해 원하는 브랜드 이미지를 공명하려고 할 때, 일탈하는 행위를 하거나 비용 절감을 위해 품질을 낮추는 일을 해서는 안 된다.

우리가 미래로 나아갈 때, 다른 대륙에서 온 사람들이 원탁에 모여 홀로그램 3D 형태로 가상 회의를 하는, 공상과학 영화처럼 가상 세계와 현실 세계 사이의 통합이 더욱 빨리 이루어질 것이다. 사람들은 가정에서 4D를 통해 실제 이야기처럼 생생한 콘텐츠를 경험한다. 기업들은 그 경험의 반응 메커니즘을 분석해 어떤 특정 내용과 구성 요소가 소비자를 흥분시켰는지를 데이터로 해석한다. 그런 뒤 '지능형 사이버 학습 프로세스'가 훨씬 더 발전하면 예측 분석 기반 알고리즘을 활용해 고객이 구체적으로 무엇을, 언제, 어디서, 어떻게 원하는지를 지속해서 조사하고 정확하게 찾아낸다. 그렇게 되면 당신은 이론적으로 가장 '공감하는' 커뮤니케이션을 구축할 수 있다. 그것은 사실상 다시 한번 강조하지만, 기술이 우선하는 게 아니라 기술로 고객과 마케팅 담당자가 무엇을 할 수 있는지가 중요하다는 사실이다. 2012년 뮤지컬 슈퍼스타 휘트니 휴스턴Whitney Houston이 세상을 떠났지만 고인이 된 가수의 홀로그램이 다시 콘서트 무대에 실제처럼 등장한다면 옛 팬들은 향수를 느끼고 예전의 느낌을 다시 체험할 수 있을 것이다.

스마트폰은 통신 도구와 앱을 내장한 기기 이상이 될 것이다. 이미 디지털 자동차 열쇠로도 쓰이며 기본적으로 그 안에는 소비자 생활 생태계에 필요한 무수한 기능이 내장되어 있다. 소비자들은 그런 기능을 이용하여 모든 것을 추적하고, 불필요한 정보를 걸러내며, 고급 자동화 마케팅 절차를 위해 개인 정보 규제를 완전히 벗어난 플랫폼과 네트워크에 다시 연결한다. 현대자동차의 디지털 키 시스템은 고객이 자신의 안드로이드 스마트폰을 사용해 자동차 문을 열고 시동을 걸 수 있다. 현대차의 디지털 키는 2020년 쏘나타에 처음으로 적용되었다. 오늘날 스마트폰은 사람들에게 가장 필요한 개인 물품이 되었으며, 자동차를 작동할 수 있을 정도로 고객과 한층 더 연결된다.

소셜 미디어 활동, 데이터 기반 방문 사이트 추적, 소매 접점에서 측정한 행동 궤적, 운송 경로, 5G로 연결된 자동차 데이터 등 네트워크 생태계는 완벽하게 추적하고 예측할 수 있는 맞춤형 경험을 통해 모든 면에서 고객들의 삶을 편리하게 만들어주는 것은 물론 모든 것이 가정 내 IOT로 집중될 것이다. 블록체인 기술로 코딩한 데이터는 모든 거래를 처음부터 보여주며, 결코 없어지거나 그것을 사기詐欺에 이용할 수 없으므로 가상 세계에 영원히 공존하면서 고객의 신용시스템과 평가 등급뿐 아니라 정부 관점부터 마케팅 목적을 위한 상업적 영역에 이르기까지 모든 면에서 서로 연결된 증거자료로 활용된다.

따라서 단일 목적으로 사용되는 제품도 다른 핵심 기능을 서로 연결하고 통합하여 편리한 기능을 제공할 수 있을 것이다. 그것은 마치 자동차 시동을 걸려고 추가 장치를 설치하는 것이 아니라, 전기 자동차에 아이패드를 이식하면 아이폰으로 작동할 수 있는 것처럼 모든 것이 서로 연결되고 더 단순해지는 것과 같다. 그것의 중심에는 전반적으로 목표 고객의 마음에 감동을 주는 스토리로서 공감

코드와 콘텐츠를 통합할 수 있는 특정 통찰력을 기반으로 한, 목표 고객 설정과 문맥상 연결되는 이야기들을 만들기 위한 데이터의 정제와 통합이 있다.

테슬라의 모델 S는 계기판에 대형 아이패드를 탑재했다. 인터넷에 연결된 아이패드로 운전자는 자료를 검색하고 지도도 검색할 수 있다. 실시간으로 수신되는 교통정보를 바탕으로 내비게이션이 작동하고, 일상 경로에서 차가 막히면 운전자에게 경로를 수정하라는 메시지를 보내준다. 또한 운전자는 자신이 좋아하는 음악을 틀어달라고 자동차에 지시할 수 있다. 개인 스마트폰처럼 폰트를 바꾸거나 좋아하는 이미지를 배치하는 등 화면을 설계할 수도 있다. 테슬라는 사용자 경험을 중시했다.

애플 워치의 나이키 런 클럽Nike Run Club 애플리케이션은 GPS 달리기 추적, 오디오 안내 달리기, 주간과 월간 맞춤형 거리 도전, 목표 달성을 위한 맞춤형 코칭 계획, 친구들의 끊임없는 동기부여 등 고객이 더 잘 달리게 도와주는 기능들을 갖추고 있다. 또한 이 시계는 속도, 거리, GPS 경로, 경사도, 심박수, 거리 분할 등을 포함한 세부 정보를 설명하고 달리기를 계속하도록 오디오 피드백을 제공한다. 따라서 애플워치는 정확한 측정기기일 뿐만 아니라 고객의 참여 활동을 도와주는 운동 파트너의 역할도 한다. 결국 그것은 모두 공감 경험에 관한 것이다.

P&G는 3월 18일 '어머니 날'을 앞두고 '고마워 엄마Thank You Mum' 캠페인의 디지털 부분을 공개했다. 이 캠페인은 어머니에게 감

사하는 사람들이 전용 사이트에 감사하는 비디오를 올리면 올림픽 입장권을 얻을 수 있도록 했다. 사람들이 메시지와 함께 동영상 사진을 올리도록 권장했으며, 이를 다른 사람들이 볼 수 있고 '어머니날' 카운트다운도 확인할 수 있었다.

특히 P&G의 '고마워 엄마' 캠페인 광고인 '가장 위대한 일Best Job'은 아침 일찍 일어나 온종일 아이를 돌보는 엄마의 모습을 촬영해 엄마들의 노력에 많은 사람이 공감했고 눈물을 흘렸다. 이 스토리는 모든 시련을 견디며 자식에 대한 사랑과 헌신으로 올림픽 선수를 길러낸 엄마들의 공감 스토리를 통해 P&G 브랜드가 상징하는 핵심 가치를 소비자에게 연결한다. 그리고 P&G는 엄마들에게 경의를 표하고 반대로 P&G는 기업 브랜드로서 소비자들로부터 존경받고 인간적이라고 인정받는다.

이 모든 것을 제쳐두고, 인간의 상상력과 감정은 진정으로 '독창적인' 사고와 잠재의식에 있는 공감적 연결 수준에 관한 한, 인공 감정과는 비교할 수 없을 정도다. 기계는 해변에서 조약돌의 따스함을 느끼지 못하며, 흐르는 강물에 반짝이는 별들을 보고 과거를 회상하거나 혹은 특별한 순간에 생각나는 소중한 사람을 떠올릴 수 없다. 공감의 핵심에는 인간이 있다. 공감한다는 것은 사랑, 연민, 배려, 회상이라는 인간적 가치를 간직하는 것으로서, 이를 통해 브랜드는 소비자가 개인적인 차원이나 인간적인 차원에서 브랜드의 가치 제안을 무의식적으로 즉각 느끼게 하는 계기를 마련한다.

따라서 세상이 어떻게 변하든지 혹은 자동화와 AI를 이용한 알고리즘 측정과 깔때기 분석 기법으로 마케팅 커뮤니케이션의 성공 가능성을 계량화하는 것과는 관계없이 가장 중요한 원칙이 공감 기반 브랜드 커뮤니케이션에서 얻을 수 있는 소비자 경험이 될 것이다. 데이터가 핵심이지만 이 책에서 지속해서 강조한 것처럼, 그것은 결국 브랜드와 소비자 마음을 연결하는 올바른 시그니처 스토리를 만들기 위해 데이터를 어떻게 사용하고 이용해야 하는지로 이어져야 한다. 그 반대로 강력한 KPI 설정, 측정 가능한 전술에 초점을 맞춘 마케팅 투자 방법과 효율성 창조 모델에 대한 디지털 전술 최적화에서 시작해 소셜 미디어를 통해 소비자를 확대하고 빅데이터의 '소셜 리스닝social listening' 조사로 강력한 소문을 만들어내는 것 등은 목적을 위한 수단이지 출발점은 아니다.

부록

Empathy Brand Building

앞으로의
브랜드 마케팅 커뮤니케이션

BRAND

코로나19 이후
마케팅 커뮤니케이션 환경의 변화

기업들은 현재 불어닥친 세계적인 건강 비상사태에서 올바른 분위기를 유지하려고 노력한다. 하지만 미래의 시장 환경에서는 경쟁이 격화함으로써 창의적이고 공격적인 마케팅에 대한 요구가 거세질 것이다. 많은 기업이 마케팅과 미디어 비용을 재평가하고 소비자 관심과 지출을 지속해서 창출하기 위해 미디어 비용에 대한 수익을 충분히 확보함과 동시에 광고, 마케팅, 홍보에 초점을 맞추고 있다. 기업들이 미래의 문제점들을 해결하려고 할 때 다음과 같은 여러 가지 문제가 대두될 것이다.

- 시장과 산업이 재편될 때 브랜드를 유지하는 방법

- '새로운 현실'에 부합하는 신제품 개발 여부
- 소비자의 지출 습관이 근본적으로 바뀌었을 때 경쟁적인 환경에 대처하는 방법
- 소비자들의 개인적인 성취감과 의미는 물론 건강, 복지, 공동체에 대한 걱정을 해결하는 방법

브랜드

설문 참여자의 8%만이 팬데믹 기간에 브랜드 광고를 중단해야 한다고 생각했고, 74%는 브랜드들이 상황을 잘못 이용해서는 안 된다고 생각했다. 반면 78%는 브랜드가 일상생활에서 소비자들을 도와야 할 책임이 있다고 생각했으며 75%는 브랜드가 무엇을 하고 있는지 알려주기를 바랐다.

경쟁

팬데믹은 우리의 사업뿐 아니라 모든 것을 변화시켰다. 경쟁사들도 똑같은 영향을 받았을 것이다. 그들 중 일부는 도산했을 수도 있고 일부는 경영 방식을 바꿨을 수도 있다. 만약 우리의 경쟁 환경이 바뀌었다면 이제 우리 역시 메시지 전달 내용과 고유의 강점을 바꿔야 한다.

전자상거래

팬데믹은 전자상거래 붐을 일으켰다. B2B 영업 리더는 코로나

19 이전보다 디지털 채널을 두 배 이상 더 중요하게 평가한다. 기업들은 잠재 고객과 대면할 수 없으므로 온라인 판매 방식을 개선할 필요가 있다. 이는 영업 형태가 전자상거래 판매에 근본적으로 적합하지 않아 이전 판매 방식을 계속하려는 기업들에도 중요하다.

고객의 소비 방식이 달라졌다. 팬데믹 기간에 사람들은 온라인 구매를 더 많이 하고 제품을 비교, 연구하는 데 익숙해졌다. 그리고 비디오와 제품 사용 후기, 인플루언서 등 소셜 네트워크 채널을 더 많이 활용한다. 이러한 소비 습관은 대부분 앞으로도 계속될 것이다.

디지털 미디어

디지털 광고는 오늘날 전 세계 광고 지출의 절반을 차지하고 있다. 2023년 디지털 광고 지출은 전체 미디어 지출의 약 3분의 2를 차지할 것으로 예측된다.

새로운 경쟁과 소비자 수요를 따라잡기 위해 끊임없이 진화하는 온라인 콘텐츠 소비 플랫폼도 급증했다. 2020년의 팬데믹과 봉쇄 조치로 전통을 고수하는 기업들조차도 외부 세계와 단순히 연결하기 위한 수단으로 디지털을 받아들였다. 디지털은 음식 주문, 친구 및 가족과의 연락, 오락과 정보 습득, 상품과 서비스 구매와 같은 기본적인 필요를 충족하는 수단이 되었다.

전통적인 미디어

전통적인 TV 혹은 연결 장치를 통한 스트리밍 서비스든 간에,

대부분의 나라에서 사람들이 온종일 TV를 본다는 사실은 그리 놀랄 일이 아니다. 시청률이 가장 크게 상승한 부문은 전국 뉴스, 지역 뉴스, 케이블 뉴스 등 전반적으로 뉴스 프로그램이다. 코로나 발생 첫 주 동안 황금 시간대에 많은 뉴스 프로그램들이 1년 중 가장 높은 시청률을 기록했으며, 낮 시간 시청률도 상승했다.

뉴스

뉴스가 가장 인기 있는 프로그램이 되는 추세다. 사람들이 아침에 일어나면서부터 온종일 코로나19 뉴스를 시청함으로써 개인 미디어 소비가 급증하고 있다. 뉴스 매체에 대한 이 같은 호의와 의존이 형성되고 있지만 시청률의 증가가 경제적 이득으로 전환되지는 않았다. 많은 광고주가 광고비용을 줄이고 있는데, 특히 가장 비싼 방송 콘텐츠 중 일부를 연기하거나 취소하며 내용을 재조정하고 있다.

이것은 광고주들에게 어떤 의미일까? 비즈니스와 메시지 측면에서 생각해보면 광고방송을 하기에 좋은 시기다. 폐업, 주문 취소, 전반적인 경제 불확실성 등으로 재고가 쌓이고 시장 수요가 저조한 많은 광고주가 광고방송을 취소하거나 연기한다. 소비자들의 시청률이 높고 광고방송에 대한 수요가 낮은 현상을 활용하면 지금이 전통적인 TV 광고를 실행하기에 유리한 시기다.

옥외 광고

이 문제는 매우 간단하다. 전국에 배달 주문이 많다는 사실은 대중교통이나 공항을 이용하는 사람이 적어 거리에 다니는 사람이 적어졌다는 것은 의미한다. 따라서 옥외 광고를 보는 사람이 적어졌다. 거리를 다니는 사람들도 가는 장소 수가 적어지고 이동 거리도 짧아졌다. 대부분의 행사가 취소되고 기업들이 일시적으로 문을 닫는 상황에서 전통적인 옥외 광고를 이용하던 핵심 광고주들은 이를 전면적으로 중단했다.

우리가 꿈꿨던 미래는 이렇지 않았을 것이다. 코로나19라는 위기가 찾아왔고 우리는 그것을 극복해야만 한다. 세계, 산업, 사람들이 모두 변했다. 우리의 브랜드는 소비자의 변화하는 생활습관을 주시하고 경쟁사의 주요 메시지와 차별화하기 위해 각별한 주의를 기울여야 한다. 소비자들은 여전히 소비하고 있으며 브랜드의 활동에 관심을 두고 있다. 우리에게는 거대한 전자상거래 채널이 있으며 그것은 이전보다 더 빨리 활성화되고, 우리는 그곳에서 수많은 기회를 얻었다. 소비자들이 이용하는 채널이 다양해진 만큼 브랜드가 관리하는 채널도 반드시 다양해야 한다. 이러한 현상은 코로나19가 끝난 후에도 계속될 것이다.

소비자의 라이프 스타일과 정신 변화

코로나19가 가져온 변화를 거부하고 위기 전 행동방식으로 돌아갈 것이라고 예상하는 소비자는 거의 없다. 이러한 전환이 얼마나 오래갈지 불확실한 시점에 어떤 소비자 트렌드가 나타날지 아무도 모른다. 하지만 한 가지 확실한 점은 우리의 쇼핑 방식이 코로나19로 획기적으로 변화할 것이라는 사실이다. 이를 브랜드와 제품에 적용해보면 소비자들은 더욱 믿을 수 있고 윤리적인 브랜드에 지갑을 열 것이다.

서로 다른 정서가 여러 범주의 지출 의도에도 반영된다. 대부분 국가에서 소비자들의 소비 행태는 자기 재량으로 결정할 수 있는 부문의 소비는 줄이면서 상품을 구매하는 방식으로 전환하기를 원한다. 그러나 중국과 인도에서는 상품 소비량이 음식과 생활용품을 능가한다. 중국 소비자들은 여행이나 의류와 같은 임의의 범주에 대한 지출을 늘릴 계획이다. 인도에서 소비자들은 다가오는 축제(예: 디왈리)와 10월~12월까지 결혼 시즌을 준비하는 데 더 많이 지출하려고 한다.

디지털에 연결된 소매 경험의 패러다임 변화

봉쇄 조치를 실행했지만 의사소통 수단으로써 인터넷 사용에는 변화가 없었다. 소매 판매 지수 추이를 보면 2020년 봄부터 온라인 판매의 상승세가 두드러졌다.

이에 따라 예를 들어 온라인 구매 상품을 전문적으로 배송하는 택배 물류회사인 헤르메스Hermes가 봉쇄 기간 중 온라인 쇼핑 증가

코로나19 이후 디지털 시대의 소비 의사 결정 과정

과거 구매 과정은 단일선 연결 구조다

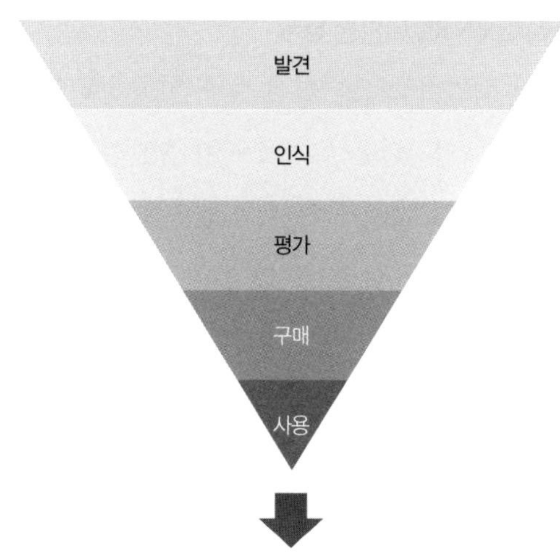

디지털 시대의 구매 과정은 순환 연결 구조다

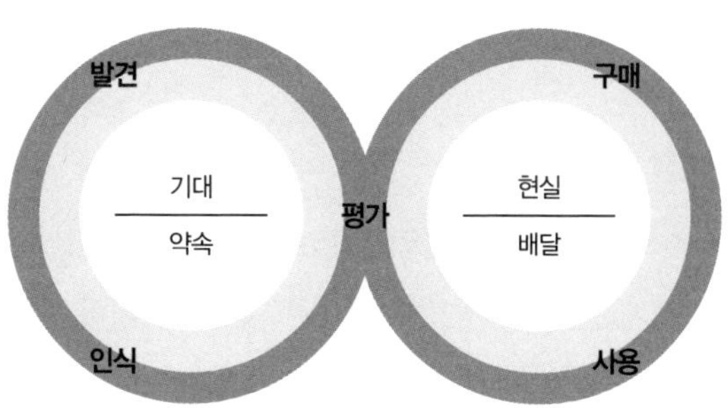

브랜드 콘텐츠와 채널/ TV, 영화, 컴퓨터, 뉴스 등

개방 콘텐츠와 채널/트위터, 페이스북, 인스타그램, 유튜브 등

역동성	접근성	지속 가능성

로 신규 팀원을 1만 명 이상 모집한다고 밝혔다. 우리는 이 같은 온라인 구매 방식의 변화가 일시적인 현상이 아니라고 믿는다.

코로나19가 온라인 판매에 미치는 영향

사회적 거리 두기가 지속되면서 오프라인 유통의 경영 전략이 급변하고 있다. 소매업자들은 이미 소비자 습관의 변화에 맞춰 행동하고 있으며, 고객들이 더 편안하게 쇼핑할 수 있도록 비즈니스 모델을 조정하기 위한 기술을 도입하고 소비자들이 매장으로 다시 돌아오도록 격려하고 있다.

- 코카콜라의 자동판매기는 고객들이 QR코드를 사용해 기기를 만지지 않고 스스로 주문할 수 있는 '모바일 음료 따르기' 서비스를 시행한다.
- 러시의 '러시 렌즈' 앱은 소비자들이 매장에서 물건을 만지지 않고 제품을 스캔해 추가적인 제품 정보와 가격을 알 수 있도록 해준다.

오프라인의 역할

코로나19 이후 온라인과 오프라인 공간의 경계가 무너지고 문화와 이야기가 있는 공간이 더욱 주목을 받을 것이다. 이에 따라 단순한 상거래 공간보다는 다양한 플랫폼 공간을 개발하고 확장할 필요가 있다.

실제로 코로나19 이전에도 공간에 대한 변화의 바람이 불었다. 당신은 블루 보틀 커피숍 앞에 길게 늘어선 줄을 본 적이 있는가?

그곳은 다른 커피숍과는 달리 단순히 제품을 파는 곳이 아니라 문화를 파는 곳이다. 강력한 지지자들이 있는 기업은 고객과 소통할 수 있는 SNS를 통해 그들만의 문화를 창조함으로써 공간을 훌륭하게 활용한다.

세계적으로 공간의 역할이 바뀌고 있다. 공간은 기업과 소비자들이 원하는 가치를 얻도록 서로 연결해주는 플랫폼 사업이 되고 있다.

• 아마존은 오프라인 고객 경험 환경을 선도하고 있다. 계산대가 없는 무인점포 '아마존 고Amazon Go'와 온라인 서점과 같은 오프라인 서점인 '아마존 북스Amazon Books'는 아마존의 대표적인 오프라인 경험을 제공하는 최신식 공간이다.

• 온라인 맞춤 의류 판매장인 보노보스BONOBOS는 오프라인 매장에서 고객의 치수를 재고 패션 스타일을 상담한다.

• 노드스트롬NODSTROM의 오프라인 매장은 온라인 판매 상품의 커다란 전시장이 되었다.

닥터자르트의 첫 플래그십 스토어인 2016년 '필터 스페이스 인 서울'은 닥터자르트가 정의한 건강한 아름다움의 3요소인 물, 공기, 빛을 전달하려고 만들어졌다. 전시실에서 방문자들은 정제된 순수한 3가지 요소를 경험할 수 있다.

닥터자르트는 이 플래그십 스토어를 다른 주제와 행사에도 활용하고 있다. 세라마이딘 제품군의 경우 '플레이 세라'라는 주제에 맞춘 매장을 설치하고 '시카 레스큐'라는 주제로 시카페어 제품군을 전면 개조했다. 닥터자르트는 인스타그램에 올릴 수 있는 요소들을 통합해 소비자들이 플래그십 스토어를 탐색하고, 이를 인스타그램에 올려 입소문을 타도록 유도하고 있다.

주요 브랜드 마케팅 과제 및 캠페인

코로나19 마케팅 기회와 아이디어는 브랜드가 위기 상황에서 성공할 수 있는 영감을 불어넣어준다. 팬데믹 기간에 우리는 어떤 기업은 다른 기업보다 소비자의 요구를 더 적절하게 충족함으로써 위기 상황에서도 항상 소비자와 연결되어 있으며, 이를 바탕으로 혁신하고 힘차게 성장할 기회가 언제나 존재한다고 믿는다.

에어비앤비: 온라인 체험 행사

전 세계의 에어비앤비는 손님맞이를 중단해야만 했다. 하지만, 에어비앤비를 좋아하는 사람들은 대개 경험을 공유하고 다른 문화권의 사람들을 만나 함께 어울리는 것을 좋아하는 사람들이다. 에어비앤비는 가상으로 와인 수업을 듣거나, 마술 쇼를 보거나, 콘서트를 즐길 수 있는 온라인 체험 행사를 출시했다. 이 캠페인을 통해 이들은 비즈니스의 한 요소인 '체험'을 장소에 구애받지 않고 경험할

필터 스페이스 인 서울(2016)

플레이 세라(2017)

시카 레스큐(2019)

기회를 제공했다. 다행스러운 것은 바이러스 이후에도 에어비앤비, '체험' 크리에이터, 집에 있는 사람들 모두 이런 체험을 지속할 수

있다는 사실이다.

익스피디아: '여행을 떠나자'

여행산업은 팬데믹 기간 가장 큰 타격을 입은 산업 중 하나다. 그러나 익스피디아는 절망하지 않고 소비자의 현재 기분을 바꾸어 주기 위해 앞을 내다보고 내년에 휴가 계획이 재개될 것이라는 희망을 주려고 노력했다.

'여행을 떠나자'라는 광고는 부부가 집에서 보낸 휴가 경험을 회상하는 아름다운 스톱 모션 영화다. 이 광고는 현재의 분위기를 완벽하게 요약해서 보여줄 뿐 아니라 '우리가 어디로 갈지 상상해보라'라는 메시지를 암시한다. '함께 여행을 떠나자'라는 광고는 모든 것이 정상으로 돌아올 것이며, 익스피디아가 다음 여행을 계획하는 데 도움을 줄 것이라는 낙관적인 메시지를 전한다. 이 광고는 유튜브에서 거의 2000만 건의 조회 수를 기록했다.

버거킹: '집에서 와퍼와 함께'

버거킹은 소비자들에게 좋아하는 버거킹 제품을 앱을 통해 주문할 수 있다는 것을 상기시키며 그들이 집에 머물도록 권유한다. 이 광고는 사람들에게 자신뿐 아니라 다른 사람들을 위해 집에 머무는 것이 좋다는 메시지를 전한다. 또한, 그렇게 하는 것이 나라를 구하는 것처럼 자랑스러운 일로 생각하게 만든다.

아모레퍼시픽

대기업의 영향력이 커질수록 그들의 제품과 사업 활동에 대한 책임도 더 커진다. 글로벌 기업들은 코로나19의 영향으로 환경보전에 더욱 초점을 맞추고 있으며 특히 아모레퍼시픽은 한국을 넘어 글로벌 영향력을 가진 기업으로서 더 큰 책임을 지고 있다.

코로나19 캠페인

아모레퍼시픽은 코로나에 따른 심리적 불안을 극복하기 위한 조치들을 제안한 '2020 코로나 이후 기업 캠페인'을 선보여 주목을 받고 있다. 이 캠페인은 소비자들이 세계 경제 위기를 극복하고 일상으로 돌아가도록 도와주려는 목적에서 시작했다. 아모레퍼시픽이 '미(美)'를 주제 단어로 비디오 영상을 개발함으로써 글로벌 기업 시민으로서의 사명과 책임을 다한다. 아모레퍼시픽은 국내 화장품 업계 최초로 코로나 이후 지원 영상을 3부작으로 제작했다.

녹색생활을 위한 활동

• 리필 스테이션 운영: 쓰레기 없애기

아모레퍼시픽은 일회용 포장 용기를 최소한으로 사용하고 재활용을 장려하는 '쓰레기 없애기Zero Waste'에 적극적으로 참여한다. 회사는 새로운 리필제품과 판매 방법을 도입해 환경에 신경 쓰는 회사로서의 면모를 보여주었다.

• GS칼텍스와 플라스틱 공병 재활용 협약

아모레퍼시픽은 2003년 '이니스프리 공병 수거 캠페인'을 시작으로 2020년까지 총 2,200톤의 화장품 공병을 수거했다. GS칼텍스는 아모레퍼시픽에서 수거한 플라스틱 화장품 공병을 재활용해 아모레퍼시픽 화장품 용기로 만든다. 아모레퍼시픽 제품은 재활용품 적용률을 올해 20%에서 2025년에는 50%로 확대할 계획이다.

CJ그룹

CJ그룹은 삼성그룹에서 분리된 제일제당이 설립한 그룹으로, 한국의 대표적 그룹 중 하나다. 식품 제조, 엔터테인먼트, 미디어 등 다양한 분야의 사업 때문에 코로나19의 영향도 많이 받았지만 새로운 사업 기회를 잡을 수 있었다.

CJ제일제당

CJ제일제당의 경우 냉동 간편식 매출이 2020년 1분기 및 2분기에 역사상 최고치를 기록했다. CJ는 지방자치단체와 협력하여 코로나19로 고통받는 농민을 지원하기 위해 '한국 제철 음식' 캠페인을 벌였다. 이 캠페인을 통해 CJ는 농민들이 선정한 지역 제품을 소비자들에게 최상의 품질로 제공할 수 있다.

CJ ENM

CJ ENM의 글로벌 이벤트 KCON이 온라인 페스티벌 'KCON:

TACT'로 대체되었다. 이 프로그램에서는 혼합현실 기술과 비접촉식 다중 비디오 영상 설비를 설치한 무대를 통해 아티스트와 팬 간의 상호 커뮤니케이션이 가능하다. 더 나아가 AR 채팅과 AR 그림 그리기와 같은 디지털 기술을 사용하여 CJ는 전 세계 153개 나라 440만 명의 한류 팬들과 소통했다.

삼성

코로나19는 또한 기업의 사회적 책임 활동CSR을 변화시켰다. 갑작스러운 상황에도 불구하고 CSR 프로그램을 적시에 개발하는 것은 더욱 성숙한 기업 CSR 전략을 상징한다. 삼성그룹은 국내 대표 기업으로서 코로나19 위기 돌파를 위한 맞춤형 CSR 활동도 지속하고 있다. 국내외를 막론하고 상생, 협력, 지원을 키워드로 한 나눔 활동을 계속했다.

미래 세대를 위한 교육

코로나19는 또한 미래 세대의 교육 기회를 박탈했다. 휴교와 이동 제한으로 인해 많은 어린이가 교육 프로그램에 참여하는 데 어려움을 겪었다. 삼성전자는 어린이와 청소년의 교육 접근성을 높이기 위해 장비를 제공하여 학습을 도와주는 등 온라인 교육을 지원하고 있다. 특히 코로나19로 온라인 강의가 늘어나면서 디지털 활용의 중요성도 높아졌다. 이에 따라 삼성전자는 청소년들에게 디지털 사용 능력과 네티즌 에티켓(네티켓) 교육을 제공하는 디지털 프로그램인 '디지털

IQ'를 운영하고 있다.

스마일 캠페인

삼성전자가 '스마일 캠페인'을 통해 전 세계 삼성 제품 사용자에게 웃음의 힘을 알리고 그들이 일상생활에서 웃음을 전파하도록 유도하고 있다. #삼성 스마일스토리, #갤럭시 해시태그로 사람들을 미소 짓게 한 인스타그램 사진, 동영상, 이야기를 공유했다. 이를 통해 일상 속에서 웃었던 순간을 기억하고 감사한 마음을 가질 수 있도록 격려한다. 그것은 또한 웃음이 몸과 마음에 미치는 과학적인 영향에 대해 알려준다. 최근 SNS를 통해 캠페인에 참여한 게시물을 영상으로 제작해 공개했다. 이탈리아 밀라노에서 시작해 영국 런던의 삼성 디지털 사이니지, 미국 뉴욕 타임스퀘어에서 영상을 차례로 선보였다.

코로나19 방역을 위해 특수 코팅 처리된 디지털 키오스크

삼성전자는 비대면 주문과 결제가 모두 가능한 스마트 주문 솔루션 '삼성 키오스크'를 해외 시장에 앞서 국내 시장에 소개했다. 삼성 키오스크는 식당, 카페, 약국, 편의점, 마트 등에서 제품 선택과 주문, 결제를 한데 모은 일체형 제품이다.

터치스크린은 항균 효과가 99.99% 이상인 특수 코팅제로 표면을 처리함으로써 코로나19 방역 효과를 높여 위생적이다.

SK텔레콤SKT

SKT는 '당신의 초(超) 시대를 만듭니다' 캠페인을 시작했다. SKT가 믿고 있는 초연결사회Hyper-connected Society는 고객마다 다른 기호를 고려함으로써 세계를 놀라게 할 혁신과 기술을 만들고 있다.

코로나19 방역 로봇

SKT는 코로나19 확산 방지를 위해 5G, AI 등 첨단 ICT 기술로 무장한 AI 로봇을 만들었다. SKT가 한국오므론제어기기와 함께 개발한 방역 로봇이 체온 검사와 같은 기존 업무를 UV 램프를 이용한 방역으로 대체함으로써 보다 체계적이고 효율적으로 코로나19에 대응할 것이다. 더 나아가 사람들이 붐빌 때 로봇은 그들에게 다가가 사회적 거리 두기를 부탁하고 마스크를 쓰지 않는 사람들에게 마스크 착용을 권고한다.

'널 위한 응원가' 캠페인

SKT는 특별한 음악 선물을 통해 젊은이들에게 지원과 위로를 전달한다. 청소년들을 위해 인기 가수 '데이 브레이크'와 '설'이 사연을 노래로 선보이는 '널 위한 응원가' 캠페인을 시작했다. SKT는 사랑, 공부, 진로 등 다양한 고민으로 힘든 도전을 이어가는 청년들을 대상으로 이번 캠페인을 기획했다. SKT는 청년들의 고민을 접수하고 그들의 사연이 담긴 노래를 제작할 참가자를 선발했다. 이어 참가자들은 SKT의 5G 기반 영상통화 서비스 '미트 어스Meet Us'를 통해 가수들과 비공식적으로 만났다. 그들은 서로 소통하며 음원과 뮤직비디오를 제작한 후 이를 디지털 발표회를 통해 공개됐다.

배달의 민족

배달의 민족은 우아한 형제들이 운영하는 한국의 배달 주문 서비스 브랜드로 레스토랑 주문부터 상품 배송까지 처리하는 한국 최고의 배달 앱이다.

'사장님, 힘내세요' 캠페인

배달의 민족은 '우리 동네 사장님 파이팅'이라는 메시지로 응원 메시지 캠페인을 전개하였다. 이것은 코로나19로 인한 어려움을 극복하도록 돕기 위해 식당 주인과 고객 사이의 따뜻한 소통을 위한 캠페인이다. 캠페인에 참여한 고객은 앱을 통해 식당 주인에게 지원 메시지를 직접 남길 수 있다. 배달의 민족은 이중 총 505개 메시지를 추려내 다양한 온라인과 오프라인 매체를 통해 레스토랑 이름과 그들의 이야기를 전파했다. 그중 가장 인상 깊은 이야기 5개를 골라 이를 특별 광고로 제작했다. 배달의 민족은 5개 식당에서 가장 가까운 버스 정류장에 있는 옥외 광고판에 식당 응원 메시지 광고를 설치했다.

'사랑의 도시락 전달하기' 캠페인

국제 구호 개발 NGO인 월드비전과 배달의 민족은 코로나19로 인해 끼니를 걱정하는 어린이와 청소년들을 돕기 위한 캠페인을 벌이고 있다. 코로나19가 장기화하면서 지역아동센터와 복지시설이 운영되지 않는 지역의 어린이들이 식사를 해결하는 데 어려움을 겪고 있다. 배달의 민족 앱에 설치된 배너를 통해 누구나 캠페인에 참여할 수 있다. 3,300원(도시락 1개 값)에서 10만 원까지 기부할 수 있으며, 월드비전에 매달 같은 금액을 기부할 수도 있다. 현재 전국 8개 지역에서 도시락 약 1,349개를 정기적으로 배달하고 있다.

마켓컬리

마켓컬리는 '새벽배송'이라는 독특한 콘셉트로, 창업 5년 만에 대한민국 유통업의 패러다임을 새로 썼다고 평가받는 기업이다. 이들은 고객과 공급사 간의 크고 작은 문제들을 해결해가며 시장을 장악했다.

농부의 꽃 아이디어

마켓컬리가 코로나19로 어려움을 겪고 있는 화훼농가를 돕기 위해 '농부의 꽃' 판매를 시작했다. 화훼농가의 연간 사업에 큰 의미가 있는 졸업식이 취소되고 밸런타인데이 행사 등 작은 행사도 줄어들었다. 꽃에 대한 수요는 떨어졌고 가격도 내려갔다. 마켓컬리의 뛰어난 아이디어는 꽃봉오리 상태의 꽃을 파는 것이었다. 그들은 온라인에서 꽃을 사는 소비자들이 오프라인에서 꽃을 사는 소비자들과 매우 다를 것이라고 믿었다. 온라인 소비자는 선물용이 아니라 집이나 사무실에서 꽃을 즐기려는 사람들이라는 것을 알았다. 따라서 꽃을 만개하기 전 상태로 판매했는데, 첫날 준비한 1,000세트가 2시간 만에 동날 정도였다.

코로나19 위기 속에서 대기업부터 스타트업에 이르기까지 공통 키워드는 '협력'이다. 아모레퍼시픽의 국내 최초 리필 스테이션부터 삼성전자의 교육기기 지원 캠페인까지 기업들은 다양한 친환경 인식 활동과 기부 활동을 통해 사회가 조금씩 건강을 되찾는 데 힘을 보태고 있다. CJ의 '한국 제철 음식' 캠페인, 배달의 민족의 '사장님, 힘내세요' 캠페인, 마켓컬리의 '농부의 꽃' 캠페인은 기업들이 중소 자영업자들과 상생하면서 국가 경제를 되살리려는 노력으로 평가받고 있다. 또한 CJ의 'KCON' 축제와 SKT의 '널 위한 응원가'도 다른 사람들을 위해 마련되었다. 사회적 거리 두기 때문에 많은 행사가 취소되었음에도, 그러한 기업들의 새로운 캠페인 덕분에 우리는 삶이 계속될 것이라는 희망이 샘솟았다.

불확실성의 시대, 기업들은 마케팅 전략을 소홀히 하고 생존에 집중하고 싶은 유혹에 빠질 수 있다. 효과적인 마케팅은 현재는 물론 미래의 생존 전략 가운데 하나다. 브랜드 가치를 부각하고 상황을 개선하고 우리 앞에 놓인 당면 과제를 해결하기 위해 최선을 다해야 한다. 그것이 우리가 고객을 격려하고 그들에게 영감을 주는 방법이다. 더욱이, 코로나19 캠페인의 의미는 단순히 브랜드를 광고하거나 브랜드 이미지의 가치를 구축하는 것이 아니라, 사람들이 정신적 또는 육체적 건강을 향상할 수 있도록 그들을 격려하는 것이다. 그것은 사회적 거리 두기 상황에서도 사람들을 서로 연결해줄 것이다. 그것이 바로 우리가 신뢰하는 브랜드의 역할과 힘이다.

최신 기술과 전술을 반영한 글로벌 마케팅 사례

2021년 디지털 마케팅 동향 키워드

• 코로나19로 인해 비접촉 및 실시간 방송 판매 비중이 증가함
• 데이터 기반 마케팅에 관한 관심이 높아짐

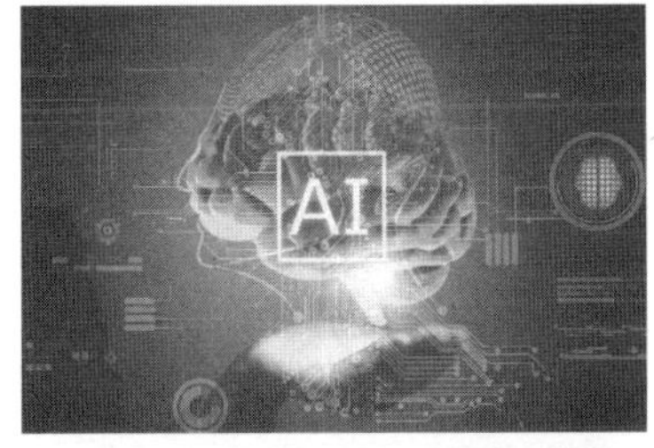

비접촉 〉 인공지능 〉 라이브 커머스 〉 데이터 기반

2020년 우리는 전례 없는 코로나19 팬데믹에 직면했지만, 우리의 삶은 계속된다. 우리는 진실하고 가치 있는 브랜드 메시지를 통해 소비자들을 위로하고 즐거운 경험을 제공해야 한다. AI와 같이 더욱 강력하고 객관적인 데이터 기반 소비자 분석 도구를 이용하면 우리의 브랜드 가치를 소비자의 공감을 불러일으키는 메시지에 녹여 전달할 수 있을 것이다.

사례 1: 페이스북 그로크넷Groknet – AI 기반 쇼핑 검색 엔진

페이스북은 AI를 통해 원하는 제품과 비슷한 제품을 보여주는 '그로크넷' 서비스를 출시했다. '일체형 AI 라이프스타일 어시스턴트'로도 불리는 그로크넷 서비스는 상품을 분류하고 비슷한 상품을 추천한다. 소비자가 이 AI 시스템을 통해 원하는 제품을 직접 찾을 수 있다면 이 플랫폼 자체가 하나의 광고 채널이 될 것이다.

사례 2: 애완동물 보호소 프로젝트 – 잠재 고객 목표

애완동물 보호소 프로젝트는 보호소에 살고 있던 240만 마리의 애완동물을 돕기 위해 입양될 가능성이 있는 특정 동물을 광고에 실었다. 수작업보다 더 정확하게 시청자를 정확히 추적함으로써 데이터를 활용해 실시간으로 목표 고객 설정 전략을 최적화하고 소비자의 행동에 따라 미디어 믹스(광고에서 광고 효과를 높이기 위해 두 가지 이상의 대중매체를 이용하는 것을 의미함-옮긴이)를 조정했다. 일반 그룹보다 동물보호에 대한 공통 관심사가 6개 이상인 목표 그룹이 86% 더 많이 보호소 웹사이트를 찾았다.

사례 3: 도요타(렉서스) – 데이터 기반 광고 문안 자동 생성

도요타는 IBM 인공지능 '왓슨Watson'을 활용해 광고 문안을 작성하고 광고물을 제작한다. AI는 지난 15년간 칸 광고제에 출품된 광고물의 영상, 대본, 오디오 등의 데이터를 분석해 렉서스 자동차의 대표적 기능인 '충돌 직전 자동 제동 장치' 기능을 극적으로 보여주는 반전 이야기를 만들었다. 그것은 소비자들의 관심을 끌었고 오스카상을 받았다.

사례 4: 스트리트 그레이스Street Grace – AI 챗봇 서비스 그레이시Gracie

아동 성매매 예방을 추가하는 미국의 비영리단체 스트리트 그레이스가 AI 챗봇(메신저에서 일상 언어로 대화할 수 있는 채팅 로봇 프로그램-옮긴이) 서비스인 '그레이시'를 시작했다. 과거 온라인 미성년자 매매를 시도한 사람들의 메시지 내용을 분석해 데이터베이스를 구축했다. AI 챗봇과 메시지를 주고받는 사람이 미성년자 성매매 범죄로 의심되는 내용을 보내면 시스템이 자동으로 이를 감지해 경고 메시지를 보내는 방식이다. 또한 소아성애 치료를 도울 수 있는 웹사이트에도 접속시켜준다.

이 광고는 2019년 칸 국제광고제에서 금상을 받았다. 이 서비스는 성범죄 예방 캠페인 중 하나지만 데이터를 통해 범죄를 예측하고 대상 고객에게 메시지를 보내는 디지털 마케팅이기도 하다.

디지털 마케팅 전략 구축 시 체크 포인트

코로나19 이후 디지털 마케팅 변화	2021년 디지털 마케팅 동향	2021년 디지털 마케팅 전략 고려 사항
• 고객 행동 분석을 기초로 한 디지털 채널을 이용한 데이터베이스 기반 디지털 마케팅 캠페인	• 자동화 및 인공지능 기반 마케팅 • 비접촉/AI/실시간 방송 판매/데이터 기반 • 브랜드 콘텐츠 광고	• 항상 고객으로부터 시작함 • 고객 관리와 관계 강화 • 조직 구조와 업무 시스템에 초점을 맞춘 디지털 마케팅 • 데이터 기반 분석

사례 5: 아마존 – 빅데이터 기반 추천 서비스

아마존은 우리가 빅데이터의 중요성을 인식하기 전에 빅데이터를 이용한 클라우드 서비스인 재고 관리 시스템과 자동 도서 추천 서비스인 '북 매치Book Match'를 실행했다. 북 매치 서비스는 빅데이터 기술을 이용하여 고객의 도서 구매 데이터를 분석하고 좋아할 만한 책들을 추천하고 할인 쿠폰을 제공한다. 이것은 빅데이터를 활용한 대표적인 마케팅 사례다.

북 매치는 소비자 구매를 기록하고 추적하며 구매 패턴과 제품 평가를 검토하면서 데이터를 축적한다. 아마존도 역시 구매 제품 간의 유사성을 기반으로 일대일 맞춤형 추천 시스템을 개발했다. 그것은 장난감에서 전자제품으로 판매 부문을 넓히는 데 도움이 되었다.

코로나19 이후 지속 가능성의 중요성과 브랜드 역할

코로나19 위기는 환경 문제 해결의 중요성에 대한 인식을 높였다. 기업들은 공급망의 환경과 사회적 복원력을 높이기 위해 노력한다. 생물의 다양성에 대한 공동의 다짐을 하든, 비닐봉지에 대한 대안을 개발하든, 선도적인 소비재 기업들이 지속 가능성과 관련한 활동을 서슴지 않는다는 것은 고무적이다. 기업은 지속 가능성을 경쟁력 우위의 원천으로 어떻게 사용할 수 있을까?

RE100

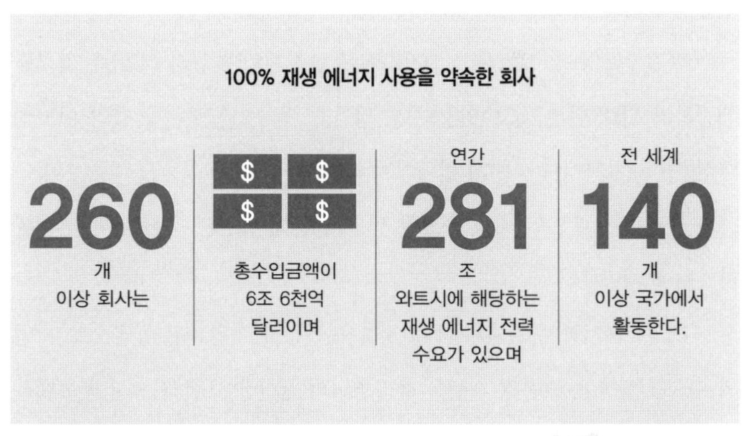

100% 재생 에너지 사용을 약속한 세계에서 가장 영향력 있는 회사에 동참하라.

• 기업이 사용하는 전력의 100%를 재생 에너지로 전환하기 위한 글로벌 캠페인

• 캠페인에 가입한 기업은 2050년까지 사용하는 전력의 100%를 태양광이나 풍력 등의 재생 에너지로 대체해야 한다.

• 2014년 설립된 영국의 다국적 비영리단체인 '더 클라이미트The Climate'에 구글, 애플 등 실리콘밸리 기술기업들이 참여했으며, 현재 전 세계 260개 이상의 기업들이 가입했다.

더바디샵The Body Shop과 변화를 위한 플라스틱Plastics for Change

• 변화를 위한 플라스틱(이하 PC)은 세계 최초로 공정거래 플라스틱 인증을 받은 단체로 브랜드와 NGO 커뮤니티의 협업 모델이다.

• 벵갈루루Bengaluru 쓰레기 수거자에게 안정적인 수입과 더 나은 기회를 제공하기 위해 현지 NGO인 하시루 달라Hashiru Dala와 하시루 달라 이노베이션Hashiru Dala Innovation, HDI과 협력하여 설립했다.

• 글로벌 브랜드의 대량 수요를 맞추기 위해 일관된 품질의 재활용 플라스틱을 제공한다.

• PC는 폐기물 수거자와 세계 시장을 연결하고 일관된 공급으로 기업의 수요를 맞추는 고품질 재활용 플라스틱의 생산을 보장하는 시장 플랫폼을 개발했다.

테라사이클TerraCycle

• 유명 일용 소비재FMCG, Fast Moving Consumer Goods 브랜드가 만든 협업 모델

• 제품 생산, 유통, 재활용을 고려한 글로벌 브랜드 제휴

• P&G, 네슬레, 펩시, 유니레버 등 25개 회사가 '루프Loop' 프로그램을 홍보한다.

• 루프는 제품을 재사용 가능한 용기에 넣어 판매한 후 회수하여 재생 후 다시 사용하는 친환경 프로젝트다.

• 2020년 5월부터 뉴욕, 미국, 프랑스 파리에서 5,000명의 소비자를 대상으로 루프 프로그램을 운영하고 있으며, 향후 캐나다와 일본으로 확대할 계획이다.

• 유니레버는 도브 탈취제를 포함한 9개 제품을 철제 용기에 담아 판매하며, 펩시는 트로피카Tropica와 오렌지 주스를 유리병에 담아 판매하고, P&G는 팬틴Pantene 샴푸, 세탁 세제 타이드Tide, 오랄비OralB 칫솔을 재활용 용기에 담아 판매한다.

포스트 코로나 시대, 마케팅에서 하지 말아야 할 일

마케팅 예산은 항상 공격을 받고 있지만 코로나19가 발생한 첫해보다 더 심하게 타격을 입은 적은 없었다. 대부분의 마케터들은 조만간 예산이 줄어들 것으로 알고 회

사는 적은 예산으로 많은 일을 해야 한다. 마케팅 예산이 줄어들었지만 앞으로 성공할 수 있는 유일한 방법은 데이터와 데이터 분석에 선제적으로 투자하는 것이다. 그렇게 함으로써 우리는 소비자들의 행동이 사실상 하루아침에 디지털 상호 작용으로 전환됨에 따른 고객의 동기와 요구를 충분히 이해할 수 있다.

고객이 점점 더 많이 디지털 환경을 요구함에 따라 데이터 관리

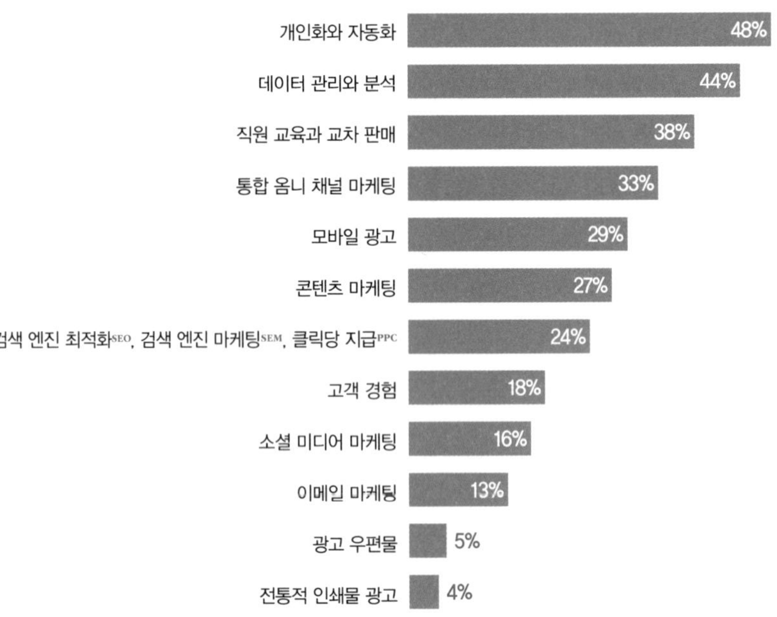

출처: 디럭스 비전 2021, 파이낸셜 브랜드

및 분석은 기술 중심 해결책에 인간적 측면을 보강하는 것이 필요하다. 예를 들어, 데이터 기반 마케팅은 소비자 또는 기업에 가장 적절한 메시지를 가장 적절한 시간에 보낼 수 있는 미시 마케팅으로 고객별로 메시지를 재설정할 수 있다.

새로운 시대, 마케팅은 변화해야 한다. 첫 번째이자 가장 중요한 팁은 마케팅 노력을 완전히 포기하지 않는 것이다.

기존 고객도 달라질 수 있다는 사실에 유의하라

어려운 시기에 개인의 변화가 불가피하다. 코로나19의 결과로, 사람들의 일상생활이 완전히 바뀌었다. 당신의 목표 고객의 생활 방식이 바뀌었다는 사실에 주목하라. 전례 없는 기간에 마케팅 방법에 대한 정답은 없다. 하지만 매년 실시하는 공식적인 광고 캠페인을 탈피하고 고객에게 개방적이고 진정성 있는 광고로 바뀌어야 한다.

마케팅을 중단하거나 회사의 장점을 경시하지 마라

경기 침체가 마케팅 활동의 중단을 의미하지 않는다. 사람들이 당신의 제품을 구매하거나 당신과 거래하고 사업에 활력을 불어넣는다는 것은 좋은 일이다. 회사의 경험과 전문지식을 과시하라.

비접촉 시대의 마케터 요구 사항

온라인 쇼핑몰 상단에는 소비자 취향에 맞는 옷들이 첫 줄에 진열되어 있다. AI를 활용한 추천 서비스와 소비자 치수에 꼭 맞는 추천 서비스는 필요한 기술이 됐다. 따라서 우리는 전보다 더 쉽게 소비자들을 만족시킬 수 있다.

그렇다면, 어떻게 해야 '인간' 마케터를 AI와 차별화할 수 있을까? AI가 추천은 할 수 있지만 전략, 분석, 해석은 인간 마케터가 해야 할 일이다. 마케터는 고객의 구미에 맞게 AI 추천을 재해석함으로써 AI의 빅데이터보다 창의적인 제안을 마련할 수 있다.

게다가, 인간 마케터는 감성적인 접촉을 시도할 수 있다. AI가 소비자가 원하는 제품을 찾아내 추천하지만 인간 마케터는 소비자가 생각지도 못했던 제품을 상상하고 기획할 수 있다. 우리는 데이터를 포괄적으로 해석할 수 있는 능력, 데이터를 적절히 결합할 수 있는 능력, 감성적인 터치를 할 수 있는 창조적인 능력이 있다.

공감 브랜드 구축의 마지막 개척지, ESG

코로나19를 비롯한 전염병과 기후변화로 인한 지진 등의 자연재해에 직면하면서 전 세계의 사람들은 공포에 사로잡혀 있다. 이것은 문화, 나이, 성별, 종교적 신념, 인종적 배경과 상관없이 지구상 모든 인류에게 영향을 미쳤다. 인류가 수 세대에 걸쳐 살아온 행성인 지구에서 우리가 받은 심리적 충격은 상상할 수 없을 정도다. 커피숍에서 사람들을 만나거나 저녁 식사를 함께하고 회의를 하는 등, 자연스럽고 당연하게 여기던 일상의 기쁨이 줄어들고 코로나19로 죽음에 이를 수도 있다는 불안감이 엄청난 속도로 증폭했다. 팬데믹은 사람의 힘으로 통제할 수 없는 현실에 대한 인간의 공포감을 불러일으켰다. 백신을 맞더라도 다른 변종이 발생할 수 있다.

심지어 오존층이 완전히 파괴되어 선크림만으로는 피부암을 방지할 수 없는 상황에 이르는 등 기후 관련 재해도 훨씬 더 무시무시한 모습으로 우리의 삶을 위협한다. 또 따른 자연재해로서 물 부족 사태를 들 수 있다. 증류 과정뿐 아니라 이상기후의 연쇄 반응으로 수질 악화가 진행됨으로써 전체적인 물 공급 시스템이 파괴되고, 결국 지구상의 물이 사라질지도 모른다. 이런 것은 이 책의 핵심 주제인 '공감'으로 귀결된다. 즉 현재 우리가 살고 있는 세계에 대한 공감은 구체적으로 환경과 지구에 대한 공감이다.

우리는 모든 것을 완전히 잃어버릴지도 모른다는 혼란의 소용돌이 한가운데서 당연하게 생각했던 평범한 일상이 정말로 특별하다는 사실을 깨닫게 되었다. 지금까지 환경 개선 조치는 세계 보건기구WHO, 세계 자연기금World Wide Fund for Nature, WWF과 같은 글로벌 NGO들 혹은 정부 기관이 주도해왔으며 기업들은 대체로 기업 이미지를 '착한 기업'으로 만들기 위해 기업의 사회적 책임 활동 정도는 시행했어도 그것마저 일회적이고 단절된 방식이었다.

그러나 기업이 이 문제를 실질적으로 해결하려면 환경, 사회, 거버넌스를 의미하는 ESGEnvironmental, Social and Governance를 포함한 비즈니스 모델을 다시 수립해야 한다. 기업은 ESG를 통해 내부 조직을 투명하고 올바른 지배 구조로 운영하며 사회와 환경을 총체적으로 뒷받침하는 올바른 전략을 실행할 수 있다.

이제 기업들은 잠재적 투자자들을 위하여 높은 재무적 가치만을 추구하지 못할 것이다. 회사와 브랜드가 ESG 계획을 실질적으로 실행하는 것이 브랜드 자산 가치를 증대하는 데 필수 사항이 되었다. 매출 증가와 수익 증가를 장기적으로 지속하려면 브랜드 자산 가치가 높아야 한다. 요즈음 같은 시기에 회사는 ESG를 전면에 내세우고, 브랜드가 제품의 생산과 폐기에 이르는 순환 생태계에 도움을 준다는 사실을 강조하려면 제품의 설계부터 재활용, 폐기물 감소, 교체, 폐기에 이르기까지 모든 과정에 대한 대책을 수립해야 한다.

예를 들어, 나이키의 마케팅 광고를 보면 나이키는 탄소와 쓰레기를 제로로 만들자는 '무브 투 제로MOVE TO ZERO' 캠페인을 통해 대표적인 브랜드 운동화의 원료로 '쓰레기'를 사용했다고 전 세계에 대대적으로 홍보했다. 브랜드 광고에서 나이키는 플라스틱, 원단 등 인간이 쓸모없다고 버린 자원들을 어떻게 재활용하여 멋진 운동화를 만드는 데 필요한 원료로 사용하는지를 보여준다. 이를 통해 스포츠맨십에는 경쟁자에 대한 승리뿐 아니라 자신과의 싸움에서 승리하는 것도 포함된다는 나이키 브랜드의 약속은 경쟁과 동시에 서로 협력하는 세상을 상징한다. 나이키는 무브 투 제로 제품도 멋지다고 홍보했다.

러시는 처음부터 더바디샵에서 이런 작업을 수행했다. 하지만 러시는 ESG 참여와 진정한 공감대를 형성하는 새로운 차원의 작업을 수행함으로써 핵심 브랜드의 정서적 이점을 전달한다. 소비자들은 자금과 기술, 인프라 지원, 글로벌 홍보 영향력 때문에 주요 기업들과 브랜드의 도움이 없으면 환경은 예전 상태로 복원될 수 없다고 믿는다.

회사가 '착한 기업'이라는 것을 보여주기 위해 브랜드 로고를 달고 해변을 청소하는 CSR 노력만으로는 충분하지 않다. 회사 자체가 브랜드이므로 이제 ESG를 통해 소비자와 긴밀하게 연결되어야 한다.

SK종합화학은 최종 소비자를 위한 제품을 개발하는 B2C 기업들을 위해 플라스틱과 화학물질을 개발하는 B2B 기업이다. SK종합화학은 'Green for Better Life' 선언을 실천하기 위해 전사적 계획을 수립했다. 회사는 궁극적으로 장난감이든 테이블이든 간에 소비자들 손에 들어가는 최종 제품에 원료로 사용되는 플라스틱을 친환경으로 만드는 데 초점을 맞춰 미래의 제품 포트폴리오를 확대했다.

이는 B2B와 B2C 기업 모두가 '공감'으로 고객 관계는 물론 세상을 치유하고 하나로 묶을 수 있다는 사실을 깨달은 결과다. 따라서 공감 브랜드 마케팅을 실행할 때 커뮤니케이션 관점뿐 아니라 ESG 계획도 포함해야 한다. 그렇게 되면 기업은 근본적으로 ESG 기반 제품을 개발함으로써 지배 구조와 사회에 대한 올바른 자세를 정립하고 환경에 확실히 도움이 되는 결과를 가져올 수 있다. 결과적으로 브랜드는 직원, 주주, 작업 파트너, 소비자 등 내부 및 외부의 모든 이해관계자들로부터 사랑과 존경을 받을 수 있다.

공감 브랜드는 실행 형식과 연결 방식을 보여준다. 이것은 관계를 지속하고 더 강한 유대관계를 만들 것이다. 공감 브랜드는 어떻게 소통할 것에 대한 전술적 요소가 아니라 근본적으로 이 브랜드가 지구와 인류와 개인인 우리는 물론 우리와 지구를 공유하는 무수한 유기체들에 무엇을 하는지 경험할 기회를 제공한다. 현실에서 우리는 지구에 사는 동물과 식물, 그리고 다른 유기체에 대한 연민과 사랑을 반영하는 우리 자신과 공감해야 한다.

결국 지구는 그들의 세계이며 우리는 그 안에 사는 것이다. 그들이 우리 세계에 살고 있다는 사고방식은 잘못된 것이다. 우리는 자연 질서를 파괴한 종족으로서 그들과 세계를 공유하고 있다. 이제 우리는 지구와 우리 자신을 구하기 위해 자연을 복원해야 한다. 이것이 근본적으로 영원한 변화를 창조할 수 있는 행동과 관련된 진정한 공감의 사고방식이다.

첨단 기술을 가진 B2B 기업들은 지금까지 공격적인 브랜드 마케팅을 하지 않았다. 그 이유는 수요와 공급, 서플라이 체인의 구조 안에서 장기적 계약들이 체결되어 비즈니스의 안정성이 확보되어 있고, 업계 내에서의 지속적인 관계 구축을 통한 신뢰로 조직의 안정성, 기술력, 품질 등이 인정되어왔기 때문이다.

그러나 지구 생태계가 파괴되고 있는 오늘날, 기업은 실질적인 상업적 안정성에서만 치우쳐서는 안 된다. 기업들이 직접 나서서 자신들의 특화된 역량을 친환경주의에 기여하며 사회에 보탬이 되어야 한다. 오늘날 모든 분야의 기업들이 가장 집중하는 것이 친환경

경영이라고 말해도 과언이 아니다. 여기서 중요한 것은 소비자에게 감성적인 부가가치를 제공하며 삶을 윤택하게 만들어준 자동차회사, 건설회사 등이 역사적으로는 환경 파괴의 주범이라는 사실이다. 플라스틱 제품은 다양한 방법으로 삶을 윤택하게 만들지만, 제조 과정에서는 환경을 파괴하는 물질들을 만들어낸다. B2B 관점에서 바라보자면, 환경을 파괴할 수 있는 재료를 생산하는 기업들이 사실상 ESG 실천에 나서야 한다. 제조 분야의 전문가인 그들만이 이러한 문제를 해결할 수 있기 때문이다.

또한 기업은 실체가 있는 ESG 활동에 직접 참여해야 한다. 기업이 단순히 예산 지원이나 단발적인 행위들로 '착한 기업' 이미지를 구축하며 홍보 효과 극대화만을 노렸다가는 역으로 불신을 조성할 수 있다. 이 경우 브랜드 가치가 떨어지며 오랜 세월 구축해놓은 이미지 또한 파괴되고 궁극적으로는 기업의 재무적 가치가 떨어질 것이다. 결국 진정성을 보여주는 ESG 실천만이 브랜드 가치를 올릴 수 있다. ESG 브랜드 캠페인을 실천하는 것은 전사 경영전략의 핵심이며, 역량을 강화하여 ESG를 선도할 수 있는 신념뿐 아니라 지속적으로 승화되는 결과물이다.

SK종합화학은 한국뿐 아니라 전 세계에서 최고의 플라스틱 생

산 기업 중 하나지만 B2B 사업에 집중하고 있기 때문에 대중에게는 잘 알려져 있지 않다. SK 계열의 글로벌 기업으로 해외에서의 입지는 단단하지만, 그동안 B2B 조직으로서 꾸준히 협업하고 있는 파트너, 밸류 체인 커넥션과 함께 조용히 사업을 끌어오고 있다.

최근 전사 캠페인이 ESG로 전환되고부터는 환경과 사회에 해롭지 않은 플라스틱 제품 개발Plastic Solution로 제품 포트폴리오를 개편하고 있으며, ESG 경영의 현실화를 구축하기 위해 자체적으로 '3RReduce, Reuse, Recycle' 프로세스를 추진하고 있다. 즉 상업적 목적이 아닌 인류 및 생태계의 '행복'을 위해 최첨단 기술을 활용한 범지구적 폐플라스틱 문제를 해결하고, 친환경 생태계 구축을 위한 전사 차원의 도약을 강력히 추진한다고 할 수 있다. 이것은 친환경적인 공감 브랜드Organic Empathy Brand로 나아가는 길이다. 향후 SK종합화학은 자체적으로 개발하는 플라스틱 제품의 100%를 원천기술을 포함한 여러 글로벌 기술 기반의 방법으로 재활용하여, 소비자들에게 안전과 건강을 선사하고 생태계를 보존하려는 계획을 가지고 있다.

그러나 브랜드 파워는 기업 혼자만의 노력으로 향상시킬 수 없다. 세계적인 차원에서 기업과 정부, 비정부기구, 투자금융기관 등이 대중의 신뢰를 얻어야 하며, 상호 믿음 아래 필요시에는 ESG 연합으로 움직이는 자세가 중요하다. 인류와 환경을 위해서라면 경쟁사들도 서로 협업해야 한다. 이러한 조건에서만 브랜드가 동반 성장할 수 있으며, 노력과 결과물이 궁극적으로 공감 브랜드를 형성할 수 있다. 사람들의 마음을 움직이는 것은 '행동'이지 화려한 광고물이 아니라는 점을 강조하고 싶다.

만약 기업이 상업성에 집중하여 기존의 방식대로만 비즈니스를 수행한다면 점차 글로벌 시장에서 존재감을 잃을 것이다. 엄청난 비용이 필요하다고 해도 ESG를 위한 혁신 제품을 개발하고 기술력에 투자하는 것은 궁극적으로 장기적 이익 창출 극대화에 직결된다. 기업은 이익 창출을 생각할 수밖에 없지만 이익 창출에 도달하기까지의 과정에 따라 대중에게는 사뭇 다르게 비치기도 한다. 즉 브랜드 자산 가치brand equity value가 올라가면 재정적 기업 가치financial corporate value 또한 올라가기 때문에 브랜드는 무척 중요하다.

특히 오늘날 가장 큰 화두인 ESG에는 실질적인 개척자도 없을뿐더러 정확한 기준도 아직 세워지지 않았다. ESG 브랜드의 성공을 위해서는 순환 경제를 만들어야 한다. 즉 기업과 협업하는 밸류 체인 파트너부터 제품을 소비자에게 판매하는 브랜드 소유자까

지 모두 리드하며 융합하는 체제의 구축이 필요하다. SK종합화학은 ESG 경영의 실천을 통해 글로벌 브랜드 가치 캠페인의 가속화에 힘쓰고 있으며, 대표이사를 포함한 전 구성원들의 사고방식이 친환경주의에 맞춰져 있다. 조직을 제대로 된 공감 브랜드로 만들기 위해서는 조직 구성원들이 기업의 비전과 하나 되어 브랜드의 실질적인 지지자가 됨으로써 브랜드의 약속과 비전을 자신들의 커뮤니티에 전파하는 융합적 역할이 중요하기 때문이다. 그러기 위해서는 구성원들이 각자 자신이 소속된 회사에 자부심을 가져야 한다. 이 또한 공감 브랜딩의 아주 중요한 조건이다.

공감 브랜드 커뮤니케이션 통합 모델

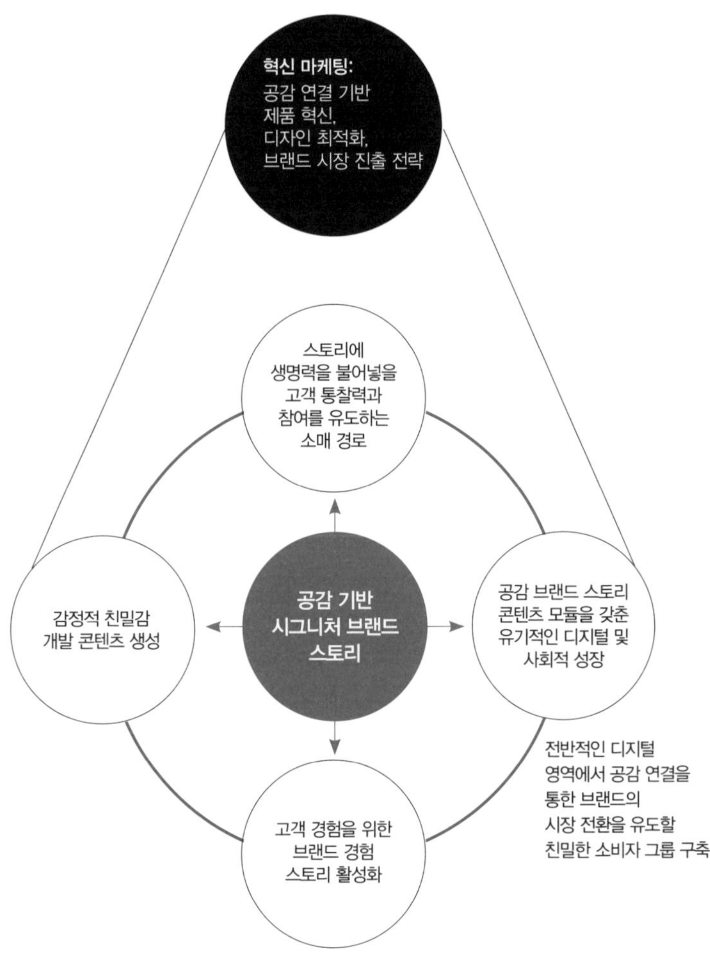

1.

공감 정제

경쟁자와 차별화되지만, 목표 고객과 관련 있는 고객 요구와 연결되는 내·외부적 요소는 물론 거시·미시적 모든 요소를 고려하여 브랜드의 역사, 철학 및 상호 연결할 공감 요소를 자세히 분석하여 공감을 유발할 수 있는 핵심 요인을 파악한다.

2.

1단계에서 정제한 통찰력의 통합

제품 개발과 최적화 및 콘텐츠 메시지 전달 전략을 수립하기 위하여 '공감' 네트워크의 요소들을 화학 공식처럼 혼합하고, 다양하고 때로는 관계 없는 요소들은 비전통적 시각으로 연결된 통찰력으로 정제한다.

공감 기반 시그니처 브랜드 스토리 생성

1단계와 2단계에서 걸러낸 통찰력을 통합하고 고객 구매 행동 궤적과 이전의 두 단계에서 추출한 통찰력과 일관성을 공감할 플랫폼 아이디어에 대한 창의적 사고 회의를 개최한다. 전략적 타깃팅과 정서적 애착을 최적화하기 위하여 아이디어에 대한 초기 반응 수집을 위한 파일롯 시장 테스트를 실행한다.

브랜드 전쟁 엔진 준비

시장 진입 장벽, 경쟁 상황, 정치 및 규제 환경, 고객의 정서적 애착에 대한 통찰력, 3단계에서 만든 고유한 시그니처 브랜드 스토리의 적용 등을 고려하여 차별화 전략과 출시 단계 전략을 준비한다.

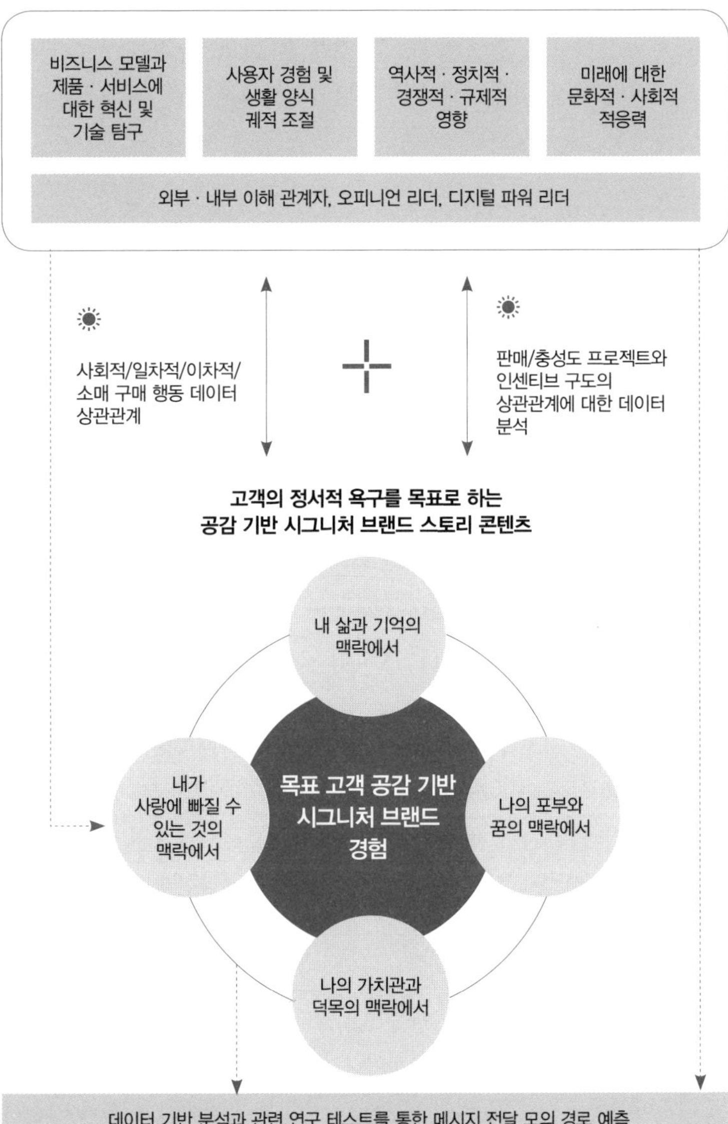
시장 브랜드와 관련된 합리적 · 분석적 통찰력의 기원 탐구
비즈니스 모델과 제품 · 서비스에 대한 혁신 및 기술 탐구
사용자 경험 및 생활 양식 궤적 조절
역사적 · 정치적 · 경쟁적 · 규제적 영향
미래에 대한 문화적 · 사회적 적응력
외부 · 내부 이해 관계자, 오피니언 리더, 디지털 파워 리더
사회적/일차적/이차적/소매 구매 행동 데이터 상관관계
판매/충성도 프로젝트와 인센티브 구도의 상관관계에 대한 데이터 분석
고객의 정서적 욕구를 목표로 하는 공감 기반 시그니처 브랜드 스토리 콘텐츠
내 삶과 기억의 맥락에서
내가 사랑에 빠질 수 있는 것의 맥락에서
목표 고객 공감 기반 시그니처 브랜드 경험
나의 포부와 꿈의 맥락에서
나의 가치관과 덕목의 맥락에서
데이터 기반 분석과 관련 연구 테스트를 통한 메시지 전달 모의 경로 예측

비즈니스 성과 향상을 설명하는 가장 흥미롭고, 재미있고, 유익한 책이다. 오늘날 급변하는 환경에서 저자의 겸손하면서도 사려 깊은 의견은 소비자 참여와 고객과의 관계 구축을 위해 진정으로 가치 있는 실행 수단을 안내한다.

— 브라이언 클레인Brian Klein, MMGY 글로벌 수석 전략가·전 Hard Rock Hotel Global Marketing CMO, Hilton USA Marketing CMO

이 책의 저자는 선진국뿐 아니라 개발도상국의 마케팅 커뮤니케이션에 관해 흠잡을 데 없이 완벽한 지식을 갖춘 유명한 글로벌 커뮤니케이션 전문가다. 블록체인과 AI, 전기 자동차 시대에 저자는 브랜드로 고객 관계를 구축하고 이익을 증대할 수 있는 설득력 있는 로드맵을 제공한다.

— 히맨스 마젤Hemanth Magel, 오길비 컨설팅 아시아태평양 전략부문 리더

이 책은 소비자를 감동시키는 핵심 요소들로 강력한 브랜드를 구축하려는 당신에게 새로운 통찰력을 제시할 것이다. 마케팅 전문가뿐 아니라 크리에이티브 디자이너들도 이 책을 읽어 볼 것을 강력하게 추천한다. 심혈을 기울여 이 책을 저술한 스티븐 고에게 감사의 말을 전한다.

— 존 에드윈 킴John Edwin Kim, 장링자동차&포드자동차 디자인센터 연구개발팀 수석 디자이너

‘공감’은 우리를 인간적으로 만드는 말이다. 이 책은 내가 지금까지 경험한 ‘공감’ 개념을 브랜드 구축에 가장 잘 적용했으며 다양한 최신 사례와 예시를 소개함으로써 광고 업무에 풍부한 자료를 제공하는 훌륭한 안내서 역할을 했다. 즐겁게 읽어보기를 추천한다.

— 마이크 렁 박사Dr. Mike Leung, 홍콩시티대학 및 홍콩개방대학 교수·전 분더만 홍콩 대표

공감한다는 것은 다른 사람의 감정을 선입견 없이 이해하고 경험할 마음의 공간을 마련하기 위해 자존심을 내려놓는 어려운 행동이다. 스티븐 고의 통찰력 넘치는 이 책을 사회생활을 처음 시작했을 때 미리 읽었더라면 나는 지금 훨씬 더 유능한 지도자가 되었을 것 같다.

— 러스톤 A 스퍼록Ruston A. Spurlock, 스퍼록마케팅앤드미디어 공동창업자·전 글로벌 광고대행사 운영 총괄

공감 브랜딩은 브랜드와 제품, 서비스를 일률적으로 바꾸는 것을 의미하는 것이 아니다. 그것은 소비자에게 무엇을 의미하는지를 정의하는 것이며 당신의 생각이 아니라 소비자의 용어와 가치, 목소리로 표현하는 것이다. 이 책은 오늘날 대단히 중요하지만 감성에 치우친 소비자와 연결하는 데 필요한 최고의 사례와 전략적 구성 요소를 소개한다. 디지털 시대에 수익성이 좋고 강력하며 지속적인 브랜드를 구축하려는 마케터들이 게임체인저가 되기 위해 반드시 읽어야 할 책.

— 스티브 힉슨Steve Hickson, SGK헬스 비즈니스 개발 임원

저자는 이 책을 통해 새로운 세계에서 고객 관계 구축은 물론 이익 증대 방안을 수립할 때 브랜드에 공감이라는 개념을 어떻게 활용할 수 있는지에 대한 단계별 로드맵을 설득력 있게 제시한다. 특히 ‘공감 브랜드 개발 절차’는 모든 브랜드 구축자에게 매우 유용한 도구가 될 것이다.

— 슈프리야 카니카난타Supreeya Kanikananta, 아이디어팝 CEO·전 뉴욕 오길비 원 마케팅 분석 담당

스티븐 고는 나와 함께 글로벌 마케터 1세대로 활약했다. 저자만큼이나 동·서양 문화를 두루 경험한 사람은 찾기 힘들 것이다. 공감은 그가 종사했던 마케팅 분야뿐 아니라 개인적인 일상에서도 핵심적인 원동력으로 작용한다. 브랜드 구축에 '공감'을 어떻게 활용할 것인가? 저자의 화려한 경험에서 우러나온 교훈과 통찰력은 당신에게 해법을 제시할 것이다.

— 박재항, 하바스코리아 전략부문 대표·전 제일기획 마케팅연구소 대표

모든 것이 디지털화된 현대 사회에서 변치 않는 브랜드 구축에 인간성이 가장 중요하다는 사실을 당신에게 일깨워줄 수 있는 책이다.

— 최영민, 헤즈브로Hasbro 한국 지사장·전 월트 디즈니 코리아 마케팅 이사

우리는 지금 전통적인 인간관계가 혼란에 빠진 세상에 살고 있다. 저자는 위기의 시대에 선구자적인 이론가로서 《다시 브랜딩을 생각하다》를 통해 성공적인 브랜드는 소비자들과 끈끈하고 의미 있는 관계를 형성해야 한다는 사실을 일깨워준다. 적절한 사례와 저자의 전문적인 경험에 근거를 둔 신선하고 실용적인 원리들이 가득 실린 이 책은 오늘날 끊임없이 변화하는 세계에서 영향력 있는 광고를 제작하려는 광고계 고위 임원이나 전문 마케터에게 매우 귀중한 선물이다.

— 레이먼드 코Raymund Co, Macann/Commonwealth Worldwide 부사장·쉐보레 브랜드 마케팅 APAC 총괄

뉴노멀, 양극화, 역기능, 소셜 미디어 중독, 기업의 탐욕, 코로나 폐쇄 우울증 등과 같은 말들이 매일 난무하는 요즘의 도전적인 상황에서 브랜드 커뮤니케이션 담당자와 마케터들은 즉시 하던 일을 멈추고, 전진하려면 무엇이 가장 필요한지를 파악해야 한다. 이를 위한 가장 좋은 첫 시도는 이 책을 참고하는 것이다. 저자는 이 책에서 적절한 미디어 플랫폼, 콘텐츠, 디자인 기술 등에 관련한 결정적인 최근 이슈를 정리하고 그것들을 효과적인 브랜드 전략과 운영 원칙들에 접목했다. 유사 이래 처음 겪는 코로나19 사태를 극복하기 위한 마케팅 5단계를 제시한 10장은 누가 봐도 백미다. 지난 36년 동안 학자이자

브랜드 디자인 실무자로 활동한 나는 광고계로 진출하려는 학생들과 경험 많은 전문가들에게 이 책을 반드시 읽어볼 것을 강력히 추천한다.
— 장동련, 홍익대학교 디자인콘텐츠대학원 원장·전 2018 평창 동계올림픽 디자인 자문위원장

이 책은 브랜드 공감을 적용하는 방법뿐 아니라 성공적으로 브랜드를 마케팅하는 방법도 알려준다. 오랫동안 브랜드 마케팅을 성공적으로 수행했던 저자의 경험이 기술과 전략 측면이 아니라 고객 관점으로 이 책에 녹아 있다.
— 트래비스 스트랫포드Travis Stratford, 케이스에이전시 공동창업자·글로벌 크리에이티브 전문가

블록체인과 AI, 전기 자동차가 등장하는 등 빠르게 움직이는 디지털 세계에서 스티븐은 고객과의 공감을 브랜드에 활용할 설득력 있는 단계별 전략을 제시한다. 저자는 스토리텔링 형식을 빌려 관련 내용을 소개하며 공감 구축 단계들을 설명할 뿐 아니라 그것들을 여러 가지 예시와 사례 연구와 연결했다. 특히 '공감 브랜드 개발 절차'는 모든 브랜드 구축자에게 매우 중요한 도구가 될 것이다. 이 책은 비즈니스를 한 단계 더 향상할 브랜드를 구축하려는 뜨거운 열정을 지닌 모든 사람이 읽어야 할 실질적인 사례들로 넘쳐난다.
— 그렉 필립스Greg Philips, 전 닛산 코리아 대표이사

다시 브랜딩을 생각하다

1판 1쇄 인쇄 2021년 7월 1일
1판 1쇄 발행 2021년 7월 8일

지은이 스티븐 고
옮긴이 신현승
펴낸이 고병욱

책임편집 윤현주 **기획편집** 장지연 유나경
마케팅 이일권 김윤성 김재욱 이애주 오정민
디자인 공희 진미나 백은주 **외서기획** 이슬
제작 김기창 **관리** 주동은 조재언 **총무** 문준기 노재경 송민진

펴낸곳 청림출판(주)
등록 제1989-000026호

본사 06048 서울시 강남구 도산대로 38길 11 청림출판(주) (논현동 63)
제2사옥 10881 경기도 파주시 회동길 173 청림아트스페이스 (문발동 518-6)
전화 02-546-4341 **팩스** 02-546-8053
홈페이지 www.chungrim.com
이메일 cr1@chungrim.com
블로그 blog.naver.com/chungrimpub
페이스북 www.facebook.com/chungrimpub

ISBN 978-89-352-1355-9 03320